元大都形成史の研究

首都北京の原型

渡辺健哉

東北大学出版会

Studies on the Formative Process of Yuan Dadu
(Capital of the Yuan Dynasty)
——Prototype of the Beijing Capital

Kenya Watanabe

Tohoku University Press, Sendai
ISBN978-4-86163-284-6

本書は「第8回東北大学出版会若手研究者出版助成」（2011年）の
制度によって刊行されたものです。

目次

序章　大都研究の現状と課題

はじめに

西暦十三・十四世紀は、モンゴルがユーラシア大陸の大半と北アフリカとを一つに結びつけて支配した、世界史上でも画期となる時代であった。中華世界も同様に、元朝（一二六〇～一三六八）によってはじめに中国北部、次いで中国全土が支配されるようになった。その元朝が国都として選んだ場所こそ、のちに「大都」と名づけられた現今の北京である。

北京は明清王朝を経て現在に至るまで中華世界の国都として広く知られている。明代の一時期や中華民国期に、北京以外の地が「首都」に選ばれたこともあったが、最終的には常に北京が選択された。それはとりもなおさず、近世以降の中国社会において、この地が国都として必要とされる条件を兼ね備える空間であったことを裏づけている。

北京地区に都市が置かれたのは約三〇〇〇年前にまで遡ることができる。そののち金朝の貞元元年（一一五三）、海陵王による燕京遷都の実行により、中都と名づけられて史上初めて王朝の国都に定められた。しかしながら、中都の場所は現在の北京の西南地区にあたるため、現今北京の祖型が元朝の世祖クビライ（一二一五～九四）によって建設された大都であることは改めて言うまでもない。また、金朝の支配領域が華北に限定されたことを鑑みても、中華世界全域の国都となったのも大都を嚆矢とする。ほぼ現在の紫禁城と同じ位置に宮城が置かれた元の大都こそ、現在の北京と直接に連続しているといえよう。

翻って、これまでの北京研究はどのように進められてきたのか。首都であることから、一定程度の興味関心が注がれてはきたものの、新宮学による、「日本の北京研究をみると、すでに多くの蓄積をもつ長安・洛陽研究や開封研究に比べるとけっして活発だとは言い難い状況にある」との指摘が現在も通用する状況であることは否定できない[1]。

元の大都についてみても状況はさほど変わらず、活発な議論が取り交わされているとは、必ずしも言い難い。金元代の華北社会の研究動向について概観した飯山知保による論考によっても、これまでの研究が大都に関して取り上げることはあまりなく、むしろ近年では、大都を除く山西・山東・河北の華北社会に対する関心の高まりがうかがえる[2]。しかしながら、最近とみに進展著しい中国における他の時代の都市研究や、イスラーム・日本等の他地域の都市研究と比較してみても、大都にもまだまだ研究すべき余地は多数残されている。

ここでは、これまでの大都研究を振り返り、問題点を析出することで、今後の大都研究の方向性を模索していきたい[3]。研究の回顧にあたっては、すべてを網羅的に紹介するという形をとるのではなく、以下の二点に留意する。一つは都城の設計と建物の配置について、一つは大都の歴史的位置づけに関してという二つの柱を設定して考えていくこととしたい。なお本文中の（　）には論著の初出年次を記しておいた。

一　大都の都市空間に関する研究

（1）第二次世界大戦前までの研究を中心に

大都の空間を論じる上で議論の対象となったのは平面プランの問題である。この点について、論点は大きく二つに絞られる。

Ⅰ　宮城が極端に南偏していること。

Ⅱ　城門の数が『周礼』プランとは齟齬する十一門であること。

ここでは特に、大都研究において、活発な議論が取り交わされた問題といえるⅠについて考察を加える。

Ⅰの問題につき、まず先鞭をつけたのが、藤田元春「都城考」（一九二九）と那波利貞「支那首都計画史上より考察したる唐の長安城」（一九三〇）である[4]。かれらはあくまで中国の歴史的都城全般の特徴を語る上で大都について注目したのであるが、のちに議論となる論点をすでに提示している。つまり、大都の宮城が南偏していること、そしてそれが中国古代の国都造営にあたって理想となる、『周礼』の王城モデルにもとづくことの二点を指摘した。『周礼』の王城モデルとは、①中央宮闕、②前朝後市、③左祖右社、④左右民廛の四原則である。つまり、中心に宮城を配し、その南に朝廷、北に市場、皇帝が南面した際の左手、すなわち東に宗廟、西に社稷、そして宮城の左右に民家を建築させるという。特に那波論文がきっかけとなって、以後の研究は、大都が『周礼』モデルと適合するものであったか否かという点を軸に検討が進められていく。

この問題については、村田治郎・駒井和愛・山根徳太郎の諸論考によって、議論が深化された。興味深いことに、彼らはみな東洋史学を専攻する研究者ではない。村田は東洋建築学、駒井は東洋考古学、山根は日本考古学の研究者であった。彼らに共通するのは、北京乃至は中国滞在の経験を有するということである。村田は大正十三年（一九二四）四月に南満洲鉄道株式会社に入社、そののち大連にあった南満洲工業専門学校教授に就任し、昭和十二年（一九三七）四月に京都帝国大学講師を委嘱されるまでの十四年間満洲に勤務していた[5]。駒井は昭和三年より約一年間[6]、山根も昭和十六年より約一年間、それぞれ北京に留学している[7]。この中国での生活経験が都市のプランに思いをいたすきっかけになったと考えられる。

こうした三人による研究は、建築学や考古学の視点からみても、大都が魅力的な研究対象であったことを示しているし、またその反面、大都研究の出発に際しては、歴史学的見地からの検討がなされなかった事実をも物語っている。かれらが一様に問題としたのは宮城が南偏した理由である。

まず村田治郎「元・大都における平面図形の問題」（一九三四・一九三八）は[8]、遊牧民族が使う移動式簡易テント——オルド——の設置形態との類似から、「大都の宮城の一郭はモンゴル人のオルドゥの制を応用し、南端部の中央地域を占めた形になるように、都城平面図を構成した」という結論を導き、『周礼』モデルを否定して宮城南偏の理由をモンゴル人の慣習に帰結させた[9]。村田の着想はモンゴル期におけるキリスト教宣教師であるウィリアム・ド・リュブリュクの実見したバトゥのオルドの記録を論拠としたため、そこにいささかの論理的飛躍が生じていることは否めない。そのためか、のちに紹介する侯仁之やSteinhardt,N Shatzmanの批判を受けることになる。侯仁之にいたっては、村田説を「牽強付会」とまで酷評する。ただし、瓊華島付近に宮城を建設した、ということに着目した点は評価され、のちに紹介する杉山正明の立論にも影響を与えた。

村田説に対し、明確な反論を提示したのが駒井和愛「元の上都並びに大都の平面について」（一九四〇）である[10]。駒井は、瓊華島を宮城内に取り込むことによって、その都城の平面は必然的に地図で示されるようなものになると述べ、さらにその下敷きになったものとして『周礼』考工記匠人営国の条を挙げ、「劉秉忠はさきに上都において唐の長安城にみるがごとき都城を築いたのであるが、ついで大都を営むに当っては主として周の王城制にならったものと想われるのである」と結ぶ。村田・駒井は、南偏の理由を探し求めるところから出発し、そこに存在したはずの何らかのノルムを見出そうとした。

これに対し、山根徳太郎「元『大都』の平面配置」（一九四九）は[11]、『周礼』が都城の建設にあたり、強い拘束力を持っていたのかという疑問から出発し、大都の平面配置を決定したのは、地理的条件だったとする。すなわち、北京における豊富な湖沼地帯と地下水脈の発達が「元の皇帝の心を離れがたくつなぎとめてしまった」と述べる。都城の営置がノルムによって決定されるのではなく、自然条件によって決定されるという見解は、山根が日本考古学の研究者であったためか、または都城プランの選定に際し絶対視された『周礼』を否定する大胆な発想であったためか、とにかくこれまでの大都研究においてはほとんど引用されることはなかった。しかしながら自然条件を大都選定の理由にする山根説は、引用されることはないが、のちに侯仁之らの中国人研究者によって立証されていくことになる。

一方、一九四九年の人民共和国成立以前の中国に目を転ずれば、復元研究に力点が置かれていた。まず先駆的な業績として、奉寛「燕京故城考」（一九二九）が挙げられる[12]。これは遼・金・元・明代に至る北京の建物の配置を復元した研究である。数多くの史料を利用して場所を確定する研究手法はここから始まった。以後この方法により都市の復元研究が進展し、中でも特に重要な役割を果たすことになるのが中国営造学社である。

中国営造学社は、梁思成・朱啓鈐を代表として一九二九年に設立された中国建築史を専門とする学会である[13]。中国営造学社の諸氏は文献史料から可能な限り場所を確定していくという伝統的な手法を用い、都市景観全体の復元に努めた。朱啓鈐・闞鐸「元大都宮苑図考」（一九三〇）は宮殿の配置や名称について[14]、王璧文「元大都城坊考」（一九三六）は各坊の位置について[15]、同「元大都寺観廟宇建置沿革表」（一九三七）は仏寺や道観に関する位置や沿革について[16]、それぞれ明らかにしていった。同時期に発表された朱偰『元大都宮殿図考』（一九三六）も同じ系譜に位置づけられる[17]。これらの研究によって、宮殿の位置や寺観の場所が詳細に復元され、大都に関する史料はかれらによってほぼ提示され尽くしているといっても決して過言ではない。従っていまに至るも重要な成果であり、大都研究においては必読文献となっている。ただし、これらの研究も中国営造学社という学術団体の性格上、歴史学や歴史地理学からの視点ではなく、中国建築史からのアプローチであったことは注意しておきたい。

（2）第二次世界大戦後の研究を中心に

一九三〇年代の復元研究を経ると、大都研究は一時の停滞期を迎える。特に一九四九年の中華人民共和国の成立以降、日本人の研究がほとんど行われなくなるのは、現地北京への往来が自由にできなくなった点を一要因として挙げることができるだろう。中国人研究者もかつての中国営造学社が取り組んだような情熱を注ぐことをせず、やはり同様に停滞を迎える。従って大きな転機となるのは、一九六〇年代に行われた北京の改造工事に伴う発掘成果報告の公表を待たねばならない。これを境に大都研究は再び活発となって現在に至るのである。

まず、大戦前からの復元研究の系譜を継ぐものとして、王璞子（璧文の字）と趙正之の論考が挙げられる。王璞子「元大都城平面規劃述略」（一九六〇）は中国営造学社による一連の論考を踏まえた復元研究の水準を脱し得ないが[18]、特筆すべき指摘として、世祖クビライは帝位に就く前に、燕京を国都にする意図があったとし、それは中華文明への憧憬と示威行動であったとする。大都営建の理由について踏み込んで著述をした初めてのものといえる。

一方で趙正之遺著「元大都平面規劃復元研究」（一九七九）にはこれ以前の研究を踏まえた上での、注目すべき見解が盛り込まれている[19]。従来は明清北京城の中軸線の西側に元代の中軸線があるといわれていたが、それが一致すると見通した。これはのちに紹介する発掘報告とも合致する。また、これまで論じられてこなかった尚書省、礼部、兵部、刑部の位置を確定した[20]。そして、大都は正しい長方形ではなく、東側城壁の外には湖沼地帯があり、それを避けるため、左右対称にはなっていないことを述べた。つまりこの意見を敷衍すれば、地理的制約によって大都城の位置が決められたとする見解を述べたのである。公刊された年次から、発掘報告との関連性や、徐苹芳の手がどこまで加わっているか不明なところがないとはいえないが、随所に魅力的な知見を提供していて、検討すべき点も数多い。

一九六〇年代に実施された北京改造工事の過程で、立体交差を作るため西直門を撤去した際、一九六八年に元代の和義門の遺跡が発見された[21]。この発見を中心とした、大都の発掘報告としてまとめられた成果が、中国科学院考古研究所・北京市文物管理処元大都考古隊「元大都的調査和発掘」（一九七二）である[22]。直接執筆に携わったのは徐苹芳で、彼の手になる大都に関する発掘報告は、すべて『中国城史考古学論集』（二〇一五）に収録されている[23]。この論考によって考古学的成果もまとめておこう。

まず実測の結果、周囲は二八六〇〇メートルで、中軸線が明清北京城と一致することが確認された。この中軸線は南城壁から麗正門、千歩廊、大明殿、延春閣、そして宮城北門の厚栽紅門を貫いて、大天寿万寧寺の中心閣までを結ぶ線で、これとは別にその西側に大都の鼓楼・鐘楼を結ぶ線の延長線上にも大街が存在した。つまり大都城の中心を境に南北を貫く線に若干のズレが存在したのである。また高梁河・積水潭・通恵河を通る河運の水路と、金水河・太液池を通る宮城の用水路との二つの給水路が発見された一方で、大都城東壁の中部と西壁の北部より排水路が発見された。排水路の発見は大都城内を水が循環していたことを示す証左といえ、大都の位置選定の理由に関わる重要な発見であった。

この発掘報告と同時期に、Ⅰの問題につき決定的ともいえる論考を発表するのが侯仁之である。

近代中国を代表する歴史家の一人である顧頡剛が主宰した禹貢学会からは、彼の薫陶を受けた多数の歴史地理学者が巣立っていく。とくに有名な研究者が、北京大学の侯仁之、復旦大学の譚其驤、陝西師範大学の史念海である。各人はそれぞれの赴任した地区をフィールドとして、歴史地理学研究を精力的に進めていく[24]。すでに侯仁之は「北京都市発展過程中的水源問題」(一九五五)で[25]、北京の水源問題が大都の場所を選定したと述べていたが、この考えを発展させ、さらに発掘報告も踏まえて大都の平面プランについて全面的に論じたものが「北京旧城平面設計的改造」(一九七三)である[26]。ここで侯仁之は、大都城の位置決定にあたっては、金の離宮の大寧宮を継承するという歴史的要因と、高梁河水系を宮城に取り込むといった地理的要因により決定されたと述べる。高梁河水系を取り入れるというのは、当初利用されていた蓮河池水系を放棄し、より水量の豊富な高梁河水系に変更することで都市の水源を確保した、というのである。そして皇城と外城壁が作られてから、城門・坊巷・道路が『周礼』考工記匠人営国の条に基づいて平面プランが組み立てられたとする。侯仁之の論考で特筆すべきは、大都城の平面プランについて、『周礼』考工記匠人営国の条に基づいた古代の理想プランを、地理的条件と結びつけた見解を打ち出した点にある。侯仁之はその後も自説を繰り返し、「北京城――歴史発展之特点及其改造」（一九八二）などを公表して同趣旨のことを述べている[27]。

大都のレイアウトは美術史家の興味も引いた。Steinhardt,Nancy Shatzman "*The Plan of Khubilai Khan's Imperial city*"（一九八三）は[28]、それまでの研究成果を丹念に踏まえ、大都はモンゴル的要素のみに止まらず、伝統中国の都市プランを反映し、その都市計画の淵源が、その三層構造の在り方や文献史料等から、宋の開封・金の中都に求められるとする。また一方で福田美穂「元大都の皇城に見る『モンゴル』的要素の発現」（二〇〇四）はこれまでの研究を踏まえて多くの論点を提示する[29]。主たるものは皇城の復元研究ではあるが、これまであまり注目されなかった、庭園に着目した。また、広範な都城ではなく、大都の皇城がオルドの配置法によって影響を与えられたとする指摘は前述の村田の研究とも併せて興味深い。そして結論として、大都皇城が漢文化の物質的側面を受け入れつつも、自分たちの制度や習慣にもとづいて造り出された空間であったとする。この両者の違いは、大都がモンゴル的なものによって形成されたのか、漢民族的なものによって形成されたのかを検討する点にあるだろう。この点は終章で再び考えてみたい。

『周礼』プランの適合という点に着き、ユニークな視点を打ち出したのが、包慕萍「十三世紀中国大陸における都城構造の転換」（二〇一三）である[30]。ここでの論点は多岐にわたるが、『周礼』プランの問題に限って述べれば、中心を占めるのが宮城ではなく市場であることに着目し、遊牧民にとって重要な都市機能とみなされる「経済の装置」を重視した結果とみている。

また、布野修司『大元都市』（二〇一五）は、村田『中国の帝都』を意識した、と著者自身が記すように、建築史の視点から中国都城の通史のなかに、大都を位置付けている。ただ、その関心は平面プランに注がれ、とくに鼓楼が中心に据えられている点に着目し、宮城が南偏する理由を水系に求めている[31]。

楊寛『中国古代都城制度史研究』（一九九三）は、中国古代史の泰斗である著者による中国の都市構造に関する通史である[32]。「下編　六　元大都和明清北京布局結構的變化」が元の大都から明清北京城について通観しており、後述する問題点がやはりまだ存在するとはいえ、現在見ることのできる史料による復元研究はほぼ完成されたと言ってもよい。より詳細にかつ建物の寸法までを意識して復元した研究として、郭超『元大都的規画与復原』（二〇一六）も公表された[33]。建築学を修めた著者による大都全体の復原を企図した研究であり、数多くの図版から、具体的なイメージを得ることができる。

以上概観してきたように、日本では平面プランが何に基づいて作られたかを検討することに注目が集められた一方で、中国では主に復元研究が中心となった。紹介してきた論考によって、大都のある一時期の平面図が描けるようになったのは大きな成果といえるが[34]、こうした平面プラン・建物の配置に注意を払った研究は、いうなればレイアウトに焦点を当てすぎていて、歴史的推移から分析する視点が欠けているといわざるを得ない。つまりこれまでの研究では、大都建設の要因とその意義については論及されることがほとんどなかったのである。そこで節を改めて、歴史学の立場から、大都をどのように位置づけてきたのかについて三人の論考を取り上げていきたい。

二　大都の歴史的位置づけに関する研究

これまで挙げてきた研究の中に、元朝史を専門として研究した人による論著はない。例外的に、北京を地政学的に考察した、田村実造「北京の国都的性格――歴史上よりみたる」（一九四三）がある[35]。ここでは、金から清にいたるまでの北京地区を概観し、北方民族と漢民族との相互関係を充足させる位置にあった北京には、北アジア的なものと中国的なものとの複合した姿が投影されていたとする。ただしこれも、北京を通観したものであるため深い考察にまでは至っておらず、元朝史研究者による大都の専論は、一九六六年に発表された愛宕松男の論説まで待たねばならないのである。以下では、三人の元朝史＝モンゴル時代史研究者の大都に関する論考の内容を紹介していくこととしよう。

（1）愛宕松男「元の大都」（一九六六）[36]

原載誌『歴史教育』第十四巻第十二号が中国の歴史的都市の特集号であったため[37]、編集部からの依頼によって執筆されたものと推察される。枚数制限の関係からであろう、コンパクトなものとなっているが、随所に鋭い知見を披瀝している点は見逃せない。

愛宕論文では、カーン継承をめぐる紛争によって、クビライの下に東方モンゴル政権が樹立したとする、政治史の推移の中で大都建設を位置づけた点、及び、ラマ教による影響の下で大都が建設され、伝統を無視した建設と述べている点が注目される。後者は明確に述べてはいないもの、日本で主流をなしていた、『周礼』プランに対しての否定的見解の表明であったと推測される。また、大都が那吒太子の加護を求めたこと、大都城内外の繁栄、大都・上都の二都制度の三点につきいち早く注目していた点は特記されてよい。そして結論として、大都の営建を転機とみなし、大都に都を定めたことにより、漢地が優位になったことを説く。

愛宕論文ではⅡの城門の問題についての新見解が打ち出された。城門の数が十一門という半端な数であったのは、那吒太子の加護を求めたからであったというのである。発表当初、この説が検討された形跡はない。しかし、大都が那吒太子を象ったものであるという説は、むしろ中国で考察が深められた。愛宕の議論を発展させ、より広く明代までを検討対象とし、この北京城建設の伝説が民間伝承として受容されていく経緯を丹念に検証したのが、陳学霖『劉伯温与哪吒城——北京建城的伝説』（一九九六）である[38]。

ところが近年、この問題については、于希賢「『周易』象数与元大都規画布局」（一九九九）が『周易』にもとづき説明を加えている[39]。すなわち、『周易』に対する造詣が深かった劉秉忠が、大都プランを描く際にその思想を反映させたとする。『周易』によれば、天地の中和の数が十一になるため、十一門になったと述べる。しかしまた、金文京は陳学霖著書の書評の中で、呪術的もしくは風水的意味との関連を指摘している[40]。このように、城門の数に関しては、那吒太子伝説に加えて、新たに『周易』や風水の影響が及んでいたとする見解も提示され、いまだ決着していないのが現状である。

こうした城門の問題に止まらず、愛宕論文は次代の研究に示唆を与えている。大都城外の繁栄については、本書の第一章に大きな影響を与えた。また二都を包括した空間を「首都圏」と捉えた杉山正明の一連の著書にも深い影響を与えているとみられる。愛宕が大都についてさらなる検討を深めれば、日本における大都研究にも多くの進展が望めたかもしれないが、愛宕は大都研究を深化させることはなかった。こののち愛宕の元朝史研究は、それまでの自身の研究のエッセンスをまとめた「元の中国社会と漢民族社会」（一九七〇）や、

『中国の歴史（六）元明』（一九七四）として昇華されていく[41]。

（2）陳高華『元大都』（一九八二）[42]

一九七七年に文化大革命が一応の終結を迎え、中国で新たな研究の胎動が見られた一九八〇年代前半に至り、大都研究の集大成ともいえる陳高華『元大都』が発表された。一九八四年には佐竹靖彦による日本語訳も出版されている。ただし、佐竹が「訳者あとがき」でも述べているように、原著と日本語版では構成をいささか異にする。例えば、原著の四三～四四頁では「大都的人口」についての説明をしているが、日本語版では省略され、また原著の第四章は日本語版では第五章と第八章に分けられている。著者自身が「日本語版への序文」の中で、「日本語版の本書は原著とは必ずしも一致しないところがあります」と述べているし、「訳者あとがき」でも、内容の増補、章立ての変更を行ったことが記されているため、両者を併せて参照する必要があろう。以下に内容を紹介していくが、（　）は日本語版のタイトルである。

第一章「大都建成以前的北京（大都以前の北京）」では、殷代の薊城から説き起こし、大きな転機としての遼の副都燕京、金の中都を説明する。第二章「大都城的建造過程（大都への道）」では、大都建設の理由として、金の中都を改造するには、戦災の被害が大きすぎたことと、用水の問題を挙げている。また、大都建設の中心人物を劉秉忠と指摘する。第三章「大都的布局（都城の景観）」では、十一門の理由は那吒太子伝説に求め、整然とした都市プランを強調する。第四章「大都的政治生活（権力構造と階級関係・都城の重大ニュース）」では、大都の管理機構と、大都での政治事件について論じる。第五章「大都的経済生活（経済生活の諸相）」では、大都における農業、手工業の生産力の低調は商人の商業活動によって補完されたとする。第六章「大都的文化生活（花咲く都市文化）」では中国の伝統宗教のみならず、イスラム教・キリスト教による教会の建築物が大都に存在したことを述べ、併せて芸術・文学・科学について紹介する。最終の第七章「元末農民戦争中的大都（王朝の腐敗と民衆の反抗）」は元朝の崩壊から朱元璋の登場までを概観する。

章題からも理解されるように、その検討は広範囲に及ぶ。これまで見落とされてきた個人の文集は勿論、やはり同様にほとんど利用されることのなかった、各種の詩文を引用しながら大都の社会的状況について極めて具体的に述べていく。該書の登場によって大都研究は新たな段階を迎え、以後はより精緻な分析が求められるようになった[43]。『元大都』発表後も陳高華は、「元大都史事雑考」（一九八二）を皮切りに、「元大都的酒和社会生活探求」（一九九〇）、「元代大都的飲食生活」（一九九一）、「元大都的皇家佛寺」（一九九二）等の大都に関するさらなる社会史的考察を行い、大都研究を深化している[44]。

（3）杉山正明「クビライと大都」（一九八四）[45]

『元大都』発表をうけて、大都についての見解を提示したものが、杉山正明「クビライと大都」である。杉山の論ずるところは、その時点までの問題点が簡潔にまとめられており、行論の都合上参考に資するところがあるので、以下に紹介しておく。

まず、なぜ燕京地区（のちの大都）に都が置かれたかという問題には、（一）この地がすでに非漢族政権の中心都市であったこと、（二）モンゴル自体がすでにこの地をクビライ以前に統治していたということ、（三）モンゴリアを含めて中国全体を考えた場合、燕京地区はその中心に位置するというこれら従来説に加えて、（四）クビライ政権を生み出す母胎となった軍団がのちの上都地区と燕京地区を根拠としていたからとする[46]。

次いで、大都皇城が南偏している理由は、初期のクビライの冬営地である瓊華島を私的な空間として最優先に囲い込んだ結果、皇城区が設定され、その後『周礼』プランにもとづいて市街区プランが定められたからとする。最後に何のために大都が築かれたかという問題には、『集史』に「クビライはおのれの名声のために、その（中都）そばにもうひとつの町を立てた。その名はダイドゥである」とあるその理由をそのまま採用し、さらに当時のクビライが即位する際、アリク・ブケと政権を争ったという即位にまつわる不分明さを払拭するためという政治状況から考えて、「至元四年正月、新年の朝儀に参集した一族諸王の面前で新首都建設を発表するのは客観的によく筋が通る」と述べる。そしてこの大都は、モンゴル人が住むための都市ではなく、帝国の偉容を示すための都市であったとする。懸案となっていた都市プランの問題につき、村田治郎の示唆を得たとしつつ、大都の中心である皇城部分にモンゴル的な要素の存在を見出した点はこれまでになかった点として評価されよう。この部分については、福田美穂による実証的研究によって跡づけられていった。

愛宕松男「元の大都」、陳高華『元大都』及び杉山正明「クビライと大都」の登場によって、大都研究は平面プランの問題から脱却し、歴史学的考察の端緒についたといえるであろう。これらの論ずるところをさらに踏み込んで考えてみれば、執筆時における論者の元朝に対する捉え方も反映されていることに気がつく。愛宕自身の回顧によれば、昭和十四年八月下旬から二ヶ月間に渡って華北地方を調査した体験をきっかけとして、遊牧社会経済の研究から征服王朝の制度史に研究方向を転換したという[47]。遊牧社会に軸足を置くのではなく、漢族の土地を支配する征服王朝としての特異性を浮き彫りにしようと努めたのであろう。また陳は、当初は元末の農民戦争の研究から出発し、そののち、文化史・美術史・社会経済史などの様々な分野の研究を行っていく。この『元大都』出版の一九八二年の段階では、元朝を中国王朝の一つに位置づけようとしていたことが読み取れる。彼が史料として利用する詩文はほぼ元末期のもので、それを材料とし、時代を遡及していく形で元の大都の復元を試みたと考えられるからである。杉山については、近年の多くの啓蒙書で自身の考えを開陳しているように、モンゴルの優位性を説く立場は一貫している。したがって、甚だ一面的過ぎるまとめ方と承知しつつも、元朝を征服王朝の一つとして捉える愛宕と、伝統漢民族王朝の一つに位置づける陳と、モンゴルの優位性を強調する杉山とに区別することができよう。つまり、各々の元朝の捉え方の違いが国都である大都をどのように捉えるのかという差異となって現れてくると考えられる。

陳と杉山の両者に共通するのは、その立脚点が漢民族側からかモンゴル民族側からかの違いはあるものの、大都を計画的な都市と見なす点である。中でも、杉山はこののち数々の場で自説のさらなる展開を図っていく。杉山の主張で注目されるのは、大都が完璧な計画都市であること、元朝による国家建設事業の中でも大都の建設が最大の眼目であったことを強調する点にあるだろう。例えば『クビライの挑戦――モンゴル海上帝国への道』（一九九五）では[48]、大都はまったくの「さら地」からペーパープランを大地にひきうつした、純然たる計画都市であったとし、形の上では純然たる中国の国都であるが、そこにモンゴル型の都城を組み入れたとする。そして、城内の積水潭から通恵河を通って、海に通じていることに着目し、大都がユーラシア世界全域の中心に設定されたという壮大な構想を描くのである。

しかし、これらの研究で大都研究が完結するわけでは、当然ありえない。次にこれまでの大都研究において欠落している点と問題点とを指摘しながら、今後進むべき方向を模索していく。

三　本書の視点

率直に言って、これまでの研究における問題点は、動態的視点の欠落である。すなわち、何時の時点で建てられた建物かといった検討を経ずして、地図を描くという作業がなされている点に最大の問題点がある。これは大都研究を行うにあたって、史料批判がなされていないことに起因する。これまでの大都研究は元代史に関する基本史料といえる『元史』を除けば、主として三つの史料に依ってきた。すなわち『南村輟耕録』巻二一「宮闕制度」、『故宮遺録』及び『析津志』である。

『南村輟耕録』（三十巻）は元末明初の文人陶宗儀によって、至正二十六年（一三六六）に著された筆記小説で、これまでの元明代の研究でも多くの部分が引用されているように、元朝史研究における一級史料である。中でも巻二一「宮闕制度」は、大都の宮殿の大きさや位置を細かく述べているために、大都研究においては必ず引用されてきたといっても過言ではない。しかし、そもそもこの「宮闕制度」の性格について吟味するものがあったであろうか。この史料の終わりには以下のような記述がある。

虞集は以下のように述べた。「以前に史籍を読んだ際、秦代・漢代・隋代・唐代の宮闕が宏大なことに驚いた。高さが七、八十丈、広さが二、三十里になるものさえ存在する。……私は『経世大典』の編纂に携わった際に、「将作所疏・宮闕制度」を最も詳細なものとみなし、ここではじめて大都の宮闕が古代のそれよりも勝っていることを知った。」[49]

この中で注意すべきは、虞集が編纂に関与したと述べる『経世大典』である。『経世大典』は天暦二年（一三二九）九月に文宗によって『唐会要』『宋会要』の体例に準じて編纂されるよう命令が下った、元朝の典故や制度にかかわる公文書を集成したものである。その後、進行が遅れることもあったが、至順二年（一三三一）五月に一応完成し、翌年三月に皇帝に進呈されている。このことから、『南村輟耕録』の「宮闕制度」は『経世大典』「工典」中の「宮苑」の抄録と考えられている[50]。つまり、「宮闕制度」に記されている大都宮城の概観は『経世大典』が編纂された文宗期の状況を伝えており、それを材料として陶宗儀によって著された、ということを強調しておきたい。

『故宮遺録』は、モンゴル軍が大都を棄てて北に逃げた後、明の工部郎中蕭洵が、自らも破壊に加わった大都の宮殿を実測した際のデータである。わずか二千六百文字ほどの史料とはいえ、その実測データが詳細であるため、これもまた貴重な史料となっている[51]。

『析津志』は大都とその付近の地方志で、元末の大都路儒学提挙であった熊夢祥の手によって著された。原本である『析津志典』は、正統六年（一四四一）になった、北京の文淵閣の蔵書目録である、『文淵閣書目』巻一四に「析津志典、三十四冊」とあるように、明初は現存していたようであるが、現在はすでに失われている。これまでの研究では主に『日下旧聞考』に引用されたものを重引してきたが、北京図書館によって『永樂大典』『日下旧聞考』等の書物から佚文を集めたものが、『析津志輯佚』として出版された[52]。

以上、これまでの研究が典拠にしてきた史料の編纂時期を確認すれば明らかなように、こうした史料によって描き出されるのは元朝後半期から末期の大都の像に他ならない。陳高華『元大都』で利用される数多くの文集史料も、元代後半期以降に編纂されたものがその過半であり、『元大都』に生き生きと描かれる社会の諸相もその制約から免れ得ない。それゆえに、たとえこれらの史料で「点」を確認することができたとしても、大都がどのように発展していったのかの「線」を追跡することはできない。数ある先行研究も、時間軸を意識して歴史的流れの中で大都がどのように発展していくか、ということを意識した発想がこれまでにはなかった。したがって今後は、史料の編纂年代に注意を払いながら、一つ一つの建築物の建設年代を確認することによって、大都の復元研究に取り組む必要がある。

そして、こういった史料の編纂年代を考慮した上で、動態的に考察を行い、それを踏まえて、前後の時代に視野を広げた視点も必要であろう。つまり、近年特に注意されつつある、金の中都から元の大都へ[53]、もしくは元の大都から明・清の北京城への連続面である。

たとえば、元から明への継承関係について論じたものとして、姜舜源「論北京元明清三朝宮殿的継承与発展」（一九九二）[54]、王剣英・王紅「論従元大都明北京的演変和発展」（一九九五）などがある[55]。ただし、これらの研究は広範な都城がどのように継承されていったのかを検討するものである。今後は、個々の建築物がどのようにして継承されていったのかを具体的に考察することで、元の大都と明・清の北京城との継承関係を明らかにすべきであろう。

この点について、いくつかの研究を紹介したい。姜舜源「故宮断虹橋為元代周橋考」（一九九〇）は前述した中心軸がやはり現在の故宮よりも西側にあったことを指摘し、それはつまり大都城の宮城は明清代の北京の宮城と一致するのではなく、現在よりも西側にあったことを指摘している[56]。同様の観点は李燮平・常欣「元明宮城周長比較」（二〇〇〇）でも指摘され、これまで元の宮城が明の宮城に継承されていたと無批判に受容されていた説に再検討を加え、それが若干南に移動していることを、文献の計測から明らかにした[57]。

また日本でも、新宮学「明初の燕王府をめぐる諸問題」（二〇〇一）が、明の燕王府は、従来述べられていた元代の皇太子宮である隆福宮ではなく、宮城に置かれていたことを論証する[58]。同「近世中国における首都北京の成立」（二〇〇五）は[59]、北京史に関する概論であり、元から明への変化として、「向北から向南」「中軸線」の問題について論じる。このような手法を参考にして、元の大都の建物が、明代になってどのように継承されていき、また継承されなかったのかについての基礎的考察が必要となっていくであろう。

これまでの中国の歴史的都市に関する研究では、建物の立地点を細かに復元することに主眼が置かれていた。しかしながら、そこに時間軸の変遷といった視点が欠落していたことは否めず、加えて完成された地図から遡って都市の計画を考えてきたことさえあった。都市の実相を明らかにしていくには、どのようにして都市が建設されていくのか、その過程を着実に跡づけていく必要があろう。そしてそれは、元代や中国に止まらず、歴史的都市を研究する上で重要な作業に他なるまい[60]。

加えて、建築学や考古学等の他分野との交流を深めていくことは、今後の研究の進展に際して重要なポイントの一つと考えられる。傅熹年「元大都大内宮殿的復元研究」（一九九三）は数値データによって宮城の建物の図面を立体的に復元した研究である[61]。また、陣内秀信・朱自瑄・高村雅彦〔編〕『北京——都市空間を読む』（一九九八）は、建築史家である陣内秀信が中心となって、一七五〇年代に描かれた『乾隆京城全図』から当該期北京の復元を試みる[62]。こうした研究は前述した問題をはらんでいるとはいえ、新たな視点を提供してくれる。さらに、考古学的研究についても、レンガの生成時期を手がかりに建物の建設年代を推定していく、白石典之の『モンゴル帝国史の考古学的研究』（二〇〇二）にまとめられた研究成果は大いに注目されよう[63]。

おわりに

以上、甚だ粗雑なものになってしまったが、大都に関する研究史を振り返りながら、問題点を析出してきた。如上の論述からも明らかなように、これまでの研究に欠けていたのは動態的な視点である。この視点の欠如により、先行する大都研究には、二つの不備な点があると考える。

第一に、これまでの研究が王朝毎に歴史的都市を考察してきたため、王朝交替の中で、都市がどのように変容していくのか、といった視点が欠けている点である。そもそも、王朝交替によって名称や位置が若干変化することがあっても、そこで日常生活を送る住民の意識に変化が生じるとは考えにくい。従って、元の大都と、金の中都や明清の北京城との比較によって、前後の時代とのつながりを明確にすることが可能になると考える。第一章はその点について考察するものである。

第二の不備な点は、これまでの、いわば静態的研究ともいえる復元研究では、文献史料を無批判に利用してきたため、完成された大都の姿しか提示してこなかった点である。これについても、建物の建設年代を丁寧に跡づけることによって、大都がどのように形成されて、変化していくのかという考察を行うことが可能になると考えられる。そしてこの視点を敷衍していけば、近年になってとくに変化の著しい、現今北京にまで至る景観の変貌を探ることもまた可能になるであろう。第二章、第三章、第四章、第七章、第八章はこの点を意識している。

本書では、こうした動態的視点を意識しつつ、加えて以下の点についても留意したい。古今東西を問わずあらゆる国家において、権力の所在地となる首都には、必ず国家権力を具現化した建築物が配置されている。

現代社会では国家元首の居所や官庁街に代表される国家機構の中枢を担う施設がそこに置かれることで、本来は目に見えるはずのない「権力」を実感させることが可能になるといえる。一方、それを王によって国家が統治されていた前近代社会でみれば、当該の施設は王権を象徴するものと見なすことができよう。実際に前近代国家の都には王の権威を広く知らしめるための施設が置かれた。こうした「王権と首都」ないしは「王権の所在地としての首都」をテーマに据えた研究は、これまでの歴史学研究においても数多く存在し、文字通り枚挙にいとまがない。

かかる状況は中国史においても同様である。近年、こうした視点からの研究を多角的にかつ精力的に推し進めているのが、妹尾達彦であり、「王権と首都」について数多くの論考を発表している。ここではその要点を的確に指摘していると思われる箇所を以下に引用しておく。

> 都城とは、前近代の為政者の権力、すなわち王権の拠点地を示している。都城は、前近代に特有の政権所在地のことであり、近代国家の政権の所在地を示す首都（国都）とは異なる。……中国に限らず、都城では、政治権力の中心地であることを表現するために、他の都市には無い特有の公的な記念建造物が敷地の主要部を占めている。すなわち、王や元首の宮殿や中央官庁、王の祖先や王国を守る神々を祀る宗教建築、外国使節を迎える施設などである。……また、都城においては、城壁や倉庫等の軍事・財政施設や、街路、市場、政府高官の邸宅、娯楽施設の多くは、王権を支える政治思想にもとづいて規模や数量、使用目的等があらかじめ決められており、都城の諸建築は、他の都市と比べて最も規模が大きく、威厳と衝撃力を持つようにつくられた[64]。

本書では都城には「政治権力の中心地であることを表現するために、他の都市に無い特有の公的な記念建造物」が設置されたという点を意識して考えていきたい。

王権を象徴する建築物の中から、元の大都に置かれたものを挙げれば、以下の四つを列挙することができる。

①王宮・宮城などの王の居所としての巨大建造物

②中央官庁

③宗廟・寺院などの祭祀施設・宗教建築物

④都市全体を囲む巨大な城壁やそれに付随する城門

本書では①については第二章、②については第三章、③については第七章、④については第一章・第二章で言及していくこととする。

そして、大都の歴史的意義付けについても考察を加える。第五章と第六章の二編は、都市の建設者について、理念的プランナーではなく、実際の現場工事を担った段貞について注目し、その段貞の活動拠点となった大都留守司の設立状況から具体的な職掌に及ぶまでを跡づけるものであるが、この二編の検討を通じて、大都の持つ歴史的性格についても筆者なりの見通しを提示する。そして最終的には、果たして大都は何故建設されたのかという問題につき、筆者なりの見解を提示することを狙いとしたい。

最後に、本書のもととなった旧稿の初出時の表題及び掲載誌名を掲げておく。既発表論文については、論旨に手を加えることはしていないが、全体に加筆修正を施した。そのため、本書の出版をもって旧稿の役割はとりあえず果たしたと理解されたい。また、本論で紹介する研究論文については、可能な限り最終版を参照した。さらに、本文中で敬称は一切これを省略することもお断りしておく。

序　章　大都研究の現状と課題（「同」『中国――社会と文化』二〇、二〇〇五年をもとに増補・改稿）
第一章　大都南城について（「元代の大都南城について」『集刊東洋学』八二、一九九九年）
第二章　大都における宮殿の建設（「元大都的宮殿建設」（『元史論叢』一三、二〇一〇年）
第三章　大都における中央官庁の建設（「元の大都における中央官庁の建設について」『九州大学東洋史論集』三七、二〇一〇年）
第四章　大都形成過程における至元二十年九月令の意義（「同」『集刊東洋学』九一、二〇〇四年）
第五章　大都留守段貞の活動（「元朝の大都留守段貞の活動」『歴史』九八、二〇〇二年をもとに改稿）
第六章　大都留守司について（「元朝の大都留守司について」『文化』六六―一・二、二〇〇二年をもとに第五章の初出論文の一部を組み入れた）
第七章　大都における宗教施設の建設（『集刊東洋学』九一、二〇一一年をもとに改稿）
第八章　科挙からみた大都（「科挙制よりみた元の大都」『宋代史研究会研究報告集 第九集』汲古書院、二〇〇九年をもとに増補・改稿）
終　章　（未発表）

註

1　『北京通史』のブックレビューとして著された、新宮学「北京市社会科学院・曹子西主編『北京通史』全十巻」（初出一九九六年、のち『明清都市商業史の研究』汲古書院、二〇一七年所収）を参照。ただここで紹介されている『北京通史』（全十巻、中国書店、一九九四年）は北京研究の集大成といえる著作であろう。同様の通史として、『北京城市発展史』（全五巻、北京燕山出版社、二〇〇八年）が刊行された。元代は、『北京通史』と同じく王崗によって執筆されている。

2　飯山知保「金元代華北社会研究の現状と展望」（『史滴』二三、二〇〇一年）を参照。とくに石刻資料を利用した華北を分析対象とする研究は増加している。日本人による代表的な成果として、飯山知保『金元時代の華北社会と科挙制度――もう一つの「士人層」』（早稲田大学出版部、二〇一一年）、井黒忍『分水と支配――金・モンゴル時代華北の水利と農業』（早稲田大学出版部、二〇一三年）等がある。また、舩田善之が石刻に関する研究の展開を丁寧に整理している。舩田善之「石刻史料が拓くモンゴル帝国史研究――華北地域を中心として」（吉田順一〔監修〕・早稲田大学モンゴル研究所〔編〕『モンゴル史研究――現状と展望』明石書店、二〇一一年所収）を参照。

3　劉暁「元代都城史研究概述――以上都・大都・中都為中心」（中村圭爾・辛徳勇〔編〕『中日古代城市研究』中国社会科学出版社、二〇〇四年）は副題にある三都市の研究史を整理したものである。本章と併せて参照されたい。

4　藤田元春「都城考」（『尺度綜考』刀江書院、一九二九年）、那波利貞「支那首都計画史上より考察したる唐の長安城」（『桑原博士還暦記念東洋史論叢』弘文堂、一九三〇年）を参照。

5　村田治郎『法隆寺建築様式論攷』（中央公論美術出版、一九八六年）の川上貢執筆による「編者あとがき」を参照。なお蛇足ながら、南満洲工業専門学校の建物は現在では大連理工大学化工学院として利用されている。

6　駒井和愛『琅玕』（駒井和愛博士記念会、一九七七年）の「年譜」を参照。なお、村田と駒井の経歴や研究内容は、徐蘇斌『日本対中国城市与建築的研究』（中国水利水電出版社、一九九九年）も参照。

7　山根徳太郎『花を求むる心』（山根徳太郎先生顕彰会、一九九七年）の「略年譜」を参照。

8　村田治郎「元・大都における平面図形の問題」（初出一九三四年、のち改題・増補して『中国の帝都』綜芸社、一九八一年所収）。本書では『中国の帝都』収録のものを参照。なお村田には、『建築学大系（四―II）東洋建築史』（彰国社、一九七二年）もある。この著作は、インドと中国の建築に関する総合的通史であるが、ここでも大都がオルドに依るという、年来の主張を繰り返す。

9　徐蘇斌「東洋建築史学の成立に見るアカデミーとナショナリズム――関野貞と中国建築史研究」（『日本研究　国際日本文化研究センター紀要』二六、二〇〇二年）によると、満洲滞在の長い村田には、「満洲建築大観」（『満洲建築雑誌』一三―九、一九三三年：筆者未見）と題する論考があり、そこでは、満洲の建築物が中原の影響だけでなく、チベット等からも流入した独自の文化によって形成されたことを述べているという。「満洲国」がすでに建国されているなどの、時代状況を踏まえなければならないが、論文発表の時期的近接から、同趣旨の考えが援用された可能性も考えられる。

10 駒井和愛「元の上都並びに大都の平面について」（初出一九四〇年、のち『中国都城・渤海研究』雄山閣出版、一九七七年所収）を参照。

11 山根徳太郎「元『大都』の平面配置」（『人文研究』一―二、一九四九年）を参照。

12 奉寛「燕京故城考」（『燕京学報』五、一九二九年）を参照。

13 中国営造学社の沿革は、崔勇『中国営造学社研究』（東南大学出版会、二〇〇四年）、林洙『中国営造学社史略』（百花文藝出版社、二〇〇八年）を参照。

14 朱啓鈐・闞鐸「元大都宮苑図考」（『中国営造学社彙刊』一―二、一九三〇年）を参照。なお、闞鐸は中国営造学社の文献部主任であるが、自身の日本留学の経験から日本人研究者との交流に積極的であったという。中国営造学社と日本人研究者との交流については、前掲註（9）徐蘇斌「東洋建築史学の成立に見るアカデミーとナショナリズム」に詳しい。

15 王璧文「元大都城坊考」（初出一九三六年、のち『梓業集――王璞子建築論文集』紫禁城出版社、二〇〇七年所収）を参照。

16 同上「元大都寺観廟宇建置沿革表」（初出一九三七年、のち前註書所収）を参照。

17 朱偰『元大都宮殿図考』（商務印書館、一九三六年、のち北京古籍出版社重印、一九九〇年）を参照。なお、彼は中国営造学社の一員ではない。朱偰の悲劇的な生涯については、朱偰『昔日京華』（百花文苑出版社、二〇〇五年）に載せられる、子息朱元曙の筆になる「重版前言」を参照。

18 王璞子「元大都城平面規劃述略」（初出一九六〇年、のち『梓業集――王璞子建築論文集』紫禁城出版社、二〇〇七年所収）を参照。

19 趙正之遺著「元大都平面規劃復元研究」（『科技史文集』一九七九―二）を参照。なお、この論文は、徐苹芳の後記によれば、発表は一九七九年となってはいるが、趙正之は一九六二年に亡くなっており、その遺稿を一九六六年になって徐苹芳が整理したという。従って、実際の執筆は次に紹介する発掘報告の公刊以前のことになる。

20 ただし、その理解が誤っている点については、本書第三章を参照。

21　王軍（著）多田麻美（訳）『北京再造――古都の命運と建築家梁思成』（集広社、二〇〇八年）には、この発掘時期に羅哲文の撮影した写真が数多く掲載されている。
22　中国科学院考古研究所・北京市文物管理処元大都考古隊「元大都的調査和発掘」（『考古』一九七二―一）を参照。
23　徐苹芳『中国城史考古学論集』（上海古籍出版社、二〇一五年）を参照。
24　妹尾達彦「環境の歴史学」（『アジア遊学』二〇、二〇〇〇年）を参照。
25　侯仁之「北京都市発展過程中的水源問題」（初出一九五五年、のち『歴史地理学的理論与実践』上海人民出版社、一九七九年所収）を参照。
26　侯仁之「北京旧城平面設計的改造」（初出一九七三年、のち前註書所収）を参照。
27　侯仁之「北京城――歴史発展之特点及其改造」（初出一九八二年、のち『侯仁之文集』北京大学出版社、一九九八年所収）を参照。
28　Steinhardt, Nancy Shatzman "The Plan of Khubilai Khan's Imperial city" Aritbus Asiae 44. 2-3 (1983) を参照。
29　福田美穂「元大都の皇城に見る『モンゴル』的要素の発現」（『仏教藝術』二七二、二〇〇四年）を参照。
30　包慕萍「十三世紀中国大陸における都城構造の転換――カラコルムから元の大都へ」（国立歴史民俗博物館・玉井哲雄〔編〕『アジアからみる日本都市史』山川出版社、二〇一三年所収）を参照。
31　布野修司『大元都市――中国都城の理念と空間構造』（京都大学学術出版会、二〇一五年）を参照。
32　楊寛『中国古代都城制度史研究』（上海古籍出版社、一九九三年）を参照。
33　郭超『元大都的規画与復原』（中華書局、二〇一六年）を参照。
34　例えば、現在大都の地図として最もスタンダードなものと考えられる、侯仁之〔主編〕『北京歴史地図集』（北京出版社、一九八八年）所収の「元大都」も「至正年間」の地図とする。侯仁之の後記によれば、本図は徐苹芳を中心とするグループにより、前掲註（22）の発掘報告にもとづいて描かれたとする。
35　田村実造「歴史上からみた北京の国都性」（初出一九四三年、のち改題・増補して『中国征服王朝の研究（中）』東洋史研究会、一九七一年所収）を参照。なお、当該の論文は一九四一年十一月三十日に京都大学で開催された「支那学会」での「北京の国都的性格――歴史上よりみたる」と題する報告にもとづいているとみられる。「彙報」（『東洋史研究』六―六、一九四二年）を参照。この報告は、時期的にみて当時の京都大学文学部の地理学研究室を席巻した「地政学」の影響があったのではないかと考えられる。この点について、以下に引用する宮崎市定の回想は興味深い。「当時学界に地政学と名付くる新顔の学問が割り込んで来て、縦横無尽に活躍した。その元祖はドイツの右翼学者ハウス・ホウファーで、京都大学文学部の人文地理学系の人たちを先ず征服し、私の近辺にもその信者が少なからずあった」という。「自跋」(『宮崎市定全集(一〇)宋』岩波書店、一九九二年)を参照。「私の近辺」という表現は示唆的である。

36　愛宕松男「元の大都」(初出一九六六年、のち『愛宕松男東洋史学論集(四)元朝史』三一書房、一九八八年所収)を参照。以下本書では、愛宕松男「元の大都」とし、頁数は全集版によることとする。

37　他に、アーサー・F・ライト(奥崎祐司訳)「象徴性と機能」、伊藤道治「殷周時代の都市」、佐藤武敏「漢代の都市」、服部克彦「北魏の洛陽」、平岡武夫「唐の長安」、梅原郁「宋代の地方都市」、佐伯富「近世中国の都市と農村」が併載されている。

38　陳学霖『劉伯温与哪吒城——北京建城的伝説』(東大図書公司、一九九六年)を参照。

39　于希賢「『周易』象数与元大都規画布局」(『故宮博物院院刊』一九九九―二)を参照。

40　金文京「書評　陳学霖『劉伯温与哪吒城——北京建城的伝説』」(『東洋史研究』五八―一、一九九九年)を参照。

41　愛宕松男「元の中国社会と漢民族社会」(初出一九七〇年、のち『愛宕松男東洋史学論集(四)元朝史』三一書房、一九八八年所収)、愛宕松男・寺田隆信『中国の歴史(六)元・明』(講談社、一九七四年、のち『モンゴルと大明帝国』講談社学術文庫、一九九八年として復刊)を参照。

42　陳高華『元大都』(北京出版社、一九八二年、のち佐竹靖彦により『元の大都——マルコポーロ時代の北京』中公新書、一九八四年として訳出。さらに原書が陳高華・史衛民『元代大都上都研究』中国人民大学出版社、二〇一〇年として復刊)。以下本書では、陳高華・史衛民『元代大都上都研究』にもとづき、頁数は中国語版と日本語版とを併記することとし、日本語版の頁数を(　)で示す。

43　例えばこれに続く大都について全面的に論じたものとして、前掲註(1)『北京通史(五)』や『北京城市発展史(元代巻)』が存在するものの、陳高華著書の理解を大きく超えるものではない。

44　「元大都史事雑考」(北京市研究会(編)『燕京春秋』北京出版社、一九八二年所収)、「元大都的酒和社会生活探求」(『中央民族学院学報』一九九〇―四)、「元代大都的飲食生活」(初出一九九一年、のち『陳高華文集』上海辞書出版社、二〇〇五年所収)、

「元大都的皇家佛寺」（初出一九九二年、のち『元朝史事新証』蘭州大学出版社、二〇一〇年所収）等を参照。

45 杉山正明「クビライと大都――モンゴル型『首都圏』と世界帝都」（初出一九八四年、のち副題を付して『モンゴル帝国と大元ウルス』京都大学学術出版会、二〇〇四年所収）。以下本書では、杉山正明「クビライと大都」とし、頁数は著書によることとする。

46 こうした見解は中国でも受容されているようである。特に注記されているわけではないが、前掲註（1）王崗『北京通史（五）』三四～三五頁や王浩「試析忽必烈定都大都之原因」（『内蒙古社会科学』一九九八―四）もほぼ杉山正明と同趣旨の見解を述べる。

47 愛宕松男「チャハル草原瞥見記」（『松田寿男著作集（一）』六興出版、一九八六年所収の月報）を参照。

48 『クビライの挑戦――モンゴル海上帝国への道』（朝日選書、一九九五年、のち『クビライの挑戦――モンゴルによる世界史の大転回』講談社学術文庫、二〇一〇年として復刊）一五九～一七三頁を参照。同趣旨の記述は『モンゴル帝国の興亡（下）』（講談社現代新書、一九九六年）二九～三八頁などでもなされている。

49 史官虞集曰「嘗観紀籍所載、秦・漢・隋・唐之宮闕、其宏麗可怖也。高者七八十丈、広者二三十里。……集佐修『経世大典』、「将作所疏・宮闕制度」為詳、於是知大有径庭於古也。……。」

50 『南村輟耕録』「宮闕制度」の内容に関する説明は、王剣英「蕭洵『故宮遺録』考弁」（初出一九八六年、のち『明中都研究』中国青年出版社、二〇〇五年所収）、及び王燦熾『燕都古籍考』（京華出版社、一九九五年）を参照。

51 前註王剣英「蕭洵『故宮遺録』考弁」を参照。

52 北京図書館善本組輯『析津志輯佚』（北京古籍出版社、一九八三年）。本書では『析津志輯佚』を利用することとして、頁数もそれによる。

53 この点を意識したのが、拙稿「金の中都から元の大都へ」（『中国――社会と文化』二七、二〇一二年）であるが、あくまで素描に止まっており、さらなる深化を必要とする。

54 姜舜源「論北京元明清三朝宮殿的継承与発展」（『故宮博物院院刊』一九九二―三）を参照。

55 王剣英・王紅「論従元大都明北京的演変和発展――兼析有関記載的失実」（初出一九九五年、のち『明中都研究』中国青年出版社、二〇〇五年所収）を参照。

56　姜舜源「故宮断虹橋為元代周橋考——元中軸線新証」（『故宮博物院院刊』一九九〇—四）を参照。
57　李燮平・常欣「元明宮城周長比較」（初出二〇〇〇年、のち『明代北京都城営建叢考』紫禁城出版社、二〇〇六年所収）を参照。
58　新宮学「明初の燕王府をめぐる諸問題」（初出二〇〇一年、のち『北京遷都の研究——近世中国の首都移転』汲古書院、二〇〇四年所収）、及び同「明末清初期の諸史料にみえる燕王府＝西苑所在説の再検討——明初の燕王府をめぐる諸問題補論」（初出二〇〇二年、のち同書所収）を参照。
59　新宮学「近世中国における首都北京の成立」（初出二〇〇五年、のち『明清都市商業史の研究』汲古書院、二〇一七年所収）を参照。
60　明代の北京について論じた前掲註（58）新宮学『北京遷都の研究』と、宋代の開封について論じた久保田和男『北宋開封の研究』（汲古書院、二〇〇七年）がともに時間軸を追った検討を行っており、その点はかつて指摘したことがある。拙評「書評　新宮学著『北京遷都の研究』」（『山形大学歴史・地理・人類学論集』七、二〇〇六年）、同「書評　久保田和男著『宋代開封の研究』」（『史学雑誌』一一七—八、二〇〇八年）を参照。
61　傅熹年「元大都大内宮殿的復元研究」（初出一九九三年、のち『傅熹年建築史論文集』文物出版社、一九九八年所収）を参照。
62　陣内秀信・朱自瑄・高村雅彦（編）『北京——都市空間を読む』（鹿島出版会、一九九八年）を参照。
63　白石典之『モンゴル帝国史の考古学的研究』（同成社、二〇〇二年）等を参照。白石の研究は、モンゴル時代の都城造営の過程を追うにあたって、多くの示唆を与えてくれる。
64　妹尾達彦「中国の都城とアジア世界」（『シリーズ都市・建築・歴史（一）記念的建造物の成立』東京大学出版会、二〇〇六年）一五一頁を参照。

第一章　大都南城について

はじめに

序章で述べたように、元の大都に関しては、復原研究を中心として多くの研究蓄積がある。しかしながら、これまでの研究が主たる対象としてきたものは、世祖クビライ（一二一五〜九四）によって新たに建築された「大都」であり、その西南に隣接し、のちに明清北京城外城の西南部分にあたる、金代以来の中都＝南城は補足的にしか言及されてこなかった（【図1】参照）[1]。

さらに、これまでの北京史研究においては「金の中都」「元の大都」「明清の北京」というように、それぞれの王朝ごとに時代を画して検討する傾向が強かった。しかし、これも各王朝の「首都」として北京の存在を捉えるだけならばそれで充分かもしれないが、どのようにして前王朝の「首都」を包摂して、新王朝の「首都」が形成されていくのか、というような北京形成史の観点からは不充分といえる[2]。

本章では元代の史料に「南城」「舊城」と表記される、元朝下における金代以来の中都城の都市空間にスポットを当てる。具体的には、大都城の建設前夜から、住民がそこへ移住するまで、中都城がどのような役割を果たし、どのような形で元末明初まで存在していくのかを、特にその大都に対する補完的機能に注目しつつ、解明していきたい。

なお、以後本書においては、金代からの中都城を「南城」と表記すること、また「南城」「大都城」と表記した場合、それぞれ城壁に囲まれた当該の空間を指すことを予め断っておく。

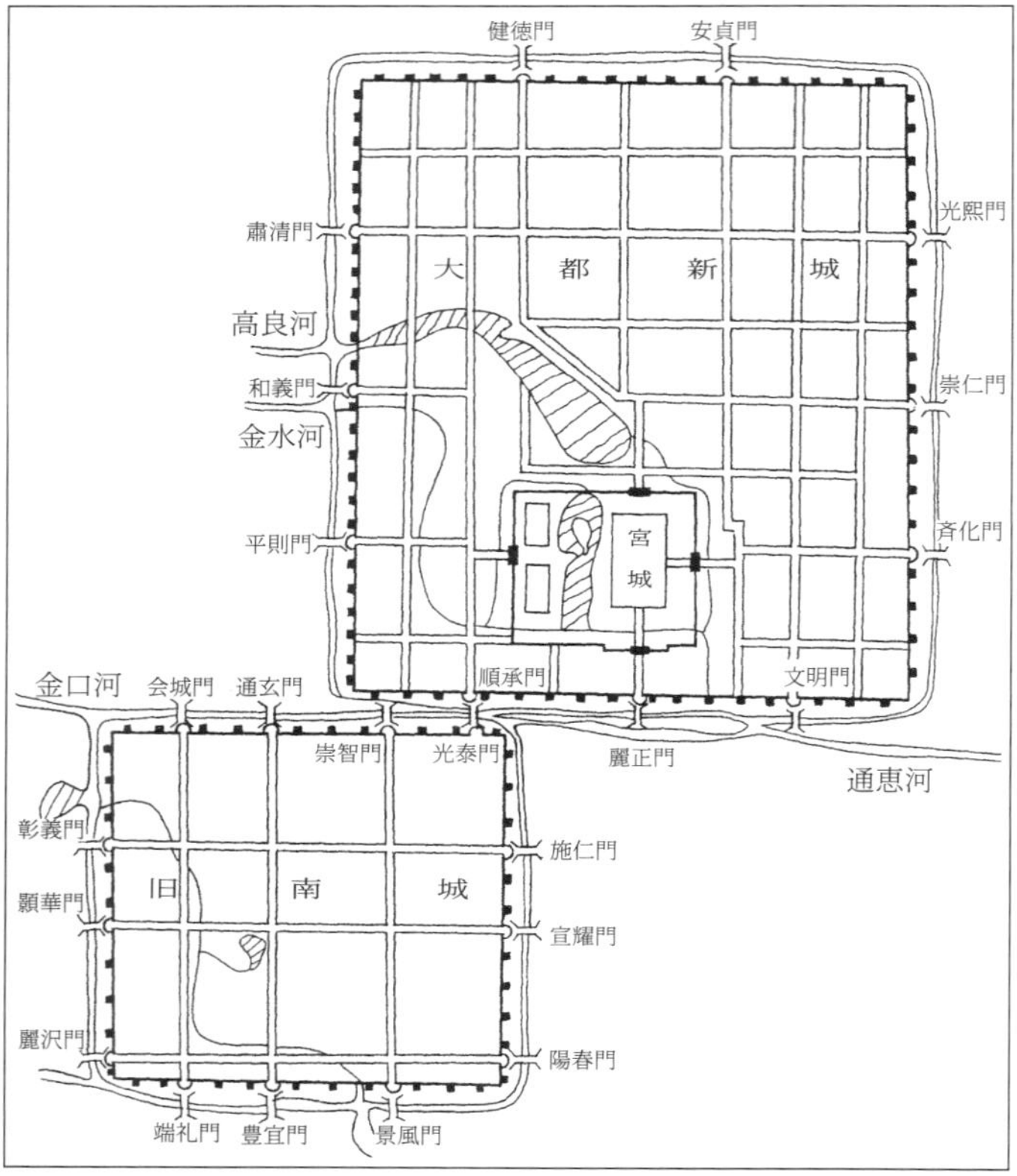

図１　大都城と南城

王崗『北京通史』第五巻（中国書店、一九九五年）より（一部文字を改めた）

一　金の中都城の改造

まず結論から述べてしまえば、大都城が建設されるまでの仮の都である南城には、その後も多数の住民が居住し、その状態が元末まで継続する。史料上の制約があることは否めないが、先行研究ではこの南城についての言及があまりなされてこなかった。筆者は、この南城と新城である大都城の両城を、広域の「大都」として考えなくてはならないと思う。なぜなら、以下に述べるように大都城建設後も、南城に官署が置かれ、また実際に住民の居住がみられるからである。

南城は大都城西南に位置し、元朝の成立当初、世祖は中国支配の中心地としての機能をこの地に保持させようと意図していたと考えられる。ところがこれまでは、モンゴル軍による数度の攻撃によって金の中都城が荒廃していたために、その方針の変更を余儀なくされた、という見方があった。しかしながら、牧野修二の研究によれば、金軍がモンゴル軍と防禦戦を行なったかどうかさえ定かではない、という[3]。

そこではじめに、南城が完全に破壊されたわけではないことを検証するために、モンゴルが金代の建築物を利用し、そのまま元朝に至っている事例を挙げていく。

まず、国子学について、『元史』巻八一、選挙志一、学校の條に、

国初、燕京がようやく平定され、宣撫王檝が金朝の枢密院の官署を宣聖廟とするようにと願い出た。太宗六年になって、国子学総教及び提挙官を設置し、貴臣の子弟に命令して国子学で受講をさせた。……至元十三年になって、提挙学校官に六品印を授けた。かくして国子学を大都路学と改め、大都路提挙学校所と名づけた。二十四年、大都城の遷都に伴い、国子学を大都城の東側に建設し、南城にあった国子

学を大都路学として、提挙学校官より以下、官を設置するにあたっては段階を設けた[4]。とある。「国初」の太宗五年（一二三三）[5]、王檝の提案によって、金代の枢密院が孔子を祀る宣聖廟となり、それが国子学に改められ、至元二十四年（一二八七）になると、すでに完成している大都城に、改めて国子学を建築したため、南城の国子学が大都路学になった、とある。『析津志輯佚』に「枢密院旧基を以て文廟に改建す」とあるように、枢密院の建物をそのまま利用したわけではなく、増改築を施したのであろう。

翰林国史院についても、翰林国史院の官署は至元元年九月に設置されたが[6]、当然、その場所も中都城内であったと考えられる。

最後に、中書省の官署について考察する。まず、この官署の沿革を概括的に伝える、王惲『秋澗先生大全文集』巻八〇「中堂事記（上）」中統元年十二月壬寅の條を掲げる。

中書省が設置されて、官署は西台の北にあったが、騒々しく狭く市場に近いため、人々が仰ぎ見るのに適さなかった。（そこで）中書省の移転を上奏したところ、受け取った聖旨には「四王府に遷れ。その列聖の神主は聖安寺の瑞像前殿に奉安せよ」とあった。翌年になって楽善老の故府を中書省の官署として、金代の中書省の額をそこに掲げた[7]。

中統元年（一二六〇）、官署移転の建議に対する世祖クビライの聖旨は、「四王府に遷せ。その列聖の神主は聖安寺の瑞像前殿に安置せよ」というものであった。「四王」とは、金の世宗（一一二三〜八九）の第四子、永成（?〜一二〇四）のことである。この金代の「四王府」は、チンギス・カンによる中都攻略後、華北の実質的な統治者となる、ジャバル・ホジャ（札八児火者）に邸宅として賜与される[8]。さらに、この「中堂事記」中の「明年」にあたる『元史』巻四、中統二年九月庚申朔の條によれば、詔して忽突花の邸宅を中書省の官署とした。歴代の祖宗の神主を聖安寺に移した[9]。とあり、「忽突花宅」と「中堂事記」の「楽善老故府」とが同義と考えられ、ジャバル・ホジャから「忽突花」へ、その邸宅が移譲されたことを伺わせる[10]。なお、この時期の中書省がモンゴル政権における一出先機関としての、いわゆる行中書省であることはいうまでもない。

国子学の変遷をまとめれば、金代の枢密院址～宣聖廟～国子学～大都路学となり、中書省の変遷をまとめれば、金の永成の王府～ジャバル・ホジャの邸宅～忽突花の邸宅～中書省、となる。わずかな例ではあるけれども、金の中都の建築物の一部は破壊されることなく、継続してモンゴル朝下、延いては世祖の下で使われていたことが分かる。そして大都城の建設によって、これらの官署はすべて新城に移転していく。

それでは、いよいよ南城の様子を見ていくことにする。まず、陳高華は『秋澗先生大全文集』巻一〇の七言古詩「革故謡」の後半部分から[11]、至元二十五年に、南城の城壁が棄却されたことを述べ、多くがそれに依拠している。論拠となった「革故謡」の一節をあらためて引用すれば、

今年戊子冬十月　天気未だ寒からずして雨雪無く
禁軍旧築を指顧すれば空し　郊遂坦夷にして壅隔無し[12]

とあり、確かに、禁軍が南城の城壁を指差すと、城壁はすでに取り壊されていて、大都城の郊外には広々とした空間が広がっているという情景を詠んでいる。しかし、後述するように、明初に南城周回の測量を行なっている事実から、城壁の全面的な棄却が実行されたとは考えられない。また、たとえ城壁の棄却が実行されたとしても、それが直ちに都市機能の消失につながるということも考えにくい。そこで、具体的な姿は後述するとして、とりあえず南城が明初まで存在した事実を確認しておく。

まず、以下の『通制條格』巻二七、雑令、侵占官街からは、人々が蝟集し、都市活動を営む姿を窺える。中統四年七月内、欽んで奉じたる聖旨には以下のようにある。「『在京の権豪・勢要や、回回や漢兒の軍站・民匠・僧道、諸色人等が房舎を建築し、垣墻を築くことで、勝手に公道を占拠しています。禁止してください』という上奏をうけた。今後、二度と以前のように占拠させるな。もし違反すれば、ただちに街路を侵した垣墻や建築物は破壊し、さらに犯人を罪に処す」と(聖旨に)あった。欽此[13]。

この史料における「在京」は、中統四年段階であるから、南城のこと以外に考えられない。豪民等によって[14]、ほしいままに屋敷の拡張や垣根の設置が行われ、街路の不法占拠、いわゆる「侵街」現象の発生までも確認できる[15]。居住と「侵街」という事実から、道路に沿って商店街が形成され、活発な商業活動が営まれていた可能性を推測することもできよう。

また『大元聖政国朝典章』(以下『元典章』と略記す)巻四二、刑部四、過失殺、走馬撞死人は、実質的な大都建設工事の開始年である、至元四年の正月に中都城内で発生した交通事故を伝える。

中都路の上申。「李三丑の馬が田快活を跳ね飛ばして殺してしまったので、取り得た李三丑の供述書には『至元四年正月二日、正月休みだったので、三丑は旧知の喬令史を招待して、宴席を設けて、酒楼で酒四瓶を買って共に飲んだ。燈を灯す時(夕暮れ)になって散会することになり、三丑は喬令史と一緒に、それぞれ騎乗して、家に帰ることになった。喬令史が先に行き、三丑が追走した。(すでに)日も暮れていたので、街上には人の歩くことがなく、喬令史は前方で馬を急がせていた。三丑が追走していたところ、憫忠寺の後ろに到って、突然一人の男の子が西に飛び出してきた。三丑の馬は急いでいたためと、闇夜だったために、(男の子に)気がつかなかった。(それで)前項の男の子田快活を跳ね飛ばして殺してしまった。』と（供述書に）あり」と（中都路の上申に）あった。法司が擬したところ「三丑の犯罪は、城内の街上で理由もなく馬を走らせ、（そのうえ）殺人を犯したという罪にあたる。旧例（金の泰和律）によると『城内の街巷で理由もなく馬を走らせた者は笞五十にあたり、殺人を犯した者は闘殺・闘傷の罪より一等を減じたものにあたる』という。（そこで）李三丑は徒五年にすべきである。」という。（刑）部が擬したところ、「杖刑七十七にして、法司の擬定を准けて追徴金を課せ」という。中書省はこの刑部の判断をうけて、銭二百貫を追徴して、被害者の家族に与えた[16]。

この案件によれば、酒を飲んだ李三丑の操る騎馬が田快活という少年を憫忠寺の裏で跳ねとばしたということである[17]。まず、事故現場である憫忠寺（現在の法源寺）は南城にあり、唐代からの名刹として知られていた。しかも、李三丑は友人の喬令史と共に「酒を売る燕家の内にて」酒四瓶を買って一緒に飲んでいた、という。このことは、『析津志輯佚』「古蹟」（一〇七頁）の、「南城には、崇義楼・県角楼・攬霧楼・遇仙楼という酒楼があったが、今（元末）は廃れてしまった」という史料と共に、南城内に酒楼が存在し、賑やかな都市生活が営まれていたことを裏づける[18]。

そしてこの南城は、元朝最後の皇帝である順帝が北に逃げた後、明初まで存在していた。『明太祖実録』巻三四、洪武元年（一三六八）八月戊子の條に、

大将軍徐達は右丞薛顕・参政傅友徳・陸聚等の将兵に大同を攻略させ、指揮葉国珍に北平の南城を計測させた。周回は約五千三百二十八丈、南城は金代の中都である[19]。

とあるように、大都攻略の総司令官徐達が南城の測量を行なわせている。前述した、城壕の棄却に疑問を抱くのはこの点からである。つまり、少なくとも測量を可能にさせた何らかの目印となる建造物があったと考

えるべきで、城壁は完全に破壊されたわけではなく、若干は残存していたと考えられる。因みに「五千三百二十八丈」は約十六kmで、一九五八年の城壁の調査概報によれば、約十八・七kmになる[20]。とまれ、この史料からは、南城は金代の遺址であるという認識が明初まで貫かれ、既に完成された大都城とは別に元末まで存在していたことが分かる。以上のように、元朝一代を通じて一貫してこの街が存在していたという事実から、モンゴル軍と金軍との戦争で若干の破壊がなされたとしても、都市全体が完全な焦土と化したとは考えにくく、住民たちはたくましく復興を遂げたのである。

ではどのように南城が修理されて、人々が集められていくのであろうか。まず、中統二年（一二六一）になると、『元史』巻四、中統二年十月庚子の條に、

燕京旧城を修理した。平章政事の趙璧・左三部尚書の怯烈門に命令してモンゴル軍・漢軍を率いさせて燕京近郊・太行一帯に駐屯させた。東は平灤にまで至り、西は関陝を牽制し、ここは険阻というべきであろう。附近の住民の中から軍事を熟知している人間を選んで、堡寨を修理して防衛に当たらせた。河南屯田万戸の史権を江漢大都督として、以前のように守備をさせた。さらに精鋭三千人の兵士を選んで史枢の配下として、燕京近郊に駐屯させた[21]。

とあるように、その前年にアリク・ブケと帝位を争い大カーンの位に即いた世祖は、中都城周辺に精鋭部隊を展開させつつ、金の宮城の修繕を始めた。周辺に軍隊を配置したのは、アリク・ブケ一派や南宋政権に対する、帝都防衛という意図があったからに他なるまい。さらに、宮城の修理とともに、南城に人を集め始める。『経世大典』の序文である[22]、蘇天爵『国朝文類』巻四二「経世大典序録、工典総序、玉工」には、

中統二年、勅を下して和林・白八里及び諸路の金玉碼碯諸工三千余戸を大都に移住させ、金玉局を設立

させた。至元十一年、諸路金玉人匠総管府に昇格させた[23]。とあり、モンゴル人のアクセサリーを製作する、カラコルム（和林）やバイバリク（白八里）の宝石細工職人が南城に集められた[24]、という。この史料で「大都」とあるのは、『経世大典』が後世に編纂されたためであり、後述するように、後世の人が中都城を含めて「大都」と認識していたことの証左でもある。金の中都城を囲むように軍隊を配置しつつ、その内部に手工業職人を移住させたのである。さらに、翌中統三年には、「弘州の錦工繡女を京師に徙す」とあるように、弘州の織物業の職人を南城に移住させている[25]。

次いで至元元年八月になると、それまで、「燕京」と称していた南城を正式に「中都」と改称する。つまり「燕京」という一地名を、金代以来の京師を示す名称に変更することで、南城に京師としての重みを再び持たせた。これによって、南城は、先に夏都として定められた上都と対等の関係に昇格したのである[26]。すなわち、この時点では、南城を正式な「首都」とする方針を世祖が抱いていたと考えられる。

翌至元二年になると、『元史』巻六、至元二年正月癸酉の條に、

勅を下して鎮海・百八里・謙謙州の諸色匠戸を中都に移住させ、銀一万五千両を支給し旅費にあてさせた。

加えて奴懐・忒木帯兒の礮手人匠八百名を移住させて中都に向かわせ、船を造って食料を運ばせた[27]。

とあって、チンカイ＝バルガスン（鎮海）・バイバリク（百八里）・ケムケムジュート（謙謙州）の工芸職人、ヌハイ（奴懐）とテムデル（忒木帯兒）が管理していた砲手の移住があった[28]。元末に著された『山居新話』によれば、このケムケムジュートの住人の移住してきた場所が南城にあり、「謙州営」と呼ばれていた[29]。この史料で注目すべきは、武器製造職人の移住である。先行研究によれば、チンカイ＝バルガスンやケムケムジュートにも武器職人がいたことで知られる。それ故、この「諸色匠戸」も武器職人と考えられる。この

ように、武器製造職人を一ヶ所に集住させた背景には、武器の製造や管理を支配者の目が届くところに置いておく方針が採られたからであろう。ここからは世祖が南城を、少なくとも軍事上の重要拠点、と見做していたことが窺えるであろう。

このように、世祖は「勅」という強制手段によって、官営工業の職人たちを陸続と移住させるようになる。この様子をまとめて『国朝文類』巻四二「経世大典序録、工典総序、諸匠」は以下のように伝える。

元朝が中華を支配した際、手工業製品の制作にあたってはノルマがあったので、天下の工匠を召集し、彼らを京師に集めて、それぞれの職能に応じて局を設置した。彼らのノルマの到達度を勘案して、給与を支給し、その匠戸には徭役免除の特権を与え、作業に専念させた。そのため我が朝の工芸は精巧にして、以前のものに比べて勝っている[30]。

都に天下の工芸職人を集めて官営工場に配置し、ノルマの到達度に応じて給料を与え、徭役免除の優遇措置を与えることで作業に専念させた、と。

また、世祖の廷臣達の居住地も南城に与えられた。元朝創世期、第一級の名臣に数えられる劉秉忠の邸宅は、至元元年、南城北側の奉先坊に下賜された[31]。同様に、やはり世祖期、権勢を強めることになるアフマドの邸宅も、南城に置かれたようである[32]。政治の中枢にいる人物達の居住する場所も南城であったと考えられる。

ところが、世祖自身は、この都市の修築を行いながらも、城内に住むことはなかった。一見矛盾するようだが、杉山正明がすでに指摘し、次章でも触れるように、世祖は至元元年二月に、南城北郊の瓊華島にあった金代の離宮、大寧宮の修繕を也黒迭兒に命じており、そこに居を定めていたと考えられる[33]。

以上、本節でみたように、世祖の居住空間は瓊華島の近辺でありながら、南城改造と手工業職人の強制集住、都としての正式な名称「中都」の付与、といった事実からも分かるように、南城は金末元初の混乱によって完全な破壊を被ったわけではなかったし、そこを再び中国支配の中心にする計画が存在したと考えてよかろう。次章で詳述するように、至元三年（一二六六）十二月になると大都城の建設工事が開始される[34]。そのため、至元三年までの暫定的措置と映るかもしれない。しかし、都市としての機能を保持し、金の中都から継続して人々の居住する都市が、新城大都の西南に存在する、という事実は元末まで残ったことになる。

二　大都城と中都城の併存期間における帝都の呼称

既述のように、至元三年をもって、大都城の建設工事が開始されるわけであるが、建設工事中は大都城と南城が併存している状況になる。ではその間、両都の呼称はいかなるものであったのだろうか。至元九年二月には「中都を改めて大都となす」という命令によって[35]、これ以降、ひとまず「中都」という名称は無くなる[36]。そこで、以下のような推論を立ててみたい。すなわち、至元十年前後まで、「中都」または「大都」とは建設途中の新城と南城の両方を包括して云っていた、と。まず、至元九年に魏初（一二三二〜一二九二）は、『青崖集』巻二「奏議」において、以下のように述べる。

五月二十五日より二十六日に至り、大都に大雨が降り、地面に水があふれ出て、住民の家屋や流された橋が人々を溺れさせ、財物・糧粟を流出するものがとても多かった。通元門外の金口河の波の形状はまるで建物のようであった[37]。

とある。注目すべきは「通元（玄）門外」という表現である。「通玄門」は南城の北辺にある門で、大都城とをつなぐ門になっていた。また「金口」とは金口運河のことで、まさに南城と大都城の間を流れていた（【地図1】参照）。この史料によれば、「通玄門」の「外」側で「金口」が溢れかえっていたというのである。つまり、魏初の視線は南城からのものであり、至元九年当時において、「大都」が南城をも含めて使われていたことが分かる。さらに続けて『元典章』巻五七、刑部一九、禁聚衆、禁跳神師婆の案件を掲げる。

至元十一年、兵刑部の符文に「五月十六日、省掾元仲明が受け取った都堂の鈞旨には『大都の街路には、ゴロツキやケンカをする者、跳神師婆ならびに夜聚暁散する者たちが沢山いる。兵刑部に仰せて文書を下して処罰させせよ。もし前例に依って違犯したならば、跳神師人及び夜聚暁散の者たちを処罰するのは当然として、ゴロツキやケンカの衆については役に着かせよ』と（都堂の鈞旨に）あった。兵刑部ではそれはそれとしてすぐに調べて、速かに榜を出して処罰する。もし違犯する者がいたならば、以上のように施行する」とあった[38]。

大都城における急激な人口増加は、移住規定が公布される至元二十二年以降に生じると考えられるので、至元十一年という時期を考えると、やはりこの史料の「大都」も南城での出来事と捉えられる。南城の街路上には、不逞の輩が徘徊し、官の目を盗みつつ、夜を徹して宗教集会をする者たちがいた[39]、という事実を看取できる。

ところが、至元二十二年には官吏及び一般住民の移住規定が公布された。これまでも度々引用されている、有名な移住規定の条文であるが、『元史』巻一三、至元二十二年二月壬戌の條をあらためて掲げておく。

詔して旧城の居民で京城に遷る人間について、資産が多くありかつ官僚身分の者を優先的に先に移住させる。そこで制を定めて地八畝を一区画とし、八畝以上の土地を占めたり、家屋を造ることができないものついては、勝手に住むことは許さず、（その場合は）一般住民が居室を作るのを許可する[40]。

注目すべきは、自由な移住を許したのではなく、財産を持っている者と官吏であることが優先された点、及び住宅を造る資力を持たない者の入城が許されなかった点である。つまり、官職に就いていない者、ある程度の財産を所有しない者はひとまず南城にとり残されたのである。

このことによって生じた予期せぬ混乱を紹介したい。『秘書監志』巻三「廨宇」に収録される『大元一統志』編纂に関わる上奏によると、秘書監の官庁が南城にあるため、居住している大都城から南城に通勤する官員が不便を訴えている。以下は、至元二十三年二月十一日の上奏の一節である。

一奏「今、皇帝の聖旨に『秘書監に「地裏（里）文書」を編修させよ』とありました。（ところが）秘書監で仕事に携わっている人は皆大都の中に住んでいますが、秘書監は旧城の中にあります。往復するのに大変で、仕事にも遅滞が生じます。大都の中には織物を製造する官庁があり、この中にも人が住んでいます。（そこで）その人達を旧城に移し、製品を作らせ、その局を秘書監としたならばいかがでしょう」と奏した[41]。

ここから、住民の移住規定が機能し、秘書監の官員も大都城に移住していたにも拘わらず、オフィスが南城にあったため、通勤に不便を強いられていた様子がうかがえる。

官署の移転は元朝中期まで続いていたと考えられるので、一般庶民の自由な移住も移住規定の公布から二十年ほど待たねばならなかったのではないだろうか。ともかく、この規定の公布を経てから、公文書においては、大都城と南城の区別が明確に行なわれるようになっていく。『元典章』巻三五、兵部二、軍器拘収、禁治弓箭彈弓に、至大元年（一三〇八）の中書省箚付に引かれた聖旨がある。

……又大徳四年（?月）初四日、受け取った聖旨に以下のようにある。「大都の中と旧城の中にいる人民は、いかなる人も、弾弓を造ってはいけない。また弾弓を所持してもいけない。このように宣諭したので、弾弓を造る者と弾弓を所持した者については、それぞれ杖七十七、杖八十七として、家財の半分を没収せよ」と聖旨があった。欽此[42]。

とある。大都城と南城の住民に対して、武器の製造と携行を禁止しているのだが、大徳四年（一三〇〇）になると、大都城と旧城（南城）とを明確に区別している。この区別が明らかになるには、当然の前提として、二つの都市が並存しなければならない。

さらに大都城と南城との区別が成立したことによって、公文書における南城内の住所は明確にそれと識別できるように、表記された。『宛署雑記』は延祐四年（一三一七）の聖旨を引用するが[43]、その碑文では南城にあった弘教普安寺の場所を「大都路南城開遠坊」と明記する。南城の住所について、「南城某坊」と表記されていたことが分かる。

このように、元代の中期から後期にかけて公文書においては区別されていた南城と大都城とであるが、慣用的には区別されなかったと思われる。そのことを暗示する史料が『元朝秘史』である。この書の文体は、本来モンゴル語によって書かれていたが、明初の洪武年間に、本文を漢字によって音訳し、その本文の横に「傍訳」と呼ばれる漢語逐語訳が付され、さらに、その直後に意味を要約したレジュメともいえる「総訳」が付された[44]。『元朝秘史』続集巻一のなかで、「中都」という語の傍訳に「大都」と付され、同じ部分の総訳では「北平」と書かれている箇所がある。つまり明代の史官は明らかに場所の違う「中都」と「大都」を混同し、さらにそこを包摂する都市を「北平」と認識していたことになる。公文書や住所のように明確に区別せねばならない場合を除いて、明初の人にとってもこの二つの都市は不可分なものであったと考えられる。

三　その後の南城

では次に、南城の具体的な機能や役割を以下にみていく。

まず、南城は江南人が大都に上京した際、最初に入城する場所であった。南宋降伏後の至元十三年（一二七六）、南宋の使者が北上した際の記録に、嚴光大「祈請使行程記」という日記体の史料がある[45]。それによれば、南宋の使者は南城東南の陽春門より入城し、当時、会同館として使用されていた、前述の「四大王府」に宿泊している。また使者たちは、大都城の麗正門を経由して、城内にあった枢密院に出頭することもあった。

また、南宋の士大夫である謝枋得は、大都に連行されるものの、亡宋への忠義を尽くすため、元に仕えることを潔しとはせず、大都に到着して絶食を行い、至元二十六年四月に亡くなる。彼の幽閉された場所が前述の交通事故の現場、憫忠寺である[46]。

さて、南城は元朝期を通じて、行楽地としての側面を持っていた。そのことを端的に物語るのが、虞集『道園学古録』巻五「游長春宮詩序」である。

国朝の初めに大都城を燕京の北東に造営し、民衆を移住させて大都城を充実させた。（そのために）もとの燕城は廃れてしまい、ただ仏寺・道観だけが破壊されずに残っていた。またその大きく麗しいこと、人が自然と集まり目を引くのに充分である。現在に至るまでの約二十年、京師の民や物資が日々豊かになりつつも、しかし年中行事としての遊覧は南城のほうが盛んである[47]。

引用文章の前言によると、これは大徳八年（一三〇四）南城にあった長春宮に赴いた際の記録であるという。財産制限による移住によって、燕城（南城）に残ったのは仏寺と道観だけであるといい、商業的にも繁栄し始めた「大都」の中で南城が行楽地として性格を変えていく様子について述べる。「大ひに民を遷し之（大都）を実たす」とあるが、前述の移住規定からも分かるように、移住したのは主に官僚層で、彼らがいなくなったことをもって「廃れた」と表現しているのであり、大多数の一般庶民は南城に取り残されていたと推測される。

宗教建築物についてさらに付言すると、『析津志輯佚』や『大元一統志』等の寺観の項を繙いてみれば、元末に至るまで多くの寺観が南城にも存在していたことを確認できる[48]。こうした宗教施設では宗教行事のため定期的に人が集まり、「廟市」が行なわれていた[49]。詳しくは第七章で触れるが、『析津志輯佚』歳紀（二一四頁）は、大都の西、西鎮国寺で行なわれる「大法会」の際に、境内で南北二城より商人が集まって、商売が行なわれたことを伝える[50]。西鎮国寺の「廟市」は臨時的なものとして挙げられるべきであろうが、寺観を中心とした商業空間が南城にも存在したことを想像できよう。

長春宮の例に戻って、こうした行楽地南城の様子をより具体的に知らせてくれるのは、多くの観光スポットを詠み込んでいる詩歌である。迺賢『金台集』巻三「南城咏古十六首序」に以下のようにある。

至正十一年の八月既望、太史の宇文公・太常の危公と一緒に燕人の梁士九思・臨川の黄君殷士・四明の道士王虚齋・新進士の朱夢炎と私の七人で、馬に乗って南城に出かけ、金代の故宮の遺蹟を見に行った。

城中の塔廟・楼観・台榭・園亭等を全て見て回り、その残された碑石や柱を触って、文面を一読し、金朝の興廃についてみなで論じあった[51]。

元末の至正十一年（一三五一）、非漢族である迺賢が友人と誘い合わせて、南城へピクニックに出掛ける。元末になると、「其の残碑・断柱を拭ふ」とあるように、すでに金の故宮の建物も荒廃が目立ってきたようではあるが、相変わらずの行楽地であった。この序文の後、「黄金台」から始まる十六ヵ所の地点で五言律詩を詠んでいるように、文人達が南城の様子を詩に詠み込む例はしばしば見ることができる。

このことは、大都城に居住する官僚や文人の、遊興のための別荘が南城を中心とした空間に存在していたこととも関係するであろう。明代北京の遺事を記録した孫承沢（一五九二～一六七六）は、『春明夢余録』巻六四「名蹟一」で以下のように述べる。

いまの右安門外の西南、泉が湧き出でて、草橋河ができている。豊台とつながっていて、いまの京師の花の生産地となっている。元代の廉左丞の万柳園・趙参謀の匏瓜亭・栗院使の玩芳亭・張九思の遂初堂、こうしたものは全てここにある[52]。

明代の右安門は南城東南の開陽東坊と開陽西坊の間に位置する。別荘の全てが南城内にあったわけではないにしても、大都城の西郊と南郊にそれらが点在していたとみられる。この空間が風致地区となったのは、水が湧出するという実質的な理由に加えて、既述のように、大都城西南にある行楽地南城がその中心にあったこととも無関係ではあるまい。

また、年中行事について『析津志輯佚』「歳紀」（二一六頁）を見れば、

二月には、北城の官員や士庶の婦人・女子が南城に遊びに出かけて、その美しい風景を見に向かうが、

これを踏青・闘草といった。海子のほとりでは、車や馬がひしめき、繡轂・金鞍・珠玉が光り輝いている。人々は平穏であることを満喫し、戦争の恐れはなかった。政治は簡にして要を得ており、官吏は清廉で、人々が満ち足りた生活を送っていることは、武宗・成宗・仁宗の世が一番であった[53]とある。北城（大都城）に居住する役人や士庶の婦女子達は、待ち望んでいた春の訪れを楽しむかのように、南城で摘み草遊びに興じた。

以上のように、行楽地としての性格の強い、南城ではあるが、元末まで確実に人間、とくに一般庶民が居住していた。大都において警察の役割を担うのが南北兵馬司で、兵馬司は南城と大都城のそれぞれに置かれ、帝都内のパトロールと盗人の逮捕を担った[54]。ここで警察官の任に充たるのが弓手である。この弓手について、『元史』巻一〇一、兵志四、弓手の條には、

（至元）十六年、大都南北両城の兵馬司に分けて、それぞれ捕盗の任務にあたらせた。南城は三十二ヵ所で、弓手は一千四百名である。北城は十七ヵ所で、弓手は七百九十五名である[55]。

とある。すでに、兵馬司は至元七年の時点で「中都兵馬司」として存在していた[56]。当然、南城に置かれたと推測され、南城に設置されていた兵馬司を、移住規定を定めるよりも前に南北に分割していることから、この後も、元朝が南城を放棄する意志を持たなかったことが窺える。そして、南城には三十二ヵ所の分署に千四百名の弓手、北城には南城のほぼ半分にあたる、十七ヵ所の分署に七百九十五名の弓手がいたことを伝える。これを元に一ヵ所あたりの人数を算出すれば、南城・北城の分署には、それぞれ一ヵ所当り四十五人前後の弓手を擁していたことが分かる。警備する人間が多いということは、それに比例して警備や管理の対象とされる人間が多かったということになり、この時点では南城に居住する人間のほうがまだ多かったこと

が窺える。しかも、その住民は官僚層や軍隊より、警察機構によって管理されるような一般民衆のほうが多く居住していたと考えられる。

また、至元年間に公開処刑が行われた場所も大都城内ではなく、南城を中心とした空間であった。「正気の歌」で知られる文天祥は、南宋滅亡後に各地を点々として、最終的には捕縛されて、至元十六年（一二七九）に大都に護送される。至元十九年になって、この文天祥が処刑された場所は、『秋澗先生大全文集』巻九七「玉堂嘉話五」に、

十六年、帥臣である張弘略は崖山口を攻略し、文天祥を捕縛し大都に移送して、留置させた。世祖は彼を赦免して宰相に任用したいと思っていたが、かれは同意しなかった。十九年十二月九日、南城の柴市で処刑された[57]。

とあるように、南城の柴市であった[58]。また、同年に大都城の宮城前で暗殺されたアフマドも、死後その悪政が露見し、『元史』巻二〇五、阿合馬伝に、

そこで命じて墓を暴き棺を取り出して、遺骸を通玄門外に晒し、犬を放ってその肉を喰わせた。百官から士庶にいたるまで、多くの人間がこの様子を見て喝采を叫んだ[59]。

とあるように、遺体を南城の北門である通玄門の外に曝された。公開処刑をより効果的に行なおうとすれば、いきおい日常的に多くの人が往来する城門、乃至は居住者以外にも民衆が集中する市場などで行なうことになる。実際、文天祥が処刑場に連行される時も、見物人が「堵の如し」であったという[60]。文天祥とアフマドに対する見物人の意識はそれぞれ異なるだろうが、支配者側には、それを人口の多いところで見せようという意識が、両件に共通していたのであろう。その場所こそが南城であった。

さて、前述したように、一般庶民が大都城に入るには財産の多寡による入城制限が設けられたため、南城には新城に移り住むことのできない人が多く残り、徐々に庶民街としての性格が強くなっていく。政府からの救済措置である賑恤策について見てみよう[61]。まず、『元史』巻九六、食貨志四、賑恤によれば、

京師賑糶の制　至元二十二年に開始された。その方法は、京城・南城に鋪をそれぞれ三ヶ所に設置して、それぞれの鋪に官吏を派遣して、そこから海運で運ばれた食料を発給し、それを公定価格より安くして民に賑糶した。白米は一石ごとに鈔五両を減じ、南粳米は一石ごとに鈔三両を減じ、それを毎年の常例とした[62]。

南城にも大都城と同様に賑恤策がなされている。さらに、元末の順帝の至元三年（一三三七）から四年にかけて、大都の周辺では水災や地震が頻発して、政府から屡々賑恤策が施されるが、『元史』巻三九に、

（至元三年）正月戊申、大都の南北両城に賑糶米鋪を二十ヶ所設置した。
三月己未、大都が食糧難に陥ったので、南北両城に糙米を賑糶するように命令を下した。
九月丙寅、大都南北両城に賑糶のための米鋪を五ヶ所増設した。
（至元四年）十二月甲午、大都南城等処に米鋪二十ヶ所を設置して、鋪ごとに一日米五十石を糶させて、貧民を救済させた。秋の収穫を待ってそのことを止めた[63]。

とあるように、大都城に賑恤が施されるだけでなく南城でもそれが実施されている。至元四年の対策は、「南城等」と表記されていることから、南城だけにそれが施されたわけではなかろうが、南城を重視して賑恤が施された可能性はある。つまり、元末に至るまで政府から南城が無視されることはなかった。

この南城も、元末に至ると政治上の混乱に否応もなく巻き込まれていく。前掲『析津志輯佚』の最後の

「亦た武宗・成宗・仁宗の世より盛んなること莫し」という一節がそのことを極めて強く暗示している。成宗（テムル）、武宗（カイシャン）そして仁宗（アユルバルワダ）の治世の後、西暦でいえば一二九四年から一三二〇年以降、元廷は大混乱を迎える。すなわち、仁宗の次の英宗から元朝最後の皇帝順帝まで、わずか十三年の間に七人の皇帝が帝位に即くという異常事態に陥るのである。前述した年中行事も平穏な時でこそ行なわれ、仁宗以後、混乱は政治レベルに止まらず、大都の日常生活にも確実にその影の忍び寄っていたことが窺える。

とくに、泰定帝（一三二三年～一三二八年）死後の後継争いは、天暦の内乱とよばれ、後継者が上都派と大都派に分裂し、大都城の西北にあって交通の要衝である、居庸関を挟んで武力衝突にまで発展した。この時上都に構えていた反皇帝派は、忽剌台を先頭にして「南城」から大都に侵入を図ろうとした。混乱は一般民衆の居住していた南城にまで及んでいたのである。当時の南城の混乱状況を『元史』巻三二、致和元年十月癸巳の條は、以下のように伝える。

忽剌台の兵士が南城に迫ったので、京城の居民に一戸ごとに成年男子一人を出させ、武器を持って軍士に従って城壁に登らせ、さらに諸門に甕をならべて水を貯め、火災を防がせた[64]。

この年（一三二八）の七月に泰定帝は死去し、内乱が勃発するわけであるが、十月には、さっそく防火用の貯水槽を住民に準備させている。混乱の一端が垣間見えよう[65]。

以上のように、大都城の建設中は、中都城からの移行や移転がスムーズに行われたわけではなかった。時を経て、大都城が完成されると、財産制限をともなう移住規定によって、少なくとも至元年間は、南城と新城では住み分けが促進された。そのため、南城では庶民的な生活が営まれる一方、新城では官員を中心とする人々による国際色豊かな生活文化が花開き、元朝政権に関わるあらゆる政治の舞台となっていく。しかし、財産制限上の住み分けが行なわれたとはいえ、これまで見てきたように、この二つの都市は完全な分離を見せたわけではなかった。南城の行楽地化は、官員の多数居住する新城にとって補完的な機能を担わせ、南城と新城の交流をより一層促したのである。そして、行楽地と化していくとはいえ、南城に人間の居住する状況は元末まで続き、明代に入ると、それが明清北京城の外城に包摂されていくのである。

おわりに

本章において確認してきたように、元代を通じ、一貫して大都城の西南には金代以来の中都城が明初まで存在し、両城は一体となり、「大都」の都市空間を形成していた。さらに、この都市空間が明代における北京城の内城・外城に受け継がれ、現今北京の祖型となっていく。これまでの研究では、「狭義の大都」ともいうべき、新城である大都城にのみスポットが当てられてきた。しかし、西南に旧市街を抱え、二つの方形を包含した形こそを「大都」と考えるべきではないだろうか。この「広義の大都」という観点から見れば、庶民が居住し、大都城の人々にとっては行楽地である南城の歴史というものも、無視できぬ存在と思われる。序章で論じたように、杉山正明は、「まったくの『さら地』に、いわばゼロからつくられた純計画都市」という表現で、均整の取れた都市、大都城を論じる[66]。しかしながら、その西南に存在し、元末まで運命を共にする南城の存在があって大都城が存在するという見方も、如上の検討からすれば許容されるであろう。

南城という、大都城の補完的機能を有する重要な都市を、ほぼ等閑視してきた理由は、各王朝毎に歴史的都市を考究する方向性のために他なるまい。しかしながら、序章で述べたことをほぼ繰り返すことになるが、支配民族の交替とともに、名称や位置が変わることがあるとはいえ、そこで日常生活を送る住民の意識に決定的な変化が生じるとは考えにくい。このような観点から本章では南城を取り上げたのである。また、「金の中都」から「元の大都」への変遷を考察する上で、そこに「南城」を置いて考えることは、元朝がモンゴル的要素だけでなく、遼金の流れをも汲んでいることの再確認に繋がるであろう[67]。

こうした南城の存在を踏まえて、大都城の建設工事が次に始まっていく。次章では宮殿の建設について考察を加えていく。

註

1　ただし、序章で触れた諸先学が南城をまったく無視してきたわけではない。本文でも述べているように、「主たる対象として」大都城の研究が進められてきたのであるから、本章が先学の理解する南城の姿を凌駕するものではないが、これまで見落とされてきたことは事実である。金の中都に関する専著として于傑・于光度『金中都』（北京出版社、一九八九年）がある。なお、宇野伸浩・村岡倫・松田孝一「元朝後期カラコルム城市ハーンカー建設記念ペルシア語碑文の研究」（『内陸アジア言語の研究』一四、一九九九年）一九～二〇頁では、中都にムスリムが居住していたことを論述する過程で、中都について取り上げている。

2　本章を執筆するにあたって、特に啓発を受けた論考を紹介しておく。羽田正「一六七六年のイスファハーン――都市景観復元の試み」（『東洋文化研究所紀要』一一八、一九九二年）である。該考では十七世紀の旅行家シャルダンの記録を元に、当時のイスファハーンが旧市街と新市街との二重構造を持っていたことを論じる。本章で論じる、二つの隣接する都市について述べている点が興味深い。

3　牧野修二「チンギス汗の金国侵攻（その4）」（初出一九九〇年、のち『藤野彪・牧野修二　元朝史論集』汲古書院、二〇一二年所収）を参照。

4 国初、燕京始平、宣撫王楫（檝）請以金枢密院為宣聖廟。太宗六年、設国子総教及提挙官、命貴臣子弟入学受業。……至元十三年、授提挙学校官六品印。遂改為大都路学、署曰提挙学校所。二十四年、既遷都北城、立国子学于国城之東、迺以国子学為大都路学、自提挙以下、設官有差。

5 「国初」は、『析津志輯佚』学校（一九七頁）によれば、太宗五年（一二三三）のことである。

6 『元史』巻五、至元元年九月壬申朔の條、及び同巻八七、百官志三。

7 燕省自来置廃、官西台上、闤闠近市不称具瞻。以移省事上聞、奉聖旨「遷四王府。其列聖神主奉安聖安寺瑞像前殿。」明年以楽善老故府為省署、仍以金都省旧額榜焉。

8 『元史』巻一二〇、札八兒火者伝に「授黄河以北・鉄門以南天下都達魯花赤、賜養老百戸、并四王府為居第。」とある。

9 詔以忽突花宅為中書省署。奉遷祖宗神主于聖安寺。

10 中書省官署の移転については、張帆『元代宰相制度研究』（北京大学出版社、一九九七年）二七頁を参照。ただし、張帆は「四王」を「兀朮」とするが、筆者は本文中で述べたように、豫王永成と考える。なぜなら、劉祁『帰潜志』巻一に「豫王允中、世宗第四子也。好文善歌詩、有楽善老人集行於世。」とあり、『金史』巻八五、豫王永成伝によれば、自らを「楽善居士」と称していたからである。なお、張帆は「忽突花」を、チンギスカンの母に養われその義弟となった、シギフトゥク（失吉忽都忽）とする。

11 陳高華・史衛民『元代大都上都研究』五四～五五頁（訳書：一一六頁）を参照。

12 今年戊子冬十月　天気未寒無雨雪　禁軍指顧旧築空　郊遂坦夷無壅隔

13 中統四年七月内、欽奉聖旨「『在京権豪・勢要、回回・漢兒軍站・民匠、僧道、諸色人等、起蓋房舎、修築垣墻、因而侵占官街。乞禁約事。』准奏。今後、再不得似前侵占。如違、即便将侵街垣墻房屋拆毀、仍将犯人断罪。」欽此。

14 豪民については、中央政府や地方官衙と結びついて、地域社会に絶大な影響力を行使する存在、という植松正の理解を参考にした。「元代江南の地方官任用について」（初出一九八九年、のち『元代江南政治社会史研究』汲古書院、一九九七年所収）を参照。

15 侵街については、木田知生「宋代の都市研究をめぐる諸問題——国都開封を中心として」（『東洋史研究』三七—二、一九七八年）の理解を参照。

16 中都路申。「為李三丑馬撞死田快活、取得李三丑状招『至元四年正月初二日、為是節仮、三丑請相識喬令史、於開座子売酒燕家内、買了酒四瓶、一処喫罷、至上燈已後罷散。三丑与喬令史相逐、各騎坐馬疋還家。有喬令史前行、三丑後行。為是天晩、街上無人行往、有喬令史前面緊行。三丑随行根趕、到憫忠寺後、不防有一男子投西来。三丑為馬行得緊、又為月黒、委是不見。将前項男子田快活、撞倒身死。』」法司擬、三丑所犯、即係於城内街上無故走馬、以故殺人情犯。旧例、於城内街巷無故走馬者、笞五十、以故殺傷人者、減闘殺傷一等。其李三丑、合徒五年。部擬、量決七十七下、准法（司）擬追銭。省断、准擬、徴銭二百貫、与被死之家。

17 この判例の供述書の部分は吉川幸次郎が元代における口語の例として紹介している。また岡本敬司はこの判例を手掛かりに交通事故の罰則について考察している。吉川幸次郎「『元典章』に見えた漢文吏牘の文体」（初出一九五四年、のち『吉川幸次郎全集（一五）』筑摩書房、一九六九年所収）、及び岡本敬司「元代の交通事故」（『山崎先生退官記念　東洋史学論集』大安、一九六七年所収）を参照。

18 酒楼について。廼賢『金台集』巻三「南城咏古　寿安殿」の自注に「殿基今為酒家寿安楼」とあり、元末の南城にも酒楼があったことを伝える。

19 大将軍徐達遣右丞薛顕・参政傅友徳・陸聚等将兵略大同、令指揮葉国珍計度北平南城。周囲凡五千三百二十八丈、南城故金時旧基也。

20 中都の周回数は閻文儒「金中都」（『文物』一九五九―九）に拠った。

21 修燕京旧城。命平章政事趙璧・左三部尚書怯烈門率蒙古・漢軍駐燕京近郊・太行一帯。東至平灤、西控関陝、応有険阻。於附近民内選諳武事者、修立堡寨守禦。以河南屯田万戸史権為江漢大都督、依旧戍守。又選鋭卒三千付史枢管領、於燕京近郊屯駐。

22 杉山正明は『経世大典』を、天暦二年（一三二九）八月に即位した文宗トク・テムルの即位記念刊行物とよべるもの、とみなしている。杉山正明『モンゴル帝国の興亡（下）』（講談社現代新書、一九九六年）二一三頁を参照。

23 中統二年、敕徙和林・白八里及諸路金玉碼碯諸工三千余戸於大都、立金玉局。至元十一年、陞諸路金玉人匠総管府。

24 バイバリクは至徳二年（七五七）にウイグルの葛勒カガンによって、セレンゲ川流域に建設された都市である。詳しくは、田坂興道「漠北時代に於ける回紇の諸城郭に就いて」（『蒙古学報』二、一九四四年）を参照。また、森安孝夫・オチル（編）『モンゴル国現存遺蹟・碑文調査研究報告』（中央ユーラシア学研究会、一九九九年）「バイバリク遺蹟」（一九六頁）松田孝一執筆部分もこの史料について言及している。

25 『元史』巻五、中統三年三月辛酉の條。なお、弘州はこれ以前、太宗即位（一二三四）後に、鎮海によって織物業の職人がサマルカンドや開封から強制移住させられた地である。『元史』巻一二〇、鎮海伝。弘州の地理的考証等、愛宕松男による研究がある。「マルコポーロ旅行記地名考訂（Ⅲ）——腹里の三地 Ydihu,Cachar Modun,Singiu Matu」（初出一九六五年、のち『愛宕松男東洋史学論集（五）東西交渉史』三一書房、一九八九年所収）を参照。

26 『元史』巻五、中統五年（至元元年）八月乙卯（十四日）の條に「詔改燕京為中都、其大興府仍旧。」とある。『元典章』巻一、詔令一、建国都詔に詳しい。ちなみに、この詔は元号を「至元」と改元する二日前のことである。なお、上都はその前年に、開平府から上都と正式に定められている。『元史』巻五、中統四年五月戊子の條。

27 敕徙鎮海・百八里・謙謙州諸色匠戸於中都、給銀万五千両為行費。又徙奴懐・忒木帯兒礮手人匠八百名赴中都、造船運糧。

28 それぞれの地の特徴については以下の研究を参考にした。大葉昇一「モンゴル帝国＝元朝の稱海屯田について」（『史観』一〇六、一九八二年）、韓儒林「元代的吉利吉思及其隣近諸部」（『穹廬集』上海人民出版社、一九八二年）。なお、チンカイについては、文献史料とフィールド調査との二つのアプローチから、チンカイを現在のシャルガに比定した、村岡倫「モンゴル西部におけるチンギス・カンの軍事拠点——二〇〇一年チンカイ屯田調査報告をかねて」（『龍谷史壇』一一九・一二〇、二〇〇三年）、同「モンゴル高原から中央アジアへの道——一三世紀のチンカイ城を通るルートをめぐって」（菊池俊彦〔編〕『北東アジアの歴史と文化』北海道大学出版会、二〇一〇年所収）が重要な研究成果である。また「奴懐・忒木帯兒」について考察しておく。先ず、「忒木帯兒」は『元史』巻一二二に立伝されている「忒木海」の子息「忒木台兒」のことであろう。この一家は代々砲手を管理することになる。「奴懐」は『元史』巻四、中統三年十月壬辰の條に「敕火兒赤奴懐率所部略地淮西。」とあることから、「火兒赤（コルチ）＝箭筒士」というケシクを担った「奴懐」という人物であることが確認できる。中華書局標点本はこの「火兒赤」を固有名詞にしているが、採らない。

29 楊禹『山居新語』巻一に「縑縑州、即今南城縑州營、是其子孫也。」とある。

30 国家初定中夏、制作有程、乃鳩天下之工、聚之京師、分類置局。以考其程度、而給之食、復其戸、使得以専於其藝。故我朝諸工制作精巧、咸勝往昔矣。

31 『元史』巻一五七、劉秉忠伝。

32　マルコ・ポーロ・愛宕松男（訳注）『東方見聞録（一）』（平凡社東洋文庫、一九七〇年）二一六頁、また高田英樹（訳）『世界の記「東方見聞録」対校訳』（名古屋大学出版会、二〇一三年）二〇二頁を参照。

33　『元史』巻五、中統四年三月庚子の條、及び至元元年二月壬子の條。

34　『元史』巻六、至元三年十二月丁亥の條。

35　『元史』巻七、至元九年二月壬辰の條。

36　ただし、完璧になくなったわけではない。中村健太郎「ウイグル文「成宗テムル即位記念仏典」出版の歴史的背景」（『内陸アジア言語の研究』二一、二〇〇六年）は、ウイグル語印刷仏典の奥書断片を分析した論考であるが、それによると、奥書に「中都」と記されている箇所があるという。

37　五月二十五日至二十六日、大都大雨、流潦瀰漫、居民室屋傾圯溺壓人口、流没財物・糧粟甚衆。通元門外金口黄浪如屋。……

38　至元十一年、中書兵刑部。「五月十六日、省掾元仲明伝奉都堂鈞旨。『大都街上、多有潑皮廝打底・跳神師婆、并夜聚暁散底。仰本部行文字禁断。如是依前違犯、除将跳神師人、并夜聚暁散人等治罪外、拠潑皮廝打的、発付著役施行。』省部除外、合下仰照験、速為厳行出榜禁治。如有違犯人等、依上治罪施行。」

39　夜聚暁散については、宮崎市定「宋代における殺人祭鬼の習俗について」（初出一九七三年、のち『宮崎市定全集（一〇）宋』岩波書店、一九九二年所収）、竺沙雅章「喫菜事魔について」（初出一九七四年、のち『中国仏教社会史研究』同朋舎、一九八二年所収）を参照。

40　詔旧城居民之遷京城者、以貲高及居職者為先。仍定制以地八畝為一分、其或地過八畝及力不能作室者、皆不得冒拠、聴民作室。

41　至元二十三年三月初七日……（中略）……一奏「如今、皇帝聖旨裏『教秘書監編修「地裏文書」者』麼道。秘書監裏勾当裏行的人都在大都裏住有、秘書監在旧城裏頭有。来往生受有、勾当也悞了有。大都裏頭一個織可単絲紬的局有、那裏頭個人住有。那的交移的旧城裏入去、做生活者。那局根底做秘書監呵、怎生。」

42　……又於大徳四年初四日、伝奉聖旨「大都裏・旧城裏有的百姓每、不揀是誰、休造弾弓者。也休拿弾弓者。這般宣諭了、造弾弓的拿弾弓的打七十七、八十七。断没一半家私者」聖旨了也。欽此。

43　沈榜『宛署雑記』巻二〇、志遺七、遺事に「元碑聖旨　京城外西十里白紙坊弘教寺元碑一、碑云『……属大都路南城開遠坊裏有的廉福奴左丞的花園買要了、那田地裏起蓋弘教普安寺。麼道、執把的聖旨与了也。……虎兒年（一三一七）十一月二十八日、

大都有時分写来。』」とある。なお開遠坊は南城の北側にあった。

44 小林高四郎『元朝秘史の研究』（日本学術振興会、一九五四年）第七章「元朝秘史漢字音訳の年代」を参照。これによれば、洪武十五年を境として、その前後どちらかに成立年代を設定するかで、見解が分かれているものの、漢字音訳の年代が洪武年間であることは共通している。ちなみに、小林は洪武二十二年~三十一年の間のこととする。また小沢重男『元朝秘史』（岩波新書、一九九四年）によれば、巻一・巻二は洪武十五年、巻三以後の諸巻は洪武二十二年~三十一年の間に漢字音写がなされたとする。

45 劉一清『銭塘遺事』巻九「祈請使行程記」閏三月十日~四月十二日。

46 『宋史』巻四二五、謝枋得伝。及び『南村輟耕録』巻二、不食死。

47 国朝初作大都於燕京北東、大遷民実之。燕城廃、惟浮屠老子之宮得不毀。亦其侈麗瑰偉、有足以憑依而自久。是故迨今二十余年、京師民物日以阜繁、而歳時游観尤以故城為盛。

48 王璧文「元大都寺観廟宇建置沿革表」（初出一九三七年、のち『梓業集——王璞子建築論文集』紫禁城出版社、二〇〇七年所収）を参照。また本書第七章を参照。

49 宗教行事の際に出される市を「廟市」「廟会」という。「廟市」については、斯波義信に宋代江南の、全漢昇に宋の開封と明清の北京を扱った研究がある。斯波義信『宋代商業史研究』（風間書房、一九八九年）第四章第二節「二　宋代江南の廟市」、及び全漢昇「中国廟市之史的考証」（『食貨』一—二、一九三四年）を参照。

50 中村淳「元代法旨に見える歴代帝師の居所——大都の花園大寺と大護国仁王寺」（『待兼山論叢（史学）』二七、一九九三年）によれば、この西鎮国寺は大護国仁王寺のことであるという。

51 至正十一年八月既望、太史宇文公・太常危公偕燕人梁士九思・臨川黄君殷士・四明道士王虚齋・新進士朱夢炎与余凡七人、聯轡出遊燕城、覧故宮之遺蹟。凡其城中塔廟・楼観・台榭・園亭、莫不徘徊瞻眺、拭其残碑断柱、為之一読、指廃興而論之。

52 今右安門外西南、泉源涌出、為草橋河。接連豊台、為京師養花之所。元人廉左丞之万柳園・趙参謀之匏瓜亭・栗院使之玩芳亭・張九思之遂初堂、皆在於此。

53 是月（二月）也、北城官員・士庶婦人女子、多遊南城、愛其風日清美而往之、名曰踏青・闘草。若海子上、車馬雑踏、繍轂・金鞍・珠玉璀璨。人楽昇平之治、官無風埃之虞。政簡吏清、家給人足、亦莫盛於武宗・成宗・仁宗之世。

54 『元史』巻九〇、百官志六、大都路都総管府、大都路兵馬都指揮使司、及び同巻一〇三、刑法志二、職制下。

55 (至元)十六年、分大都南北両城兵馬司、各主捕盗之任。南城三十二処、弓手一千四百名。北城一十七処、弓手七百九十五名。

56 『元典章』巻五七、刑部一九、諸禁、賞捕私宰牛馬。これによれば、至元七年十二月段階において「中都兵馬司」の存在を確認できる。

57 十六年、為帥臣張弘略破滅於崖山口、執文天祥至大都、囚之。上屢欲赦出相之、竟不従。十九年十二月初九日、戮於燕南城柴市。

58 前掲註(1)于傑・于光度『金中都』(二二〇頁)によれば、この「柴市」が、後に清代の処刑場「菜市口」になるという。なお、『析津志輯佚』「城池街市」(六頁)は、南城内の市場として、大悲閣の周囲に、「南城市、窮漢市、蒸餅市、臙粉市」という市場があったことを伝える。これらは、遼金以来の市場でもある。

59 乃命発墓剖棺、戮尸于通玄門外、縦犬啗其肉。百官士庶、聚観称快。

60 『文山先生全集』巻一九、劉岳申「文丞相伝」。相田洋「市と処刑」(初出一九九五年、のち改題して『異人と市――境界の中国古代史』研文出版、一九九七年所収)によれば、公開処刑は民衆にとっては、威嚇というだけでなく、「祭」であったという。また、妹尾達彦「唐代長安の盛り場(中)」(『史流』三〇、一九八九年)でも唐代長安における棄市が論じられている。

61 元代の賑恤策については、陳高華「元朝賑恤制度研究」(『中国史研究』二〇〇九―四)、同「元代大都的賑糶和紅貼糧」(『隋唐遼宋金元史論叢』六、二〇一六年)を参照。

62 京師賑糶之制　至元二十二年始行。其法、於京城・南城設鋪各三所、分遣官吏、発海運之糧、減其市直以賑糶焉。凡白米毎石減鈔五両、南粳米減鈔三両、歳以為常。

63 (至元三年)正月戊申、大都南北両城設賑糶米鋪二十処。三月己未、大都飢、命於南北両城賑糶糙米。九月丙寅、大都南北両城添設賑糶米鋪五所。(至元四年)十二月甲午、大都南城等処設米鋪二十、毎鋪日糶米五十石、以済貧民、俟秋成乃罷。

64 忽剌台游兵進逼南城、令京城居民戸出壮丁一人、持兵仗従軍士乗城、仍於諸門列甕、貯水以防火。

65 同様の記述は『元史』巻一三八、燕鉄木児伝にもある。

66 杉山正明『クビライの挑戦』(朝日選書、一九九五年、のち『クビライの挑戦――モンゴルによる世界史の大転回』講談社学術文庫、二〇一〇年として復刊)一六二～一六六頁を参照。

67 植松正「元初の法制に関する一考察――とくに金制との関連について」(初出一九八一年、のち『元代江南政治社会史研究』汲古書院、一九九七年所収)は、元初の法令が金から継承されたものであることを明らかにし、金元の連続面を指摘している。また、井黒忍「區田法実施に見る金・モンゴル時代農業政策の一断面」（初出二〇〇九年、のち『分水と支配――金・モンゴル時代華北の水利と農業』早稲田大学出版部、二〇一三年所収）は、區田法を手がかりに金・元代の農業政策を通観したものである。

第二章　大都における宮殿の建設

はじめに

大都城の宮殿は、至元三年（一二六六）より建設が開始され、至元十一年に完成した。この年の正月、世祖クビライ（一二一五～九四）は、新城大都でモンゴル人貴族や官僚、外国の使節たちによる朝賀を受け、帝都である大都城の完成を内外に宣言したのである[1]。

序章で触れたように、大都城の宮殿建築に関する研究はこれまでも数多く存在する。朱啓鈐・闞鐸「元大都宮苑図考」や[2]、朱偰『元大都宮殿図考』は[3]、文献史料を博捜し、宮殿の位置を確定している。また近年では、建築学的手法を援用して、文献史料から得られた数値にもとづいて宮殿の精緻な復元を試みた研究も存在する[4]。

しかしながら、これらの研究はどの建物がどこに建設されていたのかということを最終的な目標としているため、建設過程やいつの時点でどの建物が建設されたのかということに注意を払った研究は少ない。そこで本章では、大都城の宮殿がどのようにして完成していくのかを検討する。

一　大都城の建設工事

一般的に、大都城は一番外側の城壁、皇城を囲む城壁、大内を囲む城壁の三重構造になっていたと指摘されている[5]。この点は上都が外城・皇城・宮城の三重構造をなしていたのと同様である[6]。そこで、まず宮殿建築の前に大都城全体の建設過程について、先行研究に若干の補足をしつつ、時間軸に沿って検証していく。

金の中都南城の修繕計画を放棄した世祖クビライが大都城の建設工事に踏み出すのは一体いつのことであったのか。史料によっては大都城建設の開始を至元四年（一二六五）とするものもある。『元史』巻六、至元四年正月戊午の條に「城大都」とあり、『道園学古録』巻二三「大都城隍廟碑」に「至元四年、歳丁卯に在り、正月丁未の吉を以て、始めて大都を城く」とある。また『南村輟耕録』巻二一「宮闕制度」も至元四年からの建設とする。こうした記録にもとづいて、大都建設の開始は、一般に至元四年とみなされてきた。

しかしながら、これらの史料は建設工事の着工を公式に宣言するものに過ぎず、実際は宮殿建設のための資材運搬用の運河開鑿の時期、つまり至元三年十二月から工事は開始された。まずはこの点を検証していく。以下は『元史』巻六、至元三年十二月丁亥の條の全文である。

安粛公の張柔・行工部尚書の段天祐等に詔してともに行工部事にあたらせ、宮城を修築させた。太府監を宣徽院の下に併入させて、そこで宣徽院使に太府監を管理させせた。詔して高麗に至元四年の暦日を賜与し、高麗を慰撫した。大安閣を上都に建てた。金口を鑿ち、盧溝の水を導引して西山の木・石を運んだ[7]。

従来の研究の多くは、前半の張柔と段天祐が宮城工事の責任者となったことをもって、工事が開始されたとしていた。段天祐、すなわち段貞は、第五章で詳しく考察するように、大都城の実質的建設責任者であり、大都城完成後もその管理・維持の任を担った。

しかし筆者は、後半の「金口を鑿ちて、盧溝の水を導き以て西山の木・石を漕す」という一文にも注目したい。西山で産出される豊富な資源を搬入するための金口運河の開削も、大都城建設工事の資材搬入用のために開削されたと考えられるからである。

金口運河は金代から利用されていたものの、モンゴルとの戦乱期に土砂が堆積したため、河道が塞がれてしまった。この金口運河に再び着目したのが郭守敬である。『国朝文類』巻五〇、齊履謙「知太史院事郭公行状」には以下のようにある。

(至元)二年、都水少監を授かった。……さらに以下のように言った。「金代、燕京の西の麻谷村から、瀘溝を導引して一支流は東流して西山を穿って出てきますが、これを金口運河といいました。その水は金口より東、燕京より北にかけて、田畑に注ぎ、それによって生じる利益は計り知れません。(ところが)金とモンゴルとの戦争が発生してから、河川を守備する人間が水を奪われることを恐れ、大石で河道を塞いでしまいました。今もしもかつての河道を精査し、水を流れるようにさせたならば、西山から生じる利益を運び込むばかりか、さらには京畿の漕運を拡充させることになるでしょう」と。世祖はその上奏を認めた[8]。

至元二年に郭守敬は、金口運河を再び開削すれば「上は以て西山の利を致すべく、下は以て京畿の漕を広ぐべし」と世祖に説き、その上策が採用されて、前記の至元三年十二月丁亥の條文として『元史』に記された[9]。新都建設は金口運河を利用した「西山の木・石」の運搬から始まったのである。

西山は北京西北部の山地の総称で、主な山に万寿山、玉泉山、香山などがある。搬入された木材は、大都城造営の建築資材として使われた[10]。大都城でこの木材を受け取る官署が木場である。木場は、『元史』巻九〇、百官志六、大都留守司に、その職掌が、「宮殿を造営せる材木を受給す」と記される官庁で、大都城の南側と東側に至元四年になってそれぞれ置かれた。木場の設置が至元四年であるのも、金口運河開削と連動していたとみて疑いない。なお、西山では石炭も採掘されて、大都周辺の住民たちの日常生活に際して燃料として使用された[11]。

西山で採石された石がどのように利用されたのかについては『析津志輯佚』「風俗」(二〇八頁)に詳しい。都中の橋梁・寺観について、西山の白石を用いることが多く、その白石で闌干や狻猊等を彫刻した。青石は積み重ねて四角にし、その表面はあたかも江南の鏡面のようで、その輝きは人を写しだすほどであった[12]。

これによれば、西山から切り出された白石は橋梁や寺観の飾石に、青石は道路の舗石などに使われた、という。このように西山で産出される豊富な資源を運搬するための資材搬入用運河の開通をもって、大都城の実質的な工事が開始されたのである。

至元四年より、宮城を含めた大都城の建設工事が始まっていく。まず、営繕のための官署がこの時期に集中的に設立された。『元史』巻九〇、百官志六、大都留守司に属する部局の設立年代を確認していくと、中統四年、至元四年と後述する十一年に設立されたものが目立つ。至元四年に設立されたものとしては、器物局の採石局と山場、大都四窰場の西窰場、そして前述の木場である。これらは皆城壁や宮殿の建築資材を調達するための部局である。明らかに、大都城建設工事を念頭において設立されたと考えられる。特に、大量の磚瓦の製造が求められた窰場の役割は重要であったに違いない。すでに中統四年の段階で、南窰場と瑠璃局が設立されていた。これらは中都城改造工事のために設置されたと考えられるが、このまま磚瓦を製造して大都城の工事に備えたのであろう。これらに加えて、さらに西窰場が設立されたのである。これら大都四窰場については、『元史』百官志に「匠三百余戸を領し、素白・瑠璃磚瓦を営造し、少府監に隷す」とあって、素焼き乃至は色付きの磚瓦を製造していた。

こうして建築資材を集める部局が設立され、宮城の営建工事と並行して、大都城全体を囲む城壁が建設されていったと考えられる。城壁に関して付言しておけば、既存の建物を避けて城壁が造られた点は興味深い。『元一統志』巻一「大都路、古蹟」には[13]、

慶寿寺　寺碑を調べると、金の大定二十六年に建設されたものである。……翰林学士承旨徐琰の譔述。碑には以下のようにある。海雲・可菴は皆寺の西南隅に葬った。至元四年新たに大都城を造営した際に、二師の塔は偶々城壁の底部に当たるため、塔を破壊して城壁を直線にしようとした。そこで世祖から以下のような命令が下った。「塔を移すな。城壁を曲げて塔を避けよ」と[14]。

とあって、大都の南辺に位置する大慶寿寺の二つの塔を避けるように命令が下された。現在多くの研究書や概説書等に付載されている大都の地図にも、この奇妙に湾曲した城壁は取り入れられている。ここから考えられるのは、城壁は障害物があれば、避けて築かれたのである。

二　皇城城壁の建設

次いで、皇城建設について概観していく。一般的に元朝における皇城とは太液池とよばれた湖をはさんで、東側の大内（＝宮城）と、西側に配置された隆福宮と興聖宮を含んで囲まれた空間を指す。隆福宮と興聖宮は後世になって建設されたため、ここでは、皇城を囲む城壁と宮城の建築物の建設について考察を加えていく。

前節で確認したように、至元三年十二月の金水河の開鑿工事と翌年正月の提点宮城所の設立をもって[16]、工事は実質的に開始されたとみられる。ただしそれ以前に世祖クビライが起居していた空間が存在する。それが瓊華島の宮殿である。

これまでの研究成果に拠れば、金代の離宮が置かれた瓊華島周辺に世祖が居住し、そこを囲む形で城壁が造られ、次いで瓊華島宮殿を改造することで、宮城を造営していったと考えられている。杉山正明がすでに指摘しているように[17]、世祖は至元元年二月に、瓊華島宮殿の修繕を也黒迭児に命じており、その周辺に居を定めていたようである。杉山正明は、水辺の近くに居住するというモンゴル民族の習性面から、この地に居を定めた理由を説明しているが、史料の提示までには及んでいない。実際にこの点をいくつかの史料から補強しておく。

まず『高麗史』巻二六、元宗二年十月己未の條に、「十月王万寿山殿に辞し、帝駱駝十頭を賜ふ」とあって、至元元年に中都に訪れた高麗王王禃（のちの元宗）は世祖クビライと瓊華島にある万歳山（万寿山）で会見を行った。中都の「中」ではなく「外」であったことがこの史料より窺える。

さらに、瓊華島宮殿が、夏の国都である上都の宮殿と同列にみなされていることを、『永楽大典』巻一九七八一所引『経世大典』が言及している。

縄局　中統五年始めて置く。提領二員。祗応司、国初に開平府の宮闕・燕京瓊華島の上下殿宇を建設した[18]。

引用のなされかたにいささか不自然さが残るものの[19]、上都の宮闕と同列に、瓊華島宮殿の建設を記している。このことからも、のちの大都城の宮城として、瓊華島周辺が改造されていたことが分かる。

当初皇城を囲む空間には城壁が存在しなかった。『元史』巻九九、兵志二、囲宿軍によれば、

成宗の元貞二年十月、枢密院の臣は以下のように言った。「以前大朝会の時、皇城の外には牆垣が無かったため、軍隊が周りを取り囲み、囲宿に備えました。今は牆垣が完成し、南・北・西の三面については軍を置くべき状態ですが、御酒庫のある西面のみ、土地が狭いために置くことができません。我々は丞相完沢と協議しました。各城門に蒙古軍を配置し、周橋の南に戍樓を置いて、朝晩の警備に備えさせてください」と。これに従った[20]。

とある。皇族のいる空間を囲む城壁が存在せず、それを軍隊が取り囲んでいて、それは「囲宿軍」と呼称された。しかし、このままでは警備上の不安も感じられたのであろう、そこに「牆垣」が建設されたのである。この「牆垣」こそのちに「紅門欄馬墻」と称される城壁を指す。張昱『張光弼詩集』巻三、輦下曲には、「欄馬墻は海子の辺に臨む」とあって、欄馬墻が海子すなわち積水潭に接していたことを伝える。つまり、皇城空間を囲む城壁であった。

この「牆垣」の建設工事がいつ頃から開始されたかについて、公式記録ともいえる陶宗儀『南村輟耕録』巻二一「宮闕制度」には、

宮城周廻は九（六）里三十歩。東西は四百八十歩、南北は六百十五歩、高さは三十五尺、（城壁は）甎で覆った。至元八年八月十七日の申の時に工事を開始し、明年三月十五日に工事を終えた。

とある。六里三十歩が約三・四キロメートルと換算されることから、皇城城壁の建設を示していることは疑いないのであるが、この史料にあるように、至元八年八月から皇城城壁の工事が開始されたのであろうか。先に見たように、世祖クビライの居住空間が瓊華島宮殿であったため、大都城建設が始まった至元四年から八年前後まで瓊華島宮殿を囲む障壁がなかったとは考えにくい。明確ではないが、やはり遅くとも至元八年までには完成していたと推測させる史料が存在する。それが、『元典章』巻四一、刑部三、大不敬、闌入禁苑である。

都堂の鈞旨に「（刑部に？）送下された監修宮である也黒迷兒丁の呈文に『太液池の囲子の禁墻を飛び越えた楚添兒を捕まえたこと。本人の供述書に「六月二十四日、酒に酔っていたところ、崩れていた土墻を見た。（そこから）潭内を望いたところ、船があった。蓮の実を採ろうと思い、墻を飛び越えたところで捕まってしまい、役所に連行された」と（供述書に）あった』と（呈文に）あった。法司の判断によると『闌入禁苑については、徒一年、杖六十にせよ』とあった。刑部の判断によると『杖五十七にせよ』とあった。中書省はこの刑部の擬定を認めた」と（都堂の鈞旨に）あった[22]。

この判例については若干の説明を要する。まず、すでに陳垣もこの史料を引用して指摘するように、「也黒迷兒丁」は職掌から考えて、中統四年（一二六四）三月に金の離宮であった瓊華島宮殿の修繕を提言した「也黒迭兒」と同一人物である[23]。「監修宮」という官職は判然としないが、「也黒迭兒」は至元三年八月に、「茶迭兒局諸色人匠総管府達魯花赤」と「監宮殿」の職を領している[24]。「監宮殿」は、陳垣が土木工程の局長と指摘するように、宮殿建設や管理に関わる官職であるから、「監修宮」も同様の職掌を担うのであろう。

そして、最も問題とすべきは史料に明示されない、この事件が発生した年代である。宮崎市定の研究によれば、至元八年（一二七一）までの裁判は法司→刑部→都省（中書省）の連続審理であったという[25]。この判例は、上記の手続きを正確に踏まえているので、宮崎の論に依拠したとすれば、少なくとも至元八年以前のものと考えられる。ここから、史料にもあるように、至元八年までには瓊華島を含めた太液池を囲む空間を城壁が囲んでいて、そこに侵入することは「大不敬」にあたる、「闌入禁苑」とされた。すでに土壁が傷んでいたというから、一定時間が経過したことも窺える。ともあれ、至元八年までに瓊華島を含めた太液池と、その東側に建設されていく宮城とを囲む城壁は既に完成していたとみられる。

これと同時に大内の建物の建設も始まったのであろう。『秋澗先生大全文集』巻八四「烏台筆補、為不宜先浚新城壕塹事状」には、

　窃かに思いますに、各路は連年の蝗旱によって、飢餓にあえぐ者が沢山います。（ところが）いま春のはじめの農務を行おうとしているのに、力役を行わせて、大都城の壕塹を浚治させようとしています。これは農民にとっての農業の時期を妨害するだけではなく、彼らを苦しめるのではないかと危惧します。秋の収穫を待ってから行ってはいかがでしょうか。それからでも遅くはありません。そうでなければ道理に沿って、先に宮城を築き、宸極の位置を正し、内と外とを分けて皇居を設置させるべきであります。その後に宮室については改めて議論すべきであります。壕塹を浚鑿せる工事については、先に行うべきではありません[26]。

とある。やはりこの史料についても年代確定から行う。『秋澗先生大全文集』巻八三〜巻九二の「烏台筆補」

は、著者である王惲が御史台在職中の至元五年七月から至元八年三月までのことを書き留めたものである[27]。この間に発生したことを『元史』本紀で確認していけば、至元七年二月に「歳飢を以て宮城を修築せる役夫を罷めしむ」とあり、飢饉が続いているために、宮城建設の労働者を解職したという記事が見出せる[28]。『元史』の記載が、王惲の上奏にもとづくとすれば、「今春」とあることから、至元七年の初めに提出された可能性が想定できる。これによれば、先に壕の工事からはじめようという意見があったものの、先に宮室の場所を確定してから壕の工事をすべきだとしている。つまり宮殿の場所を決めて造営することが、この頃より始められたと考えられる。

実際に、『元史』巻七、至元八年二月丁酉の條には、

中都・真定・順天・河間・平灤の民二万八千余人を動員して、宮城を築かせた[29]。

とあり、至元八年二月に、延べ二八〇〇〇人の作業員を動員して宮城建設にあたらせたことが記される。至元九年五月になると、『元史』巻七、至元九年五月乙酉の條に「宮城初めて東西華・左右掖門を建つ」とある。大内を囲む城壁の東華門・西華門とその両側に配された掖門が完成した。つまり、この時点で、皇城と大内とを囲む城壁が完成し、城壁の二重構造が完成していた。

ここまで断片的な史料を繋ぎ合わせることによって、建設活動の状況を瞥見してきたわけであるが、宮殿建築の完成を示す至元十一年正月まで、一体どのような工事が行われてきたかは、不明であった。ここで節を改めて、建物の完成について、至元十年頃の状況を高麗からの使節の目を通じて考察を加えていくこととしたい。

三　大明殿の完成

『元史』巻八、至元十年三月丙寅の條には以下のようにある。

世祖は広寒殿に出御し、太尉・中書右丞相の安童を派遣して、皇后の弘吉剌氏に玉冊と玉宝を授け、太尉・同知枢密院事の伯顔を派遣して、皇太子真金に玉冊・金宝を授けさせた[30]。

世祖クビライの皇后チャブイの立皇后と皇太子チンキムの立太子の儀式を、瓊華島宮殿にあった広寒殿で執り行っている。通常、即位や立太子の儀礼は宮殿の正殿である大明殿で行うが、ここではクビライのプライベート空間ともいえる瓊華島で行っている。つまり、まだこの時点までには立皇后・皇太子の儀礼に堪えうる建物が完成していなかったこと、それはすなわち大明殿が完成していなかったことを意味する。

この立后・立太子を祝うために高麗から使節が派遣された。その記録が森平雅彦によって紹介された、李承休『動安居士文集』巻四に収められる「賓王録」である[31]。朝鮮半島から北京に派遣された使者の記録としては、最初期のものにあたる。この中に至元十年の大都の状況を描写する箇所がある。ここから、氏の論考に沿って「長朝殿」の建設についてみていく。

閏六月九日に開京を出発した使節は八月四日に燕京に到着する。

八月初四日、燕京中都城の五里の所に入ろうと、壺漿を持って迎えに来る者がいた。それは中書省が派遣した宣使・総管等であった[32]。

とあって、中都城郊外五里の地点で中書省からの迎えを受ける。当時、クビライは上都に滞在して不在であったため、十日になって「大都城万寿山東便殿」において皇后チャブイと対面する。ここは瓊華島宮殿にあたる。

八月二十四日になってクビライが大都に帰還すると、翌日「万寿山広寒宮玉殿に御し賀を受く」とあり、やはり瓊華島宮殿において面会をするのである。瓊華島の正殿は広寒殿とよばれていたため、そこで正式に面会を果たした。

大都城の宮殿建築においてより重要な史料は二十七日に行われた「長朝殿」の落成式である。■は文字が欠けている箇所を指す。

> 万寿山の東に、新たに大殿を造営し、これを長朝殿と言った。その様式は極巧・窮■の致で、これについて言葉では言い尽くせない。陛下は広く諸侯を集めて、この月の二十七日に完成を宣言した[33]。

「長朝殿」が一体どこを指すのか。陳高華は大明殿とする[34]。たとえば、同じ高麗の史料である『高麗史』には、高麗王の大都における賜宴の場所として「長朝殿」の名が挙げられる[35]。筆者も以下の点から鑑みて、長朝殿を大明殿とみる。

大明殿の機能として、大規模な宴会を行っていたことが知られる。『元史』巻一六二、高興伝には、「十六年秋、召されて入朝し、大明殿に侍燕し、悉く江南に得る所の珍宝を献ず」とあって、南宋攻略に功績のあった高興のための賜宴を大明殿で行っている。また、『元史』巻二七、至治元年三月丁丑の条には、「大明殿に御し緬国の使者の朝貢を受く」とあり、至治元年（一三二一）三月に緬国（ミャンマー）からの使節の朝賀を受けている。つまり、大明殿は外国使節との会見場でもあった。

さらにその収容人員が、「此殿一万人を容るべし。今此に侍宴すること、僅かに七千人のみ」と表現される規模は、次に引用するマルコポーロの『東方見聞録』の記録とも合致する。ここでは、フランス国立図書館に所蔵される最も基本的な写本とされるFr.1116にもとづく、高田英樹の翻訳を掲げておく。

これはかつて見られた最大のものである。露台はないが、床は他の地面より十パームほど高い。天井はものすごく高い。広間と部屋の壁はすべて金銀で覆われた、竜や獣や鳥や武将、その他様々な種類の動物が描かれている。天井も同じようになっている。だから、金と絵以外何も見えない。広間はとても大きく広く、六千人以上の人間が充分そこで食事できる。たくさんの部屋があり、見るだに驚きである[36]。

ここでは、大明殿が六千人以上の収容が可能な大殿であったことを記す。以上の点から鑑みて、長朝殿は大明殿を指すと考えられる。

ただし、建物が完成しても運用はなされていなかったことが、『秘書監志』から推測できる。広く知られるように、元朝の命令文では、皇帝の聖旨に当該の問題発生の経緯や対策を記す上奏が付載されることがある。そこには上奏した年月日は勿論のこと、どのケシクの当番の何日目であるか、皇帝や皇太子・皇后の居場所、上奏した場にいた全ての人名を記録することがある[37]。

『秘書監志』巻一「位序」では、至元十年九月十八日の上奏が、「万寿山下の浴堂」で行われたと記されている。また同様に、同巻二、禄秩では十月七日の上奏が「皇城の西殿内」で行われたとする。「皇城の西殿内」についても、皇城内部の西側の宮殿と解せば、万寿山の宮殿の一つを指すとみられる。つまりクビライに対しての上奏が、九月十八日と十月七日の時点では、まだ万寿山でなされていることから、建物が完成しても、運用されていなかったことがわかる。

次いで、『元史』巻八、至元十年十月庚申條に、「初めて正殿・寝殿・香閣・周廡の両翼室を建つ」とある。この史料は正殿（大明殿）等の周りに翼室を建設していると考えられる。この時点までに宮城の中心的建築物である大明殿、寝殿と香閣が建設され、その周囲をめぐるように周廡が囲んでいた。

そして遂に翌年正月に、まだ建設途中であろう他の建物を残しつつも、冒頭で触れたように、世祖は完成直後の大都城の正殿で、モンゴル人貴族や百官そして外国使節達による正月の朝賀を受ける[38]。明末清初の孫承沢によって編纂された『春明夢余録』巻七「正殿、朝制」は以下のように記す。

世祖の至元十一年の正旦、初めて大明殿に出御し、朝賀及び後天寿節の儀礼を受けた。参観者は朝賀の礼を行い、宰執は延春閣及び別殿に入り、皇帝陛下に上奏した[39]。

とある。正殿＝大明殿は宮城の中心を構成する建築物で、東西二〇〇尺（約六三メートル）、南北一二〇尺（約三七メートル）、高さ九〇尺（約二三メートル）で、国都の偉容を示す、象徴的な建築物であった[40]。史料の年代が下りすぎて実情を伝えているか疑わしいところが残らないわけではないが、至元十一年の正月に、宮闕の完成、つまりは帝都としての完成をここに宣言したのである。

このように、建設開始から足掛け八年かけて宮城は完成した。この後も建築は続き、四月には、皇太子宮である隆福宮の建設も開始された[41]。そして、『元史』巻八五、百官志一、工部の諸色人匠総管府に属する部局の設立年代を確認していくと、やはりここにも共通するものが見出せる。すなわち、梵像局（「董絵画佛像及土木刻削之工」）、出蠟局（「掌出蠟鋳造之工」）、銀局（「掌金銀之工」）、鑌鐵局（「掌鏤鉄之工」）、瑪瑙玉局（「掌琢磨之工」）、石局（「董攻石之工」）、木局（「董攻木之工」）、油漆局（「董髹漆之工」）が至元十二年に設置されている。これらは皆一様に、建物内部に精緻な装飾を施すための部局である。つまりここから、建物内部の内装作業が始まっていくのである。

おわりに

本章で述べたことをまとめると、以下の通りになる。大都城の宮殿建築の工事は、至元三年十二月の金口運河の開鑿工事をもって開始されたと考える。それは資材搬入用の運河であり、これにより西山からの木材が運び込まれ、宮殿建設の工事が開始されたのである。工事はまず宮城全体をめぐる城壁の工事から開始された。ただすでに世祖クビライは瓊華島の周囲に居住地を定めていたから、ここを囲む城壁が建設されたのであろう。この城壁は遅くとも至元八年までには完成していた。

次いで、至元十年に宮殿の主要建築物である大明殿が完成した。ただその後内装工事などが始まったことから、そのまますぐに利用されたわけではなく、完成まではなお若干の時間を要したと考えられる。ただ少なくとも、至元三年の年末に開始された宮城工事は至元十一年には完成を迎えた、という事実は確認しておきたい。

宮城は次で詳論する官署の移転規定と呼ばれるものや、至元二十二年の住民の移住規定の公布よりもはるか前に完成していたのである。これで王の都として相応しい都市の整備はとりあえず一段落を迎える。ついで至元十年以降は都市住民を受け入れるためのインフラ整備が進んでいくのであり、その転機となるのが次章および次々章で論じる、至元二十年である。

註

1 『元史』巻八、至元十一年正月己卯朔の條。

2 朱啓鈐・闞鐸「元大都宮苑図考」(『中国営造学社彙刊』一―二、一九三〇年)を参照。

3 朱偰『元大都宮殿図考』(商務印書館、一九三六年、のち北京古籍出版社重印、一九九〇年)を参照。

4 傅熹年「元大都大内宮殿的復元研究」(初出一九九三年、のち『傅熹年建築史論文集』文物出版社、一九九八年所収)、郭超『元大都的規格画与復元』(中華書局、二〇一六年)を参照。なお、本章と同じ視点で宮殿の建設を動態的に考察したものとして、王崗「元大都宮殿営建及功能略述」(『北京社会科学』二〇一三―三)がある。

5 福田美穂「元大都の皇城に見る『モンゴル』的要素の発現」(『仏教藝術』二七二、二〇〇四年)、新宮学「近世中国における皇城の成立」(王維坤・宇野隆夫〈編〉『古代東アジア交流の総合的研究』国際日本文化研究センター、二〇〇八年)を参照。

6 元の上都の構造については、東亜考古学会『上都――蒙古ドロンノールに於ける元代都址の調査』(東亜考古学会、一九四一年)、賈洲傑「元上都調査報告」(『文物』一九七七―五)、魏堅『元上都』(中国大百科全書出版社、二〇〇八年)を参照。

7 詔安粛公張柔・行工部尚書段天祐等同行工部事、修築宮城。併太府監入宣徽院、仍以宣徽使専領監事。詔賜高麗以至元四年暦日、仍慰諭之。建大安閣于上都。鑿金口、導盧溝水以漕西山木・石。

8 (至元)二年、授都水少監。……又言「金時、自燕京之西麻谷村、分引瀘溝、一支東流穿西山而出、是謂金口。其水自金口以東、燕京以北、漑田若干頃、其利不可勝計。兵興以来、典守者懼有所失、因以大石塞之。今若按視故迹、使水得通流、上可以致西山之利、下可以広京畿之漕。」上納其議。

9 金口運河開削において郭守敬の果たした役割については、長瀬守「元朝における郭守敬の水利事業」(初出一九六五年、のち『宋元水利史研究』国書刊行会、一九八三年所収)六三八～六四〇頁を参照。また金口運河については、蔡蕃『北京古運河与城市供水研究』(北京出版社、一九八八年)一九～三一頁を参照。

10 羅哲文「元代『運筏図』考」(初出一九六二年、のち『羅哲文古建築文集』文物出版社、一九八八年所収)は、典拠を明示していないものの、以下の二点を指摘する。西山の樹木は元明代に豊富に産せられたが、清代に下るにつれて減少していった。さらに産出された木材は宮殿、寺観、官署や家屋に使用されたという。なお、『析津志輯佚』「属県」（二四三頁）には「金口……西山所出焼煤・木植・大灰等物。」とある。なお、当該の論文で利用されている「盧溝運筏図」が、元初ではなく実は明初の情景を描いたものであるという指摘がある。黄小峰「石橋・木筏与一五世紀的商業空間――『盧溝運筏図』新探」（『中国国家博物館館刊』二〇一一―一）を参照。

11　『析津志輯佚』「風俗」（二〇九頁）。石炭については、宮崎市定「宋代における石炭と鉄」（初出一九五七年、のち『宮崎市定全集（九）五代宋初』岩波書店、一九九二年所収）、陳高華「大都的燃料問題」（『元史研究論稿』中華書局、一九九一年）を参照。

12　都中橋梁・寺観、多用西山白石、琢鑿闌干・狻猊等獣。青石為甎、甃砌大方、様如江南鏡面、甎光可鑑人。

13　散逸してしまった『大元一統志』であるが、本書では趙萬里によって『永樂大典』『日下旧聞考』等より輯められた『元一統志』（中華書局、一九六六年。のち汲古書院、一九七〇年影印）を利用した。巻数もこれに依った。

14　慶寿寺　按寺碑、金大定二十六年所建。……翰林学士承旨徐琰譔。碑有曰、海雲・可菴皆葬寺之西南隅。至元四年新作大都、二師之塔適当城基、勢必遷徙以遂其直。有旨勿遷、俾曲其城以避之。

15　前掲註（5）新宮学「近世中国における皇城の成立」は皇城の示す範囲について前近代中国を通観した形で検討を加えている。

16　『元史』巻四、至元四年正月戊午條。

17　杉山正明「クビライと大都」一四五～一四六頁を参照。

18　縄局　中統五年始置。提領二員。祗応司、国初建開平府宮闕・燕京瓊華島上下殿宇。

19　この部分、『元史』巻九〇、百官志六には、大都留守司以下の部局として、修内司と祗応司があり、修内司所属の部局として縄局があるという。

20　成宗元貞二年十月、枢密院臣言「昔大朝会時、皇城外皆無牆垣、故用軍環繞、以備囲宿。今牆垣已成、南北西三畔皆可置軍、独御酒庫西、地窄不能容。臣等与丞相完沢議。各城門以蒙古軍列衛、及於周橋南置戍樓、以警昏旦。」従之。なお、前掲註（5）新宮学「近世中国における皇城の成立」一五三頁によると、この史料の「皇城」は「宮城」を指すという。

21　宮城周廻九（六）里三十歩。東西四百八十歩、南北六百十五歩、高三十五尺、甎甃。至元八年八月十七日申時動土、明年三月十五日即工。

22　都堂鈞旨。「送下監修宮也黒迷兒丁呈、『捉獲跳過太液池囲子禁墻人楚添兒。本人状招「於六月二十四日、帯酒、見倒訖土墻。

望潭内、有船。採打蓮蓬、跳過墻去。被捉到官。罪犯。」』法司擬、闌入禁苑、徒一年、杖六十。部擬、五十七下。省准擬。」

23 陳垣『元西域人華化考』巻五「三　西域人之中国建築　也黒迭兒燕京宮闕」（『国学季刊』一―四、一九二三年、及び『燕京学報』二、一九二七年、『勵耘書屋叢刻（上）』北京師範大学出版社、一九八二年所収）を参照。他に「也黒迭兒」に関しては、田坂興道『中国における回教の伝来とその弘通』（東洋文庫、一九六四年）一四六七～一四六八頁、白寿彝（編）『回族人物志　元代』（寧夏人民出版社、一九八五年）九二～一〇〇頁を参照。

24 欧陽玄『圭齋文集』巻九「馬合馬沙碑」。

25 宮崎市定「宋元時代の法制と裁判機構――元典章成立の時代的・社会的背景」（初出一九五四年、のち『宮崎市定全集（一一）宋元』岩波書店、一九九二年所収）を参照。

26 切見、随路連年蝗旱、百姓飢乏者衆。今春首農務将作、大興力役、擬浚治新城壕塹。不惟妨奪民時、切恐転致困弊。合無伺候秋熟挙作、似為未晩。不然、若従重論、理合先築宮城、正宸極之位、使内外有限以壮皇居。然後宮室可得而議。挑浚鑿壕塹工役、似未宜先行。

27 高橋文治（編）『烏台筆補の研究』（汲古書院、二〇〇七年）一一〇～一一一頁を参照。

28 『元史』巻七、至元七年二月丁丑の條。

29 発中都・真定・順天・河間・平灤民二万八千余人、築宮城。

30 帝御広寒殿、遣摂太尉・中書右丞相安童、授皇后弘吉剌氏玉册玉宝、遣摂太尉・同知枢密院事伯顔、授皇太子真金玉冊金宝。

31 本史料については、森平雅彦「『賓王録』にみる至元十年の遣元高麗使」（初出二〇〇四年、のち『モンゴル覇権下の高麗――帝国秩序と王国の対応』名古屋大学出版会、二〇一三年所収）が初めて紹介した。本書では、林基中（編）『燕行録全集』（東国大学出版部、二〇〇一年）に収録されているものを参照した。また、陳得芝「読高麗李承休『賓王録』――域外元史史料札記之一」（初出二〇〇八年、のち『蒙元史与中華多元文化論集』上海古籍出版社、二〇一三年所収）も参照。

32 八月初四日、将入燕京中都城五里所、有以壺漿来迎者。乃中書省所遣宣使・総管等也。

33 万寿山東、新起大殿、斯日長朝殿■■■壮制極巧窮■之致、不可得而言之也。皇帝陛下普会諸侯、以是月二十有七日落之。

34 陳高華・史衛民『元代大都上都研究』四四頁（訳書：八六頁）、陳学霖「張昱『輦下曲』与元大都史料」（『蒙元的歴史与文化――蒙元史学術研究会論文集』学生書局、二〇〇一年）八一頁を参照。

35　『高麗史』巻二九、忠烈王五年（至元十六年）正月丁卯の條に「王侍宴長朝殿。」とあり、また同巻三一、忠烈王二十二年（元貞二年）十一月條にも「王与公主侍宴于長朝殿。翌日亦如之。」とある。

36　高田英樹〔訳〕『世界の記「東方見聞録」対校訳』（名古屋大学出版会、二〇一三年）一九二頁の訳文に依った。

37　この点は本書終章で再び触れる。

38　この時の高麗からの使者は前年の十一月に高麗を出発している。『高麗史』巻二七、元宗十四年十一月己亥の條。

39　元世祖至元十一年正旦、始御大明殿、受朝賀及後天寿節。皆行朝賀礼、毎日則宰執入延春閣及別殿、奏事而已。

40　ここで挙げられている数値は前掲註（4）傅熹年「元大都大内宮殿的復原研究」に依拠した。

41　『元史』巻八、至元十一年四月癸丑の條。

第三章　大都における中央官庁の建設

はじめに

大都が一応の完成を迎えた至元二十年（一二八三）、「旧城の市肆・局院・税務を徙して皆大都に入らしめ、税を減じて四十分の一を徴す」（『元史』巻一二、至元二十年九月丙寅の條）という命令が公布された。従来の研究はこの命令を、「元朝政府は旧城内の商店と中央諸政庁・税務関係機関等を大都に移した」と解釈したり[1]、直接典拠を明示せずに、「至元二十年にいたって外郭城内があらかた出来あがると、旧中都城内にあった主要官庁の移転を開始し」たと説明するなど[2]、官署の移転規定と理解することが一般的であった。

本章では、この命令が果たして官署の移転規定であったのかという点について再検討を試みる。すなわち、官庁はいつ建設されたのか、という問題を考察する。具体的には、南城から大都城への官庁の移転と、大都城におけるその建設年代について考えてみる。この命令の持つ意味と背景は次章であらためて検証することとしよう。

研究史を顧みれば、大都城内における官署の立地点を明らかにした研究は数多い。この分野における嚆矢としては、第二次世界大戦前の中国営造学社によって精力的に行われた復元研究を基礎に、官署の立地点を網羅的に提示した、王璞子（璧文）「元大都城平面規劃述略」を真っ先に挙げねばならない[3]。ついで、趙正之「元大都平面規劃復元的研究」が発表された[4]。ここでは、尚書省、礼部・兵部・刑部の場所が示された。さらに、中国の国都を通観した楊寛『中国古代都城制度史研究』が[5]、これまでの先行研究を踏まえ、『析津志輯佚』なども利用して改めて場所の特定を行っている。なお、杉山正明は官庁や倉庫・市場等の場所を復元した詳細な地図を公表している[6]。

しかしながら、ここに列挙した研究は建築物の立地点を明らかにすることを目的としているため、時間軸を意識した検討がなされているわけではない。後述するように、大都城においては、度重なる官庁の移転という事実が確認できる以上、時間の推移を無視したままの検討は、大都城の変容という視点を見落とすことになってしまう。本章ではそうした点を考慮に入れつつ、元朝の基幹官庁とも称しうる、中書省、枢密院、御史台の三官庁の官署を中心に、特にそれらが大都城において建設された時期について考察を加えていきたい。

一　中書省

(1) 中書省と尚書省

元朝の官制において、中書省、枢密院、御史台の三官庁が漢人世界を統治する上での基幹官庁であるという認識は早くからなされてきた[7]。従って、南城から大都城への移転を考えるに際しては、中国統治を貫徹する上で重要な役割を果たすこの三官庁がどのように建設されていったのかを確認することが求められる。ここではまず中書省について確認していく。

前々章と前章で検討を加えたように、南城の東北部に大都城を建設することが計画されたのは至元三年十二月のことである。そのため、大都城の建設開始直後から中央官庁も大都城に移転していったと考えることができよう。それでは大都城の建設工事と連動して、中書省の建物はどのように建設されていったのであろうか、特に大都城における最初の立地点は果たしてどこなのか。実は中書省の最初の立地点については、いまだ確定していない。

はじめに先行研究を整理しておこう。中書省の移動を最初に取り上げたのは、『元大都』を著わした陳高華であり、氏の論点をまとめると大要以下のようになる[8]。中書省は初め麗正門内・千歩廊の東側、すなわち皇城の南に置かれ、アフマドが宰相になると皇城の北側に移転し、さらに再び皇城の南に戻ったとする。しかしながらこの説は後掲する『析津志輯佚』に依拠すると矛盾を来してしまう。

一方で楊寛は、後掲する『析津志輯佚』の史料を利用しつつ、中書省は至元四年に皇城北側の鳳池坊に置かれ、二十四年に皇城の南に移動したとする[9]。新たに『析津志輯佚』を利用した点が陳高華と大きく異なり、その結果、両者の説は最初の立地点が皇城を挟む南と北とで全くの反対になってしまった。広く宰相制度全般について検討した張帆もこの問題に触れ[10]、楊寛と同じ結論にいたる。ただし、張帆と楊寛の研究でも後掲する『元史』本紀の至元二十四年の記事をどのように理解するかという点にいたると、またしても混乱が生じてしまう。

このように、ひとつの官庁の場所を巡って混乱がみられる理由は、中書省が大都城内において、皇城を挟んだ南北の間で移転を繰り返したという事実に起因する。結論の一部を先取りする形になるが、実は中書省に限らず、大都城内において官庁は度々移転を行う。後掲する『秘書監志』によれば、同時代人が認識する官庁街ともよべる空間が存在していたようではあるが、全ての官庁が終始同一の地点に留まっていたわけではなかった。こうした点を踏まえてであろう、新宮学は元の大都を明代の北京と比較して、「大都の場合、中央官庁が集中する官庁街が形成されていなかった」と指摘する[11]。筆者は度重なる移転がこうした印象を抱かせることになったと推測している。では果たして、どのように理解していけば、これまでとは異なる整合性のある説明が可能になるのか。

これまでの研究では、中書省の移転時期と軌を一にして尚書省が設置されている重要な事実が見落とされてきた。本章ではその点に注意を払って確認していきたい。

皇城を挟んで南北に置かれた中書省の官署は、後世に至ると「南省」「北省」という名称で区別された。これに関するまとまった史料が『析津志輯佚』「朝堂公宇」(八頁)である。いささか煩雑になってしまうが行論の都合上、該当部分をいくつかの段落に区切って掲げる。

中書省……

(A)(至元四年)四月甲子、内皇城を築いた。位置は公が方角を決定し、新都の鳳池坊の北に中書省を立てた。

(B)至元二十四年閏二月、尚書省を立て、宣政院使の桑柯を開府儀同三司とし、尚書左丞相の葉李を尚書右丞相とした。その時に五雲坊東に尚書省を建設した。至元七年より至元九年までは、尚書省を中書省に併入させていた。

(C)至元二十七年、尚書省を中書省に入らせて、桑柯は中書省に移った。今になって尚書省を中書省としたので、そこで北省と南省に分かれた[12]。

さらに続けて、（A）の部分を改めて述べている『析津志輯佚』「朝堂公宇」（三二頁）も掲げておく。

（D）中書省　至元四年、世祖皇帝が新城を造営し、太保の劉秉忠に命令して方角を決めさせて、中書省の基壇を築かせた。現在の鳳池坊の北に中書省が置かれた[13]。

これらの史料を用い、以下に分析を試みていく。

まず史料（A）と（D）とを合わせて考えれば、至元四年（一二六七）の四月に、元朝初期の様々な施策を決定するにあたって重要な役割を担った、劉秉忠によって鳳池坊の北側に中書省の建設予定地が選定されたということを看取できる。これは、『元史』巻二一、大徳十一年十月庚子の條に、中書省の上奏として、「初め中書省を置きし時、太保劉秉忠其の地の宜しきを度る」と記されていることによっても裏づけられよう。さらに劉秉忠が、秘書監の場所の選定にも関与していたことは、『秘書監志』巻三「廨宇」に明らかである[14]。大都における官庁の設置という観点から見た際に注目されるのは、至元十二年正月の段階で、大都城内における秘書監の場所の決定について劉秉忠の関与が窺える点と、すでに秘書監が移転を申請している点である。大都城内の官署の位置選定に、劉秉忠の意向が相当反映されていたことを推察することができよう。

再び中書省の移転に戻ろう。その場所については、「鳳池坊」の北に建設されたと記される。大都城における官庁街と認識された空間も確認しておく。

以下は『秘書監志』巻三「廨宇」の一節である。

大都城内で省・府が置かれた区域は二つある。一つは鳳池坊の北で、そこには中書省が置かれた。一つは宮城南の東壁沿いで、そこには尚書省が置かれた[15]。

これによると、大都城内には官庁街とも呼べるものが二ヵ所あり、それは中書省の置かれた鳳池坊の北側と、尚書省が置かれた皇城南の東壁沿いであったという。この二つの空間について、それぞれ検討を加えていく（【図2】参照）。

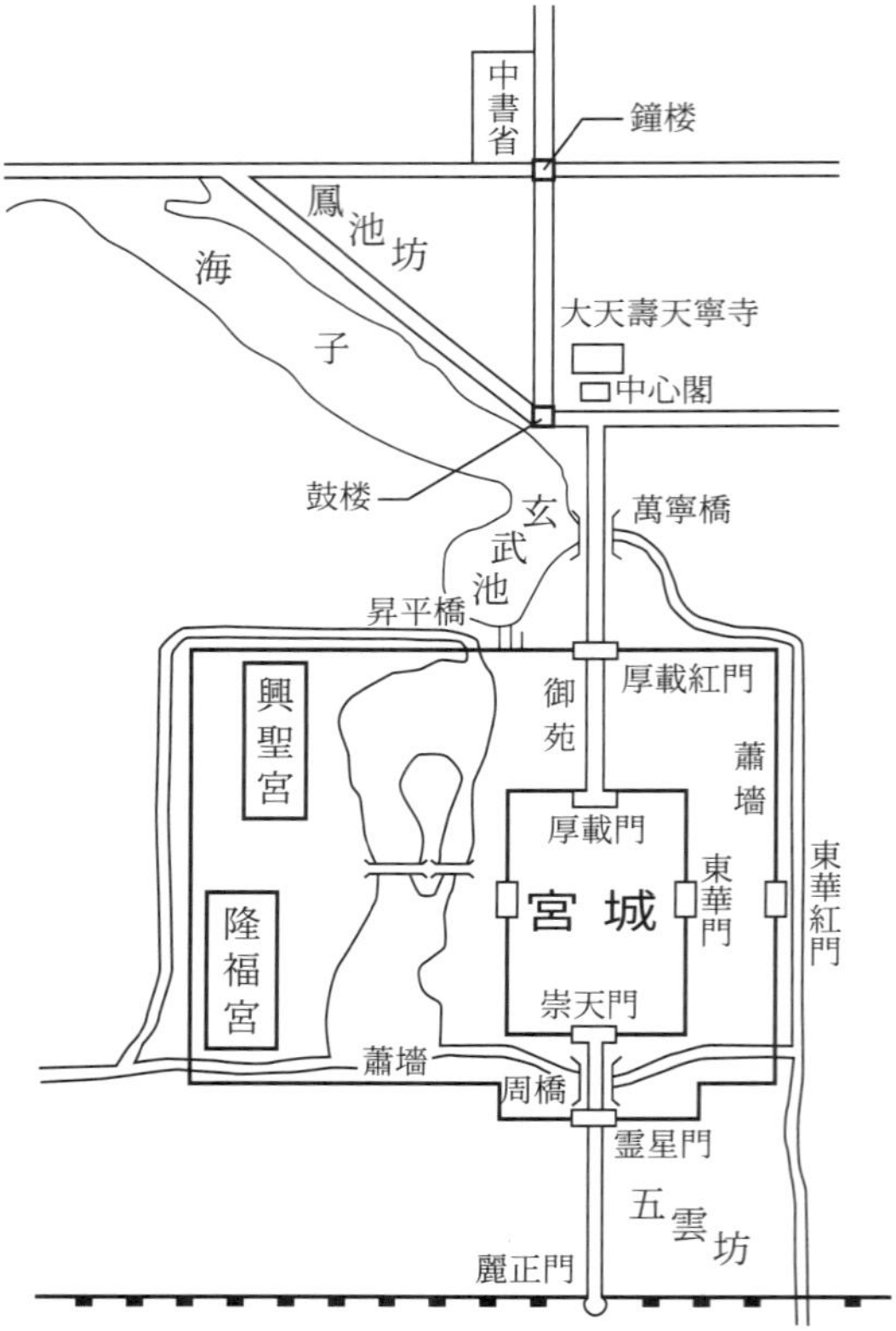

図2

まず鳳池坊については、『元一統志』巻一「大都路、坊郭郷鎮」に、「鳳池坊　地は海子に近く、旧省の前に在り、鳳凰池の義を取り以て名づく」とある。「海子」とは皇城北側に広がる積水潭のことで、中書省はその東側にあった。大都のまさに中央部ともいうべき場所に最初の中書省が置かれたことになる。「旧省」とあるのは、この直後に触れるように、皇城北側の鳳池坊に一旦は中書省が置かれたものの、のちに中書省が皇城の南側へ移転することによって、「旧省」と呼称されたからであろう。このため後世になると、（C）に記されるように、「北省・南省」乃至は「旧省・新省」という区別がなされていった。

さらに、皇城南側の官庁街とも呼べるのが、（B）に記される「五雲坊東」である。これも『元一統志』巻一「大都路、坊郭郷鎮」に、「五雲坊　大内前の左千歩廊坊門の東に在り」とある。大都城の正南の門である麗正門から皇城に向かう空間に位置するため、この周辺には、いくつかの官庁が建設された。二つの史料からその点を明らかにしていく。まずは清代の史料であるが、『日下旧聞考』巻六四「官署」に付されている、按語を掲げよう。ここでは『析津志』が引用されている。

また、析津志によると、侍儀司の官署は都省の東、水門の西、南倉の前である。今（清代のいまになって）考えてみると、都省とは元代の中書省のことであり、尚書省が改めて立てられたことで、南省と呼ばれた。南倉とは元代の太倉のことで、このこともまた析津志に記されている[16]。

侍儀司は礼部に属する官庁で、儀礼の管理や外国からの賓客を接待する、他の時代の鴻臚寺と同じ職掌を任った。『元史』巻八三、百官志に拠れば、至元八年の設立とある。ただ、それが大都城に建設されたか否かは定かではないが、その職掌から考えると、早い段階で大都城に建設されていたのかもしれない。侍儀司は「都省の東、水門の西、南倉の前に在り」とあり、しかも「都省」はこれから検討を加えていくことになる、「南省」を指すという。

さらに宣徽院もこの近くに建設された。『析津志輯佚』「城池街市」（七頁）には、枢密院の南から西に向かえば宣徽院であり、（宣徽）院の南から西に向かえば光禄寺酒坊橋である[17]。

とあって、後述する枢密院の西南に宣徽院が置かれたという。『元史』巻八三、百官志によれば、宣徽院も皇族や賓客のために食事を提供するための官庁である。侍儀司・宣徽院はともにその職掌の性格から、皇城の近くに建設されたと考えられよう。このように、大都城では皇城を挟んだ南北にそれぞれ官署が置かれた。

本題の中書省の設置に話しを戻す。この中書省の建物は至元年間に早くも移転を行う。それを示す次に掲げる、『元史』巻一四、至元二十四年十月甲子の條こそ、その後の混乱をもたらす史料である。

桑哥が葉李・馬紹・不忽木・高翥等に鈔を与えるように請求した。詔して葉李に鈔百五十錠、不忽木・馬紹・高翥にそれぞれ百錠を与えた。また桑哥が以下のように言った。「中書省はもともと大内前にありました。それを阿合馬が北に移動させました。願いますことには、以前のように大内前に戻してください」と。この要請に従った[18]。

ここではサンガ（桑哥）が、アフマド（阿合馬）によって北に移された中書省の建物を、もともと置かれていた大内の前に戻すよう求めている。最初に中書省の建物が建設された場所は、前述したように、鳳池坊の北側であって、大内前と称される皇城の南側に置かれた月日は見出しえない。

張帆は、中書省が皇城の南側に最初は置かれたというこのサンガの発言に疑問を呈し、①本紀に錯誤がある、あるいは②最初は鳳池坊に建設されたものの、一度皇城前に移動して、アフマドの時代に再び鳳池坊に戻ったのではないかと推測している[19]。他に史料が存在しない以上、②の仮説も成り立ち得るとは思えるのであるが、筆者は①の説を採りたい。すなわち、この問題については、至元年間に二度建設された尚書省の建設が記述の混乱をもたらしたと推測する。

元朝期を通じて三度に渡って設置が試みられた尚書省は、世祖クビライの至元年間においては二度設立された。すなわち『元史』本紀の記載に従えば、以下の期間に該当する。

至元七年正月～九年正月

至元二十四年閏二月～二十八年五月

この二回の尚書省は、それぞれアフマドとサンガの主導によって設立された[20]。そして、最も重視すべき点として、中書省の移転問題がこの尚書省の設立期間の前後に提起されていることはやはり見逃せない。本章では扱わないが、大徳年間にも中書省の移転問題が提起され、この時もやはり尚書省の復置が計画された時期と重なる[21]。

まず（B）の記事に注目したい。冒頭に掲げた『析津志輯佚』朝堂公宇の記事全体が中書省のことを述べているにも拘わらず、（B）にいたって唐突に尚書省の人事及び官庁について言及しているのは、元朝の官制の中でも、中書省と尚書省の二つの官庁が密接に関連していることを示唆しているからに他ならない。さらに（B）の末尾には、「至元七年より至元九年に至りて、尚書省を併して中書省に入らしむ」とある。このことは、『元史』本紀に、「尚書省に詔して中書省に入らしむ」（『元史』巻七、至元八年十二月甲寅の條）、「尚書省を併せて中書省に入らしむ」（同巻、至元九年正月甲子の條）と記される状況と一致する。つまり、至元九年に入ってから、尚書省は名目上廃止され、中書省の名を冠しはするものの、実質的には尚書省の官員によって運営がなされていたことを示している。この点は先行研究でも指摘されているように、至元七年正月から九年正月までの二年間に渡って、中書省と併存していた尚書省は、アフマド主導のもとに運営されていた。しかしながら、『元史』巻一六八、陳祐伝に、「(至元六年)時に中書・尚書二省並立す。世祖其の煩を厭い、合して一と為さんと欲す」とあるように、クビライが権力の分散によって生じる混乱を解消するため、至元九年に統合を図ったのである。その結果、大島立子によって、「名称としての尚書省は消滅したが、機能としては両者が併存した形をとり、実態は尚書省系官僚に権力が集中し」たと指摘される状況にいたった[22]。筆者は中書省の官署の移動も、まさしくこうした状況を反映するものであったと考える。

この尚書省の官署は、『元史』巻七、至元七年二月甲申の條に「尚書省署を置く」とあるように、至元七年二月に建設された。この時の尚書省の建設場所について明確に述べる史料は管見の限り見当たらない。しかし、先掲の『元史』巻一四、至元二十四年十月甲子の條の「中書省旧は大内前に在り、阿合馬北に移し置く」と記されている箇所に注目したい。まずこれまで見てきたように、至元九年までの段階で中書省が「大内前」に置かれたという事実は見出しえない。次に、二つの官署が併存していた時代から、中書省に統合されていく過程で、一貫して主導的な役割を担ったのがアフマドである。この二つの状況から鑑みて、前掲した『元史』本紀の至元二十四年十月甲子の條に記される「中書省」は、実は「尚書省」を指していると理解すればよいのではなかろうか。そして、至元九年になって尚書省が廃止され、アフマドをトップに頂き、実態は尚書省の役人に乗っ取られた格好の中書省に統合される。それが『元史』巻七、至元九年二月庚子の條に、「中書省署を大都に建つ」と記された。つまり、この時に尚書省が皇城北の中書省の建物に入ったということになる。

続けてサンガ期を考察する。繰り返し述べている先掲の『元史』巻一四、至元二十四年十月甲子の條は、尚書省の高官への褒賞と官署の移転とを申請するものからなっている。つまり、この条文全体が尚書省に関わる内容のものであることに注意したい。尚書省の官署の場所を確認すれば、史料（B）で、サンガ期の尚書省は宮城から南に延びる千歩廊の東側、五雲坊の東に建設されたことを伝えている。再度、北に中書省、南に尚書省という二つの官署がそれぞれ建設された状態になった。そして史料（C）によると、至元二十七年にアフマドの時と同じく、尚書省は中書省に吸収されていく形をとるが、その実態は前回と同じく尚書省が中書省を支配下に置いたのである。そして官署については皇城の北に置かれていた中書省が南に移動し、尚書省と同じ建物に入り、表向きは中書省に統一されることになる。『析津志輯佚』「朝堂公宇」（九頁）には、年代を明記していないが、「中書省　大内前東五雲坊内に在り」といった記述があり、さらに、『大元混一方輿勝覧』巻上「腹裏、大都路、大興府」には、「中書省　至元間、麗正門内の東畔に就きて創立す」とある。中書省が皇城の南側に置かれたということを示すこの二つの史料で示される状況は至元二十七年以降のことを指していると考える。

もう一度ここまでの記述を整理してみれば、次頁の【図3】のようになる。

至元四年段階で、劉秉忠によって中書省建設の地として選ばれた土地は大内の北であった。記録の混乱が生じるのは尚書省の建設による。至元七年に大内前五雲坊の東側に尚書省が建設された。この時点では南に尚書省、北に中書省が並置されていることになる。

しかし至元九年二月に尚書省が中書省に併入される。つまり、尚書省が廃止の形をとりながらアフマドの命令によって北の中書省の建物に移っていくこととなる。そうして尚書省は廃止されるが、中書省は建物とともに北に置かれたままである。

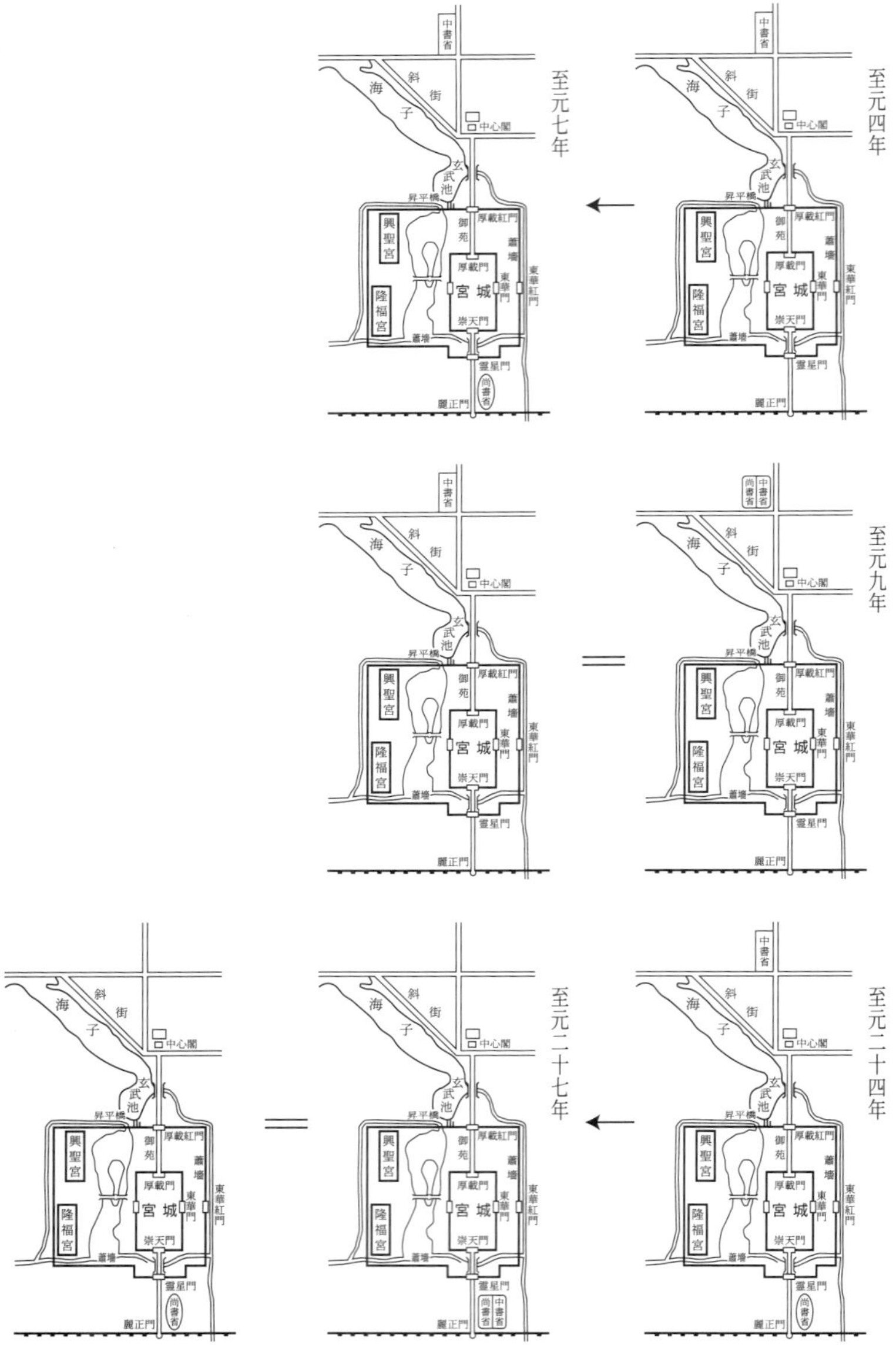
至元四年
中書省
斜
街
海
子
中心閣
玄
武
池
昇平橋
厚載紅門
御
苑
蕭
墻
興
聖
宮
厚載門
東
華
門
東
華
紅
門
宮
城
隆
福
宮
崇天門
蕭墻
靈星門
麗正門
至元七年
中書省
斜
街
海
子
中心閣
玄
武
池
昇平橋
厚載紅門
御
苑
蕭
墻
興
聖
宮
厚載門
東
華
門
東
華
紅
門
宮
城
隆
福
宮
崇天門
蕭墻
靈星門
尚
書
省
麗正門
至元九年
中
書
省
尚
書
省
斜
街
海
子
中心閣
玄
武
池
昇平橋
厚載紅門
御
苑
蕭
墻
興
聖
宮
厚載門
東
華
門
東
華
紅
門
宮
城
隆
福
宮
崇天門
蕭墻
靈星門
麗正門
=
中書省
斜
街
海
子
中心閣
玄
武
池
昇平橋
厚載紅門
御
苑
蕭
墻
興
聖
宮
厚載門
東
華
門
東
華
紅
門
宮
城
隆
福
宮
崇天門
蕭墻
靈星門
麗正門
至元二十四年
中書省
斜
街
海
子
中心閣
玄
武
池
昇平橋
厚載紅門
御
苑
蕭
墻
興
聖
宮
厚載門
東
華
門
東
華
紅
門
宮
城
隆
福
宮
崇天門
蕭墻
靈星門
尚
書
省
麗正門
至元二十七年
斜
街
海
子
中心閣
玄
武
池
昇平橋
厚載紅門
御
苑
蕭
墻
興
聖
宮
厚載門
東
華
門
東
華
紅
門
宮
城
隆
福
宮
崇天門
蕭墻
靈星門
中
書
省
尚
書
省
麗正門
=
斜
街
海
子
中心閣
玄
武
池
昇平橋
厚載紅門
御
苑
蕭
墻
興
聖
宮
厚載門
東
華
門
東
華
紅
門
宮
城
隆
福
宮
崇天門
蕭墻
靈星門
尚
書
省
麗正門

図3

さらに至元二十四年になると、再びサンガの具申によって、尚書省が大内前に建設される。再度、二つの官庁が併存する状況が現出される。そして至元二十七年になると、今度は中書省が南に移動し尚書省の建物に入ることとなる。この時の尚書省も結局廃止されるので、結果として中書省だけが皇城前に残された形になる。

中書省の官署の移転は、元朝を通じて三度に渡って建設された尚書省の移転と連動しているために記録が混乱したと考えると、これまでの混乱を整序できる可能性がある。

推測の上に推測を重ねているため、心許ない点が甚だ多い。しかしながら、至元二十年よりも前の段階で、中書省だけではなく尚書省までもが大都城内に建設されていたという事実は少なくとも確認できた。また、最初の立地点が皇城の北で、ついでその南に移転するように、中書省の官署は皇城を中心に南北を移動していたということも指摘できよう。

（2）六部

六部の建設場所はどうであろうか。至元年間の六部は、かねてから指摘されているように[23]、二部制・四部制・六部制とが目まぐるしく改変される状態が続き、制度自体が甚だ混乱を極めた。従って、この不安定な制度は、当然のことながら、官署の建設にも影響を及ぼしたと考えられる。

六部の建設場所について初めて言及を加えたのが、趙正之「元大都平面規劃復元的研究」である[24]。氏は、明末清初の人である孫承沢（一五九二〜一六七六）によって著された『春明夢余録』に記される、「貢院は城東南隅に在り、元の礼部の旧基たり」（巻四一、礼部三、貢院）、「太僕寺は皇城西に在り、乃ち元の兵部の旧署たり」（巻五三、太僕寺）という二つの記事にもとづき、礼部は大都城の東南にあった太史院の近くに置かれ、兵部は皇太子宮である隆福宮の南側に置かれたと指摘した[25]。この理解は以後に著された研究でも踏襲されている[26]。一方でこうした見解に対し、張帆は、六部は中書省の下属機関であるため、中書省と同じ場所にあったはずとして、『春明夢余録』の記事を斥ける[27]。中書省と同じ場所にあったという見方の妥当性は暫く措くとしても、『春明夢余録』の記事を斥ける点は首肯しなければならない。なぜなら、そもそも『春明夢余録』の記述自体が誤っていたからである。

孫承沢の依拠したであろう史料を示せば以下のようになる。まず礼部については、万暦五年（一五五七）の進士である余継登によって著された『典故紀聞』巻一一に、

北京の試験会場はもともと礼部（旧礼部）の官署であり、正統年間に現在の礼部が完成したことで、もとの礼部の官署を改めて試験会場とした[28]。

と記される。同様に兵部についても、『明英宗実録』巻九〇、正統七年（一四四二）三月乙酉の條に、

太僕寺が以下のように上奏した。「太僕寺の官署は現在狭い。願いますことには新たな六部の官署が完成し次第、もとの兵部（旧兵部）を太僕寺の官署としてください」と。この上奏が裁可された[29]。

とある。孫承沢は両者にみられる「旧礼部」「旧兵部」を元代の礼部と兵部と理解した。しかしながら、この「旧礼部」「旧兵部」は、いずれも明初の北京に建設された行在礼部・行在兵部を指す。つまり、『春明夢余録』の記事は孫承沢の誤解にもとづくものであったといわねばならない[30]。

場所の特定はできぬものの、建設年代が推察できる六部はある。それは先に引用した『秘書監志』に記される礼部に関する史料である。『秘書監志』は王士點と商企翁によって編まれた、元代の秘書監に関する公

文書が集成された書物である。中でも巻三「廨宇」は、秘書監と国立天文台ともいえる司天台設建設の際の公文書のやりとりをそのまま収録しており、元朝期における官庁建設の貴重な一事例といえる[31]。

秘書監は南城にしばらく置かれていたため、至元二十三年には、北城に居住する官員の通勤に不便であるとの理由で、秘書監の北城への移転が申請される。秘書監の移転をめぐってはその後も複雑な過程をたどるわけであるが、ここでは礼部について触れる至元二十四年六月の文書を試釈とともに提示することとしよう。全体は工部から秘書監に出された符文と考えられる。

至元二十四年六月十一日、工部が受け取った（秘書監からの）呈文には「秘書監は旧礼部に監を置く。文書として明らかにし〈関〉を送られたい」とあった。調べてみると、以前に受け取った尚書省の判送には「秘書監の呈文に『秘書監の劉（復）朝列（大夫）・蘇（政）奉訓（大夫）が尚書省の中で受け取った都堂の鈞旨には〈移って旧の礼部にゆけ〉とありました。呈して照詳を乞います』と（秘書監の呈文に）あったので、我々（尚書省の役人）は意見を付けて都堂に送り、都堂の鈞旨を奉じたところ『工部に送って以上のように施行せよ』とあった」とあった[32]。

『秘書監志』巻四、纂修によれば、至元二十四年四月二十四日の段階で、南城にあった秘書監の大都城での移転先として、「旧礼部」が都堂からすでに提案されている。ただし、最終的に移転が実行されるのは皇慶元年（一三一二）になってからのことである。つまり、場所は不明とせざるをえないが、礼部は遅くとも至元二十四年以前に大都城内に建置されていたことが確認できよう。

以上のように、六部の置かれた場所を全て確定することはできない。ここでは、これまでの研究が依拠してきた『春明夢余録』の記事の不当、及び、礼部が至元二十四年以前に大都城内に建設されたということを指摘するに止める。張帆による六部と中書省の場所を同一地点とみなす推測には強く魅かれるものの、現在のところ確たる証拠はない。

二　枢密院と御史台

次に枢密院と御史台について検討を加えていく。軍政を担う枢密院は、徐苹芳が『析津志輯佚』の記事にもとづいて指摘しているように[33]、皇城の東側にあった保大坊の南側に置かれた（【図4】参照）。氏は枢密院の場所を、現在の燈市口西街の北側、王府井大街の西側に比定している。この点は多くの先行研究も『析津志輯佚』にもとづいているため、場所について改めて検討しなおす必要はなかろう。本章で考察したいのは、徐苹芳が触れていないその建設年代である。

そもそも枢密院は中統四年五月に設立された[34]。ただし、改めて述べるまでもなく、これは大都城建設以前のことで、官署は南城に建てられた。では大都城内に官署が建設されたのは、一体何時のことなのか。率直に言ってこの点を明確に述べる史料は見出し得ていないため、ここでは一つの傍証を提示して推察を述べるに止めたい。

南宋の降伏後に南宋の使者が大都へ向かった際の記録として、劉一清『銭塘遺事』巻九「丙子北狩」がある。そこには以下のような記述がある。

（閏三月）十九日諸使の属官とともに枢密院にやってきた。たまたま雨が降ったので、麗正門の右側に入った。張平章・陳参政、少保の夏貴・端明の呂師宝・都統の洪模とともに、宰執の属官・少保の官属とともに宴会を行った[35]。

至元十三年（一二七六）閏三月十日、一行はまだ南城にあった会同館に到着した。あたかもこの時期、世祖は上都に滞在していたため、使者たちも四月十二日に大都を出発して上都へ向かうことを余儀なくされる。

この史料によれば、枢密院に出頭した使者たちは、その帰途で雨に降られたため、大都城西南の麗正門に立ち寄り、宴を開いた後、南城の会同館に戻ったという。南城に宿泊している使節が、枢密院に出頭した後に麗正門を通って帰路についている点に注目したい。大都城——麗正門——南城の位置関係を勘案すれば（三二頁【図1】参照）、この時点で枢密院はすでに大都城にあったと考えられる。もしも南城に枢密院があれば、ことさらに麗正門を通って帰る必要はないからである。一度麗正門を通過しているという点から、至元十三年段階において枢密院が大都城にすでに建設されていたと推測できる。なおこの枢密院は明代になると北平都指揮使司の官庁として利用されていった。

御史台についても、やはり徐苹芳の研究があるので、それに沿って論じていく[36]。まず、『析津志輯佚』「台諫敍　創建沿革」（三八頁）を掲げる。

国初の至元間、朝議の結果、粛清門の東に御史台を置くことが決まった。だから粛清という名称がつけられた。しかしながら現在の御史台が翰林国史院になると、のちに再び御史台となった[37]。

はじめ御史台の官署は大都城の西北にある粛清門の東側に置かれた[38]。『元史』百官志に拠れば、御史台の設立は至元五年のことなので、史料中の「国初至元間」もその年に比定されよう。史料によると、御史台は翰林国史院の置かれていた皇城東南の澄清坊に移転するという（【図4】参照）。それがいつの時点のことなのか。『永楽大典』巻二六〇七「台字、御史台二」所引の『経世大典』は、至元十八年七月に粛政堂・殿中

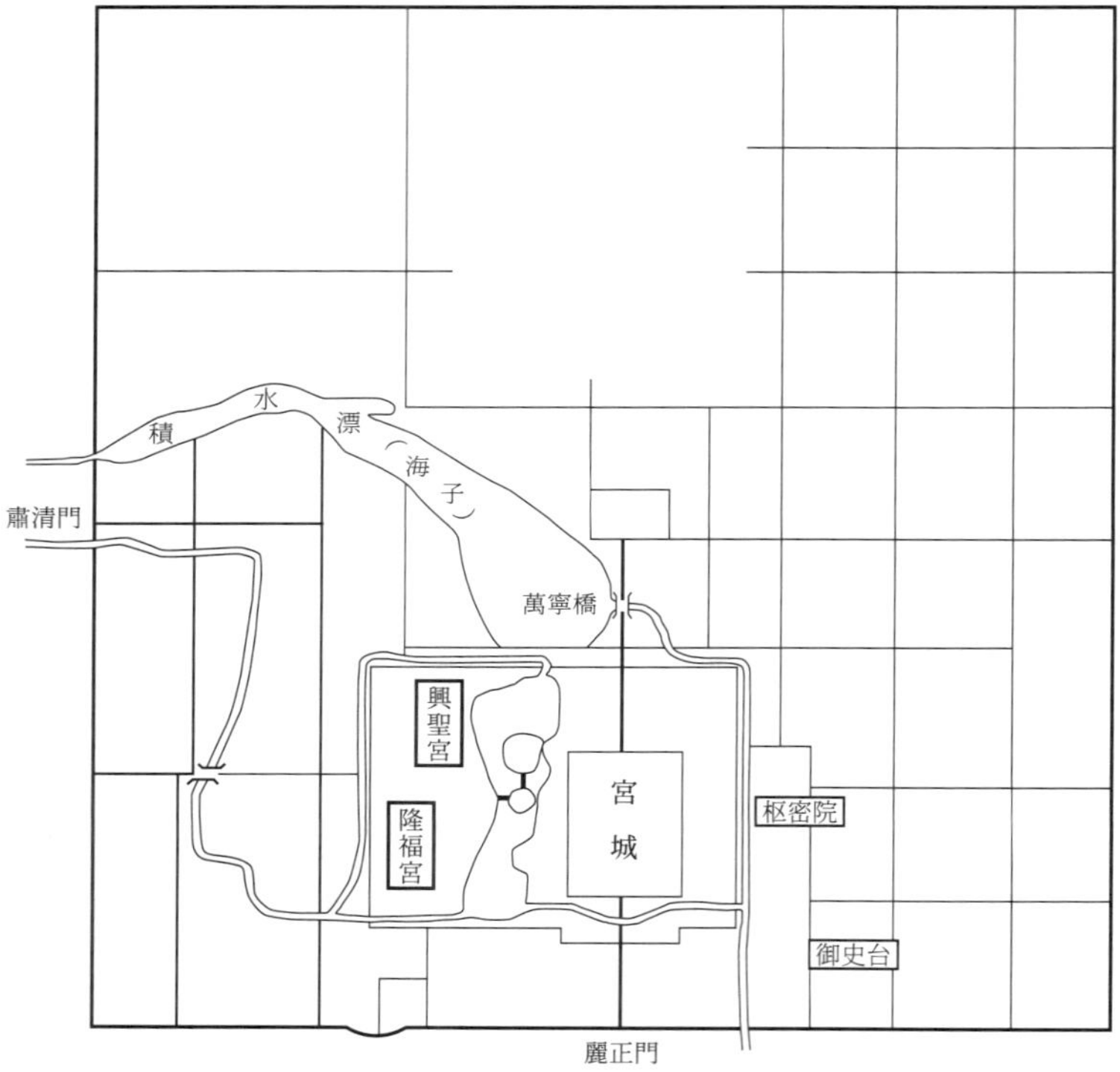

図4

司・察院・架閣庫といった建築物が同時期に建設されたことを記す。おそらく、この時に移転がなされたと考えられる。なお、「澄清坊」という坊名も、『元一統志』巻一、大都路、坊郭郷鎮によると、「天下を澄清するの義を取りて以て名づ」けられたというから、御史台が置かれていたことを意識しての名称といえる。

ところで、この移動を可能にさせる要因として、翰林国史院の官署が移転したことも徴せられなければいけない。では一体、翰林国史院の移転はいつのことなのか。第一章で考察したように、翰林国史院は当初南城に置かれた。それがいつの頃からか大都城内に建設され、『経世大典』に記される建築物の増築が移転の年にあたるという筆者の推測に従えば、至元十八年までには澄清坊から移転して、そこに御史台が建設されたということになる。その次の移転先については不明であるが、少なくとも翰林国史院が大都城にそのまま置かれたことは確実である。それは、第八章で述べるように、延祐二年（一三一五）より開始された科挙に際し、大都における会試・御試（殿試）に関連するいくつかの行事の中で、会場として利用されていたからである。たとえば、御試の試験場であったこと、合格者に対する恩栄宴が翰林国史院で行われたこと等が、『元史』巻八一、選挙志などにより確認できる。ただし、翰林国史院の大都城内における最初の建設場所と、至元十八年の移転後の場所については確定できない[39]。

場所の確認ができるのは、至順年間（一三三〇〜一三三三）のことで、翰林院が鳳池坊にあった旧中書省署に移転していることが分かる[40]。なおこの御史台も明代になると、北平按察司の官署となっていく。

以上、少なくない憶測や、煩瑣な考証の積み重ねに終始したきらいもあったかと思われるが、国家支配の中枢をなす官庁が、少なくとも至元二十年よりも前に大都城に建置されていた事実は確認できたであろう。それのみならず、それ以前の大都城内における官署の移動までも確かめられた。中書省や翰林国史院のように、移動する官署が存在する以上、今後大都城内の景観を考察するにあたって、官署の移動は考慮せねばならない要素といえる。

そして各官庁は、至元二十年以前の段階で、中書省を中心とする皇城の北側と、枢密院・御史台を中心とする皇城の東側と尚書省が置かれ、次いで中書省が置かれる皇城の南側に収斂されていった。つまり、これら三官庁は皇城を中心とする空間に配置されていったのである。

おわりに

以下に本章で論じたことをまとめておく。

宮城の建設工事は至元四年から開始され、大明殿に代表される宮城の主要な建築物は、至元十一年正月をもってほぼ完成した。これと並行して中書省・枢密院・御史台等の元朝政府の基幹官庁が徐々に大都城内に建設されていったのである。未確定な部分を残すも、三官庁の建設時期と場所についてまとめると、以下のようになる。

中書省　至元四年　凰池坊
枢密院　至元十三年以前　保大坊北側
御史台　至元五年（?）　粛清門の東側

この他にも、至元十一年に秘書監の官庁が南城から大都城への移転を申請していたように[41]、一般官庁の移転も徐々に進んでいたとみるべきであろう。つまり、冒頭で掲げた「官署の移転規定」なるものの公布によって、官庁が一斉に移転を開始したわけではなかったのである。

本章の考察を経て改めて注目すべき点は三点ある。

まず、官庁は皇城の周囲に建設されていったということである。本章で確認したように、宮城の建設は至元四年から開始され、十一年には一応の完成を迎える。利便性を考慮にいれれば、皇城の周囲に中央官庁が建設されていったのは、当然のことといえよう。例えば、当初は皇城から遠く離れた場所に建設された御史台が皇城東側の澄清坊に移転し、また、皇城を挟んだ南北で幾度か移動を行いながらも、最終的には皇城前の五雲坊に中書省が置かれたように、官庁は皇城の近く、それも、皇城を挟んだ南北と、皇城の東側とに収斂されていった。命令の伝達や政策の相談に与するといった点が優先され、政治空間である皇城と行政執行機関とは近接が求められたと考えられる。

二点目として、皇城の周囲に官庁が建設された意味をいま一歩踏み込んで考えてみたい。大都城の大きな特徴の一つとして皇城が南に偏在しているという点はかねてから指摘されている。つまり、官庁が皇城の近くであったということは、南城に近接しているということでもある。南城には大都城が完成したあとも、多くの人民が居住する生活空間が展開していた。大都城の都市空間の開発は、すでに都市機能を充分に備えていた南城に近い皇城の周囲から進められていった。その後、元代中期ともいえる成宗（一二九四～一三〇七）・武宗（一三〇七～一三一一）・仁宗（一三一一～一三二〇）の時代になると今度は大都中央部の開発が進む。元代中期に至って中央部の開発が行われたということは、大都の都市空間の開発は一般住民の多数居住していた南城に近い大都城南部から始まり、徐々に北部に向かって進展していったのである。この点は第八章で再び触れることにしよう。

最後に、大都城内における度重なる官庁の移動も注目される事実といえる。この点をさらに踏み込んで考えていけば、大都城を規定する都市計画・都市プランといったものが果たして存在したか否かという問題に行き着く。もしも最初から確たる都市プランが存在していれば、秘書監のようにいつまでも南城に置かれ続けた官庁、大都城内において繰り返された移転といった状況は現出しなかったのではなかろうか。この点も終章で再び論じることとして、次章では、冒頭で掲げた命令の意味と背景について考察していく。

註

1 陳高華・史衛民『元代大都上都研究』三三頁（訳書：五八頁）を参照。引用は日本語訳に依った。
2 杉山正明「クビライと大都」一三三頁を参照。
3 王璞子「元大都城平面規劃述略」（初出一九六〇年、のち『梓業集――王璞子建築論文集』紫禁城出版社、二〇〇七年所収）を参照。
4 趙正之「元大都平面規劃復元的研究」（『科技史論文集』二、一九七九年）を参照。
5 楊寛『中国古代都城制度史研究』（上海古籍出版社、一九九三年）四八〇～四八八頁を参照。同様に全面的な復元を目指した郭超『元大都的規画与復元』（中華書局、二〇一六年）一九二～一九八頁を参照。
6 杉山正明「クビライと大都」一四〇頁に大都城の詳細な復元地図が付載されている。
7 蘇天爵『国朝文類』巻四〇「経世大典序録」に、「世祖皇帝建元中統以来、始采取故老諸儒之言、考求前代之典、立朝廷而建官府。補相曰中書省、本兵者曰枢密院、主弾糾者曰御史台。」とある。
8 陳高華・史衛民『元代大都上都研究』五一頁（訳書：九五頁）を参照。
9 前掲註（5）楊寛『中国古代都城制度史研究』四八〇頁を参照。
10 張帆『元代宰相制度研究』（北京出版社、一九九五年）二八頁を参照。

11　新宮学『北京遷都の研究――近世中国の首都移転』（汲古書院、二〇〇四年）四二八頁を参照。

12　中書省……（A）（至元四年）四月甲子、築内皇城。位置公定方隅、始於新都鳳池坊北立中書省。……（B）至元二十四年閏二月、立尚書省、以宣政院使桑柯為開府儀同三司・尚書左丞相葉李尚書左丞相、時五雲坊東為尚書省。自至元七年至至元九年、併尚書省入中書省。（C）至元二十七年、尚書省事入中書省、桑柯移中書省。於今尚書省為中書省、乃有北省南省之分。

13　（D）中書省　至元四年、世祖皇帝築新城、命太保劉秉忠辨方位、得省基。今在鳳池坊之北。

14　『秘書監志』巻三、廨宇。至元十二年正月十一日、本監官焦秘監・趙侍郎及司天臺鮮于少監一同、就皇城内暖殿裏、董八哥做怯里馬赤奏「去年太保在時、欽奉聖旨『於大都東南文明地、上相驗下起蓋。』司天台廨宇及秘書監田地、不曾興工。如今春間、若便蓋廨宇・房舎工役大有。先交築牆呵、怎生。」奉聖旨「牆先築者、後廨宇・房子也蓋者。」欽此。なお、劉秉忠は前年の八月に五十九才で亡くなっているために、大都城への移転はすでに至元十年に想定されていたことがわかる。

15　京師省府有二。一在鳳池坊北、中書省之治也。一在宮城南之東壁、尚書省治也。

16　又、析津志、侍儀司署在都省之東、水門之西、南倉之前。今按都省即元之中書省、以尚書省改設、所謂南省也。南倉即元之太倉、亦見析津志。

17　枢密院南転西為宣徽院、院南転西光禄寺酒坊橋。

18　桑哥請賜葉李・馬紹・不忽木・高翥等鈔、詔賜李鈔百五十錠、不忽木・紹・翥各百錠。又言「中書省旧在大内前、阿合馬移置於北。請仍旧為宜。」従之。

19　前掲註（10）張帆『元代宰相制度研究』二七～三〇頁を参照。

20　元代尚書省の沿革については、青山公亮『元朝尚書省考』（明治大学文学部研究報告、一九五一年）、大島立子「元朝世祖朝の尚書省」（『愛知大学文学部論叢』九〇、一九八九年）を参照。

21　『元史』巻二二、大徳十一年十月庚子の條。ただし、実際の復置は至大二年（一三〇九）八月のこと。

22　前掲註（20）大島立子「元朝世祖朝の尚書省」四頁を参照。

23　ここでは、『元典章』にもとづき検討を加えた、田中謙二『元典章文書の研究』「第四章　主要官庁の変遷」（『田中謙二著作集（二）』汲古書院、二〇〇〇年所収）を挙げておく。

24　前掲註（4）趙正之「元大都平面規劃復元的研究」を参照。

25 他にも刑部は、順承門にあったとしているが、典拠を明示していない。
26 前掲註（5）楊寛『中国古代都城制度史研究』四八一頁、郭超『元大都的規画与復元』一九五頁もこの記事に従う。
27 前掲註（10）張帆『元代宰相制度研究』一九四～五頁を参照。
28 北京試院乃旧礼部、正統時以今礼部成、始改旧署為試院。
29 太僕寺奏「寺署卑隘不称。請俟建六部完、以旧兵部為寺。」許之。
30 以上の史料については、前掲註（11）新宮学『北京遷都の研究』四四二頁と四五七頁から知り得た。
31 山田慶児は『秘書監志』を利用して秘書監の移転状況を論じている。山田慶児「授時暦の道」（みすず書房、一九八〇年）一五一～一五六頁を参照。
32 至元二十四年六月十一日、尚書工部来呈「本監於旧礼部置監。明文関来事」准此。照得、先承奉尚書省判送「秘書監呈『有監官劉朝列・蘇奉訓、尚書省裏奉都堂鈞旨〈般移將旧礼部裏去者。〉奉此、呈乞照詳。』批奉都堂鈞旨『送工部依上施行。』」
33 徐苹芳「元大都枢密院址考」（初出一九八九年、のち『中国城史考古学論集』上海古籍出版社、二〇一五年所収）を参照。
34 『元史』巻五、中統四年五月乙酉の條に、「初立枢密院、以皇子燕王守中書令、兼判枢密院事。」とある。
35 （閏三月）十九日　諸使同属官至枢密。値雨、入麗正門内右。首参張平章・陳参政、会少保夏貴・端明呂師宝・都統洪模、并宰執属官・少保官属同宴。
36 徐苹芳「元大都御史台址考」（初出一九九三年、のち『中国城史考古学論集』上海古籍出版社、二〇一五年所収）を参照。
37 国初至元間、朝議於粛清門之東置台。故有粛清之名。而今之台乃立為翰林国史院、後復以為台。台在澄清坊東。
38 皇城からの距離を考えると、にわかには信じがたいが、この史料の記述に従っておく。
39 道上峰史「元朝翰林国史院考」（明代史研究会〈編〉『明代史研究会創立三十五年記念論集』汲古書院、二〇〇三年）でも、翰林国史院の場所について触れる箇所があるものの、一三三一年以前の場所は不明とする。なお、当該論文で「南省・北省」を中書省の官衙が南北二つに分かれていたとみなしているが、筆者は本論中でも述べているように、この二つの間で移動をしたと理解している。
40 『日下旧聞考』巻六四、官署に「元之翰林国史院屢経遷徙、至順年間賜居北中書省旧署。」とある。
41 前掲註（32）を参照。

第四章　大都形成過程における至元二十年九月令の意義

はじめに

前章では官庁の移転が至元三年（一二六六）以降に開始されたことを確認した。それでは、前章の冒頭に立ち返って、『元史』巻一二、至元二十年九月丙寅の條、「徙旧城市肆・局院・税務皆入大都。減税徴四十分之一。」が果たして何を意味するのか。本章では当該条の分析を行い、併せてその背景を探っていきたい。

一　「至元二十年九月丙寅の條」の再検討

そもそも、至元二十年の命令を字義通り解釈すれば、どのようになるのであろうか。あらためて原文の訓読を掲げる。

旧城の市肆・局院・税務を徙して皆大都に入らしむ。税を減じて四十分の一を徴す。

これによると、かねて南城にあった「市肆」「局院」「税務」を大都城に移転させ、そこで徴収する商税は通常のそれよりも減じて四〇分の一とする、と解釈されよう。後に詳論するように、元朝治下において商税の税率は通常三〇分の一に設定されていたので、四〇分の一の徴収に変更ということになれば確かに減税となる。従ってここで改めて問題とすべきは、「市肆」「局院」「税務」の吟味ということになるであろう。以下ではこれらの語句について検討していく。

（1）市肆

「市肆」は商店・市場を指すので、ここでは大都に集積した物資を市民に供給する商業空間の移転と解釈される。大都城内の市場について、『析津志輯佚』「城池街市」（五～七頁）を一見すれば[1]、食料、装飾品、文房具、雑貨品、燃料、動物等の品物を売る「市」が多数存在したことが読み取れる（【図5】参照）。

これらの市場は主に三つの地区に分散して置かれていた。『日下旧聞考』巻三八、京城総紀所引の『洪武北平図経志書』によれば、「市は三。斜街市は日中坊に在り、羊角市は鳴玉坊・咸宜坊に在り、旧枢密院角市は南薫・明照二坊に在り」とある。『洪武北平図経志書』はその名が示す通り、明代洪武年間に編纂された北京地区の地方志で、姜緯堂の推定に従えば、洪武九年（一三七六）の後半から翌十年二月の編纂にかかるとされている[2]。つまりこの引用文が元末大都の状況を示していることは注意を要する。引用史料によると、大都城内の市場は、宮城北側に広がる積水潭の北岸に沿った「斜街市」、西南の平則門の近くにあった「羊角市」、そして宮城東側に設置された枢密院の近くにあった「角市」の三ヵ所に分散していたという。

一般的に、大都城は宮城の北側に斜街市が存在することにより、「面朝後市」の原則が貫かれていると理解されてきたため、これまでは斜街市に注目が集まっていた。しかしながら、斜街市が機能するには、通恵河が開通して、全国の物資が積水潭に直接運び込まれるようになり、「舳艫水を蔽ふ」（『国朝文類』巻五〇、齊履謙「知太史院事郭公行状」）といった状況が現出する至元三十年以降まで待たねばならない。従って大都城

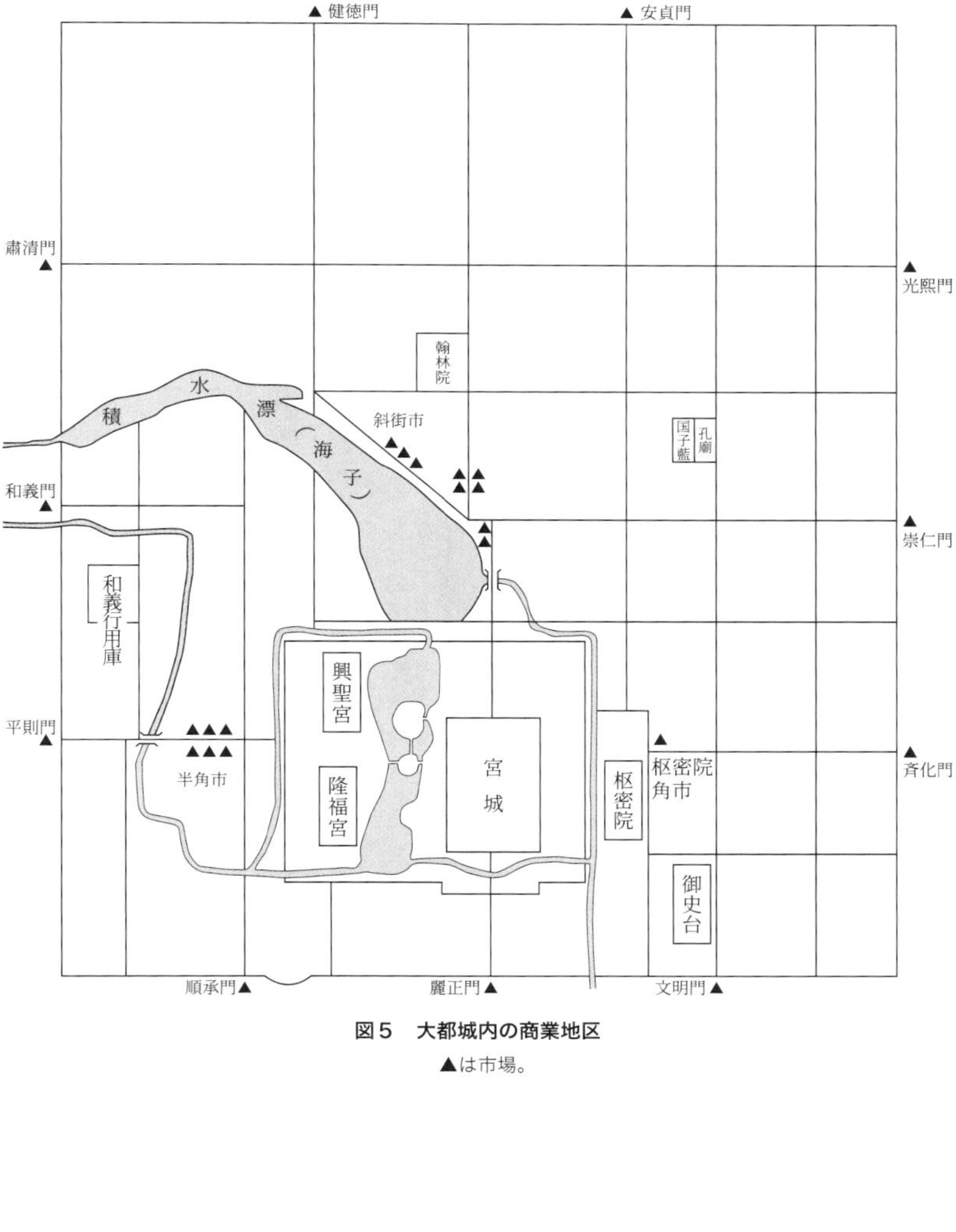

図５　大都城内の商業地区

▲は市場。

の完成当初、商店が集まった場所は、庶民が多数居住していた南城に近く、かつ官員を含めた多くの人が集まる宮城の周辺ということになるであろう。

至元十一年の段階で宮城が完成しているのだから、宮城を含む皇城周辺に多くの人が集まっていたことは容易に想像される。至元年間における宮城前の盛況を伝える史料が、王惲『秋澗先生大全文集』巻九九「玉堂嘉話七」である。

大都城の宮城前、正午になると市場は人だかりで、容易に通り過ぎることはできない。そこで何も入っていない器を手にし、「油がはねるよ、油がはねるよ」と言う。（そうすると）人はにわかに道を開ける[3]。

宮城前では、正午になると市場はひしめき合い、人で身動きがとれなくなり、何も入っていない器を持ちながら、「油が跳ねるよ」と大声を挙げることでようやく人混みをかき分けて進むことができた様子を伝える。人の集まりやすい場所にこそ市場は立てられた。そこでまず、宮城を挟んで東西に置かれた、羊角市と角市について考察を加えていく。

羊角市については、『析津志輯佚』「城池街市」（五頁）に、「米市・麺市　鐘樓前十字街西南角にあり。羊市・馬市・牛市・駱駝市・驢騾市、以上の七処市、倶に羊角市一帯に在り」とある。鐘楼前十字街とは後述する斜街市を指す。羊角市には、羊市・馬市・牛市・駱駝市・驢騾市に加えて、米市・麺市が存在していたことを伝えている。米や麦粉などの食料品、羊や馬などの動物を売買する市場が置かれていた。ちなみに『老乞大』の主人公である、高麗からの商人が馬を売買する場所もまさにこの羊角市である[4]。

羊角市にはまた人市も置かれていた。『析津志輯佚』「城池街市」（六頁）には、「人市　羊角市に在り、今に至るも楼子尚ほ存す。此是れ至元の間なり。後に有司禁約すれども、姑らく此に存し以て鑒戒と為す」とある。

元朝中期の角市を含む、宮城周辺の雑踏の状況を『通制條格』巻二一、医薬、仮医が伝える。元貞二年七月、中書省（が受けた）御史台の書き写した監察御史の呈文には以下のようにあった。「ひそかに見るに、大都午門外の中書省、樞密院前及びバザール等の人の集まるところでは、法を畏れず、医者をかたって薬を売る者が、蛇禽・傀儡を操り、手品をしたりシンバルを鳴らしたり、古い銭を新しい銭に替えるマジックをしたり、打楽器を鳴らすなどして多くの人を集め、偽って妙薬と言っている。無知の小人は、その薬が安いことに惑わされ、丸薬であれ粉薬であれ購買する。言われたとおりに服用するものの、薬と病気とが合わず副作用が起き、枉死するものがいる。考えてみれば、京師は天下の根本で、四方が範をとる場所である。太医院がこれらのことを禁止しなければ、ただ人の生命を傷なうだけではなく、その上風紀まで乱すことになってしまう。道理としてあまねく禁止させるべきである」と。都省は呈を准した[5]。

午門は宮城の崇天門を指す[6]。元貞二年（一二九六）七月の時点では、中書省は宮城前千歩廊に設置されていた。また枢密院は宮城東側の保大坊に設置されていたので、枢密院前の市場とは皇城東の角市を指すのであろう。『洪武北平図経志書』が「旧枢密院」と記すのはここを指す。角市や「バザール」には人が集まるため[7]、医学の知識を持たない、法を畏れぬ輩が、言葉巧みに耳目を集め、廉価につられた無知な庶民に薬を売りつける。所詮は医学の知識を持たない詐欺師の薬ゆえ、服用した者はかえって病気を悪化させたという。このような人間の取り締まりを中書省に訴えているわけであるが、この史料からは市場においてパフォーマンスを行う人々や、そこに集う群衆の存在が窺える。

また、羊角市が平則門から城内に進んだ中途に、角市が文明門と麗正門から城内に進んだ中途に、それぞれあったことにも注意を加えておきたい。門が起点となっているのは、門の周囲には所謂「廂」とよばれた商業地区が発達していたことはもちろん、遠方から来た商人が集まりやすかったからであろう。よく知られる黄文仲「大都賦」は、城門周辺の賑わいを「文明は舳艫の津たり、麗正は衣冠の海たり、順承は南商の藪たり、平則は西賈の派たり」(『宛署雑記』民風一「土俗」所引)と詠う。文明門の前を流れる通恵河には船舶の往来が絶えず、宮城正南の麗正門前では官吏が行き交い、南城と接する順承門では江南からの商人で賑わい、西の平則門には西部からの商人が往来する様子を伝える。城門が人々の集まる象徴と認識されて詩歌に詠み込まれている点は興味深い。

これら門の周辺には、城門を出入する商人や送迎客相手の酒楼が軒を連ねた。『析津志輯佚』「古蹟」(一〇六〜八頁)には大都城と南城の酒家が列挙されている。これらの所在地については「在某々門」と記され、中でも順承門や文明門、そして南辺の中門にあたる麗正門の近くに置かれていたことが確認できる。

一方で、斜街市の繁盛する状況は元代後半期の史料に現れ出す。通恵河が開通して、江南から送られてきた物資を積載する船が積水潭に集結するようになってはじめて、その周辺に多くの市場が置かれたと考えられるからである。斜街周辺、特に大都城のランドマークたる鼓楼・鐘楼を中心とした空間はとりわけ活況を呈した。商人が集まるにつれて、斜街周辺では歓楽街まで発展していることからもそれが徴される。『析津志輯佚』「古蹟」(一〇八頁)には、

西斜街は海子に臨んでいて、歌台や酒館が多くあり、海子を眺める亭もある。以前はすべて貴官の游賞の地であった。楼の左右には果木・餅麺・柴炭・器用の店舗が立ち並ぶ8。

とあって、海子(積水潭)を望む斜街には「歌台」や「酒館」が多く存在し、かつては官僚の行楽地であり、

あわせてその周囲には、食料品や燃料、日用品を売る店舗が立ち並んでいたことを伝える。歌台は妓館を指すため[9]、ここからも斜街の盛況ぶりを垣間見ることが可能であろう。

最後に、元末大都城における市場全体の活況を伝える史料として、『永楽大典』巻二六一一「台字」所引『南台備要』「整治鈔法」の一節を掲げよう。これは、至正十一年（一三五一）六月の戸部の提言である。

戸部が判断するに、「各処の有司、提調官、倉庫官の多くが職務に励まない。勝手に、公使人等、権豪勢要、街の無頼等と、結託して、五門・順承等の門、羊市角、鐘楼の前、枢密院東の十字街、人民の集まるところで、公然と行き交う群衆と昏鈔を交換している。十両のうち、一両あるいは一両五銭、ひどいのになると、二両も手数料として取る者までいる。……」[10]

「五門」は「午門」を指すのであろう。午門を南に進むと麗正門である。麗正門は南城との往還に利用されたため、この直線上には多くの人々が集まった。他にも麗正門の西側の順承門周辺、すなわち羊角市や、鐘楼前の斜街周辺、枢密院東の十字街、すなわち角市での状況を伝える。そこでは役人が職務に励まず、在地の有力者や無頼が、破損しかけた鈔（「昏鈔」）と新鈔とを不法に交換する輩と結託しているのを見過ごしている。元朝では昏鈔と新鈔の切り替えは、光熙・文明・順承・健徳・和義の各門に設置された交鈔庫で行われ、その際に発生する手数料（約三％）は政府にとって重要な収入となった[11]。民間での流通において、昏鈔は敬遠され、本来の額面よりも割り引かれて取引されることさえあったため、利用者は新鈔への交換を求めた。しかし一日当たりの交換量が決められていたことや、役人の怠慢により、往々にして円滑に行われることがなかった。そのため、こうした昏鈔から新鈔への交換が白昼堂々と行われていたと考えられる[12]。ここからもまた、多くの人々が市場に群がる状況を垣間見ることができよう。

繰り返しになるが、斜街市の発展は元末まで待たねばならないので、至元二十年前後であれば、宮城近辺の羊角市と角市に市場が立てられ、徐々に商業地区が形成されていったと考えられる。そして、市場の移転は飲食店の移転や出店を促し、これに伴って人々をも新城である大都城へ徐々に向かわせていったのである。

（2）局院

「局院」は官営工場を指す。すでに指摘されているように、元朝政府は各地の手工業職人を最初は南城に、次いで大都城に強制的に集めて、手工業に従事させていた。局院については鞠清遠によって研究の先鞭がつけられ、さらにそれを補訂した李幹により、官営工場は工部、将作院、大都留守司、武備寺、徽政院、儲政院等に所属したことが明らかになっている[13]。また、工場で働いていた局匠の生活や管理の方法等についても、鞠清遠、李景林、松田孝一等の各氏による分析が進められた[14]。ここでは、それら先行研究では指摘されていない、大都地区における局院の所在地について考察を加えていく。

まず、南城に置かれた局院として確認できるものとして貂鼠局がある。『析津志輯佚』「物産」（二三三頁）の一節を掲げよう。

鼠狼の品　銀鼠【以下、割註】……遼東の嵬骨で多く取れる。野人で海上や山でそれを売る者がいて、銀鼠を中国の物産と交換する。互いに目を合わせないのは、彼ら独自の風俗である。この鼠は大小ふぞろいで、腹部はほんのりと黄色をおびている。貢物や賦税として収められたものは、皇帝の使用する天幕に利用され、毎年南城の貂鼠局にこの毛皮を上呈する[15]。

この史料については、若干の説明を要する。まず、「嵬骨」とは「骨嵬（クイ）」が転倒したもので、これまでの研究によって、サハリンに住むアイヌ民族を指すとされている[16]。「彼此倶に相見ず」とあるのは、かの地においては所謂「沈黙交易」が行われていたことを示唆している[17]。『経世大典』を引用した、蘇天爵『国朝文類』巻四一、招捕、遼陽骨嵬によれば、長期間に渉り、元朝と抗争を続けていた骨嵬は、至大元年（一三〇八）に「毎年異皮を貢す」ことが課せられた。これまでの「骨嵬」についての研究では『国朝文類』所引『経世大典』に依拠して、至大元年以降の動向を不明としている。しかし、『析津志』が元末の編纂にかかることから、元末まで貢納が続けられていたことが窺えられよう。これによれば、骨嵬から貢納された高級な「銀鼠＝白イタチ」の毛皮を加工する貂鼠局が南城にあったという。貂鼠局は、『元史』巻九〇、百官志六、利用監によれば、至元十九年の設立とされ、名称から明らかなようにテンやイタチの皮製品を製造する工場であった。更にこの史料からは、大都城への移転規定が公布されたとはいえ、『析津志』の編纂された元末まで、南城で作業する工場も存在したことが読み取れる。

次いで大都城の局院の所在地について検討していく。『永樂大典』巻一九七八一所引『元史』には、「鞍轡・皮作・軍器・顔料等の局太平街の西に在り。」とある。『元史』に該当する一文を見出すことはできないので、これは『元史』百官志の材料とされる、『経世大典』の佚文であろう[18]。「太平街」は、『析津志輯佚』に場所不詳の坊として表記される「太平坊」であろう。太平坊は大承華普慶寺や大天源延聖寺が置かれた坊で[19]、これら寺院の位置から、宮城の西北にあったと考えられている。『元史』では、鞍轡局・皮作局・軍器局・顔料局について、それぞれ独立した局院としての確認はできないものの[20]、その名称から武器や防具に関わる工場と判断できよう。これら軍需用品を製造する工場が一箇所に集まり、作業していたとみられる。

また『析津志輯佚』「城池街市」（二頁）が伝える、「阜財坊」の説明には、「順承門内の金玉局巷口に在り」とあって、南辺西側の門である順承門に接する阜財坊には金玉局が存在していた。金玉局は『元史』巻八八、百官志四によれば、将作院所属の局院であり、中統二年（一二六二）に金玉局として設立され、至元三年に諸路金玉人匠総管府と改称され、その下には多くの局院が置かれた。史料上の制約から若干の例示に止まらざるを得ないものの、大都城内に官営工場が置かれていたことを確認することができる。

ところで官営工場が設置されるということは、皇族やモンゴル人貴族による需要があったと考えられ、至元二十年以前に彼らは大都城に居住していたと考えるべきであろう。実際すでに、至元十年代において、大都城内に功臣・諸王に対する居住地が割り当てられていた事実を虞集『道園学古録』巻四二「夏国公謚襄敏楊公神道碑」から、確認し得る。なお、■は欠字を表す。

> 至元十■年、京師を大興故城の北に築き、中央に天子の宮殿を造営し、廟社朝市おのおのその位置を定めて、貴戚功臣は土地を賜与されて邸宅を築いた。式臘公も土地を得て邸宅を和寧坊に建設したが、そこは宮城の西北である。（そこだと）朝謁に便利だからである[21]。

「式臘公」は、タングートの名族、失刺唐吾台を指し、武宗・仁宗朝で活躍する楊教化・楊朶児只兄弟の父である。この史料の述べるところに拠れば、至元十年代のこととして、「貴戚功臣」の宅地が分与され、失刺唐吾台は「和寧里」に住宅を建設したと伝える。王璧文はこの史料に基づき、「和寧里」＝和寧坊を宮城の西側に比定する[22]。他にも、至元十八年に、世祖の異母弟であるモゲ（末哥）の長男永寧王昌童の邸宅が太廟の前に置かれかけたが、結局田忠良の反対によって取り止めになったことが確認できる[23]。邸宅建設の提案に止まったとみなせるかもしれないが、王の一人が大都城に邸宅の建設を図ったということは、その他の諸王にも住宅が与えられた可能性がある。

少なくとも至元十年代にモンゴル人貴族やタングート族などの功臣に対し、大都城内に土地が与えられ、住宅建設が許可されていたことを窺わせる。官営工場の移転はこうした人々の需要を満たすために実行されたと考えられる。

（3）税務

「市肆」が立ち並ぶことに伴い、商税を徴収する機関が必要となる。それが「税務」と呼称された商税徴収機関である。大都の税務については、『日下旧聞考』巻六三「官署」所引『稼堂雑抄』が以下のように述べる。

元の大都の腹裏に税務七十三処を設置した。その京城内にある者は、猪羊市・牛驢市・馬市・果木市・煤木所で、宣課提挙司がこれらを管理した[24]。

大都城・南城はもとより、山東・山西・河北を広く包含する中書省＝腹裏には、七十三ヵ所の税務があったとする[25]。特に大都城に設置されたのは、猪羊市・牛驢市・馬市・果木市・煤木所で、それを大都宣課提挙司が統轄していたという。『元史』巻八五、百官志一には、至元二十二年（一二八五）に煤木所、至元三十年に馬市・猪羊市・牛驢市・果木市、至大元年に魚蟹市がそれぞれ設置されたことを記す。ここに挙げられている提挙司の設置年代が、いずれも至元二十年以降であることは注意しておきたい。

大都宣課提挙司は、『元史』巻八五、百官志一に、「諸色の課程を掌り、併せて京城の各市を領す」と記されるように、各種の税課と市場に集まる商品にかかる税の徴収を管理した。これまでにも度々指摘されているように、商税は元朝の国庫収入の一角を占めた。天暦年間の商税の全国合計の九三万九五二九錠の内、大都宣課提挙司は一〇万三〇〇六錠で、大都路の八二四二錠と合わせると、全体の約十一%を占める[26]。

商税の納付手続きは、以下のようになされたと考えられている。すなわち、客商が持ち運ぶ商品の品目と数量、そしてそれらにかかる商税の税額を証明書（「引」）に記入し、それを呈示して城内に入る。城内で商品を売り捌いたら、その足で税務に赴き商税を納税することになっていた[27]。

以上、検討を加えたように、「市肆」「局院」「税務」はそれぞれ、商店の集まる商業空間、官営工場、商税の徴収機関を指した。つまり至元二十年の「移転規定」とは、少なくとも「主要官庁」と呼ばれるようなものではなく、モンゴル人貴族に対して生活必需品を製造する官営工場、商品を販売する市場、それに伴って発生する商税を徴収する官署の移転を指していたと理解される。

前章で確認したように、南城から大都城への官庁の移転は至元二十年以前にすでに行われていた。すなわち、「中央諸政庁」「主要官庁」と呼べる政府の建物が、至元二十年を境に移転していったという事実を見出すことはできないのである。従って、次に考察すべきは、至元二十年に至って「市肆」「局院」「税務」の移転を行った背景となるであろう。節を改めてさらなる検討を加えていくこととしたい。

二　至元二十年の命令の背景

実はこの至元二十年の命令と密接に関係する史料が、『元史』巻九四、食貨志二、商税の一節に残されている。解釈を以下に掲げる。

是年（至元二十年）、初めて上都の商税は六十分の一を取り、旧城の市肆・局院・税務で大都城に移転するものについては、四十分の一を取るように定めた[28]。これは、通常約三・三%徴収されていた商税を、上都については約一・六%、大都については約二・五%にするという、二つの都市に限って特例的に税率を変更した一文である[29]。一見して理解されるように、この食貨志で「旧城の市肆・院・務」とされているところが、冒頭で引用した『元史』本紀では「旧城の市肆・局院・税務」と表記されている。上都では「勅するに上都の商税六十分して一を取る」とあって[30]、すでにその年の七月に税率の変更が実施されていた。これに続けて冒頭で記したように、九月に大都でも税率の変更が実施されたのである。

またこれと併せて、前年の至元十九年には、商税徴収機関の統廃合が実施されたことも看過できない。至元十九年のこととして、「大都・旧城の両税務を併せて大都税課提挙司と為す」（『元史』巻八五、百官志一、戸部）とあるように、大都城と南城に置かれていた商税徴収機関が統合されて「大都税課提挙司」となった[31]。大都税課提挙司の設置は、至元十九年という時期から判断して、大都城に市肆や税務を移転させるための予備的措置であったと考えられる。

このように、『元史』食貨志との対照から明確に理解されるように、これまで主要官庁の移転規定とみなされてきた『元史』本紀の一文は、商税改革の一環と改めて位置づけ直す必要がある。では、至元二十年に至り、なぜ商税改革を行う必要が生じたのであろうか。

至元十三年に南宋を滅ぼした元朝は、「第二次南北朝時代」とも称される、長期間に渡る分裂時代をようやく解消する[32]。これにより大都城は、中華世界に相応しい国都への変容が求められた。たびたび引用される、『元史』巻九三、食貨志一、海運志冒頭の「元燕に都す。江南を去ること極めて遠く、百司庶府の繁、衛士編民の衆、給を江南に仰がざるは無し」という一文で注意すべきは、新たな国都となった大都には、多くの官員や軍士が雑居するため、物資の供給は江南に頼らざるを得ないと理解されている点である。藤田弘夫（都市社会学）の「都市の規模は、都市の権力がどこまで他の人的、物的資源を動員できるのかにかかっていた」といった指摘もあるように[33]、元朝政府にとって、突如として巨大消費地に変貌した大都を維持するため、江南からの物資を運び込むことは喫緊の課題となった[34]。実際、江南の生産物が大都に輸送されたことは、『至順鎮江志』巻四「土産」に、

麴　土地の人が製造するけれども、品質は均一ではない。他の郡に輸送し、中でも京師に輸送されるものは数多い[35]。

とあって、江南の特産品が巨大消費地である大都まで運び込まれたことが、元末江南の地方志にも記されている。

元朝政府は二つの施策によりこの課題を克服しようと試みた。それが、以下で説明を加える、商人に対する保護政策とインフラの整備である。

（1）商人に対する保護政策

元朝治下において、江南の豊富な物資を大都に運ぶに際しては、元朝政府は南北間の長距離輸送を担う客商に依存をしていた[36]。客商に対する依存度の高さは、『通制條格』巻二七、雑令、拘滞車船の各條で述べられている。例えば、至元二十年の都省の言に「江淮等処の米粟は客旅をして任従して興販せしむ。官司の阻当するを得る毋かれ」とあり、至元二十五年三月の尚書省の発言にも、「大都居民の用ふる所の糧斛は全

て客旅の興販・供給に籍る」と述べられるのは、その一例である。それゆえかれらの活動を促進させるため、客商に対する保護政策を元朝政府は実行した。

宮沢知之によれば、「元朝の商税は販売地納入であるため、客商の負担は少なく、それは大都を終着点とする南北流通を促進させるためであったという[37]。この論に依拠すれば、至元二十年に至り、大都を四〇分の一、上都を六〇分の一とそれぞれ低率に設定し直すことは、税制上の特典を付与し、さらなる商人誘致を図るものであったといえる。

また、宮沢知之が指摘する商人保護政策としては、牙行に対する統制もあった。これにより、牙行は水面下で活発な動きをみせるような形となり、一層の広まりを齎す結果を招来したという。だが一方で、牙行に対する統制からは、元朝政府による客商保護の姿勢もまた再確認できる。

こうした牙行に対する統制のみならず、江南の客商に対しての直接的な保護も加えられた。南宋の首都臨安を陥落させた直後の至元十三年（一二七六）四月、『元史』巻九、至元十三年四月庚午の條に、「勅するに南商の京師に貿易するを禁ずる毋かれ」とあるように、客商に対する保護がいち早く述べられていることは注目される。

具体的な商人保護政策とは、絶え間なく発生した、盗賊と官吏による不法な収奪からの保護であった。盗賊の横行や官吏の収奪について述べる史料は枚挙に暇がない。『元典章』巻五九、工部二、造作二、船隻の各條、及び『通制條格』巻二七、雑令、拘滞車船の各條には、犯罪の報告とそれに対する取り締まりの強化が繰り返し述べられている。以下で実例を検討していく。

まずは盗賊の被害について述べているものを紹介しよう。『元典章』巻五一、刑部一三、諸盗三、捕盗、

添給巡捕弓箭によれば、

大徳三年五月、承奉した中書省の箚付には、近ごろ御河・会通河の河道には北は大都より、南は江淮に至るまで、係官の諸物を運搬したり、富商や客旅の行き交うことがあるので、（それを狙った）盗賊が多数発生している[38]、……とある。

とある。大徳三年（一二九九）になると、官物を運搬する客商を狙った強盗が頻発していたという。安山から北上し臨清に至る会通河と、臨清から直沽に至る御河、さらには、直沽から通州に至る白河は南北を結ぶ大動脈であった。これに加えて通恵河が開通されることにより、大都城内の積水潭まで物資輸送を可能とさせたのである。引用文に続けて、巡捕を増設して取り締まりを強化するように命令が出されている。

また、船戸による不正行為も伝えられる。『通制條格』巻二七、雑令、拘滞車船の史料からそれを探ってみたい。

至元二十九年一月十一日、御史台が上奏した。「大都で毎年人民が食する食料は、多くが客商により江南から御河を使ってここ（大都）に持ってきて売られている。（よって）来るものが多ければ値段は下がり、来るものが少なければ値段は上がる。現在大都における米価は以前と比較して高くなった。米価が上がった理由は官船が官物を運搬するときに、船戸らが権威をかさにきて「官船を壊した」と言って、反対に客商らの船を強奪し、鈔が与えられれば許し、鈔が与えられなければ、民に官物を運搬させるからである。さらに権力のある人になると、客商に対して阻害までする。このような状況なので、客商らの往来が減少し、米価が上昇した。……」[39]

船戸とは、船隻を保有する地方有力者で、官の雇傭に応じて船と乗組員を提供した[40]。彼らによる商人に対する苛虐のため、米価が上昇したことを問題視している。たとえ、史料に現れなくとも、客商の活動を阻害する人間が甚だしく多かったことは想像に難くない。

さらに、『元典章』巻二二、戸部巻八、雑課、収税附写物主花名の至元三十年の御史台の呈文には、「大都宣課提挙司の官吏、客旅廬天英等の納到せる布疋の税銭を欺隠す」とあって、そもそも商税を徴収する大都宣課提挙司の官員が客商によって支払われた商税を横領することさえもあった。こうした官員の客商に対する不法行為は全国的かつ日常的に行なわれ続けたと考えるべきであろう。

かかる実情がある一方で、元朝政府は客商の存在により大都の食料が賄われていることを十分に認識していた。だからこそ、政府は客商の危機について把握しており、おそらくはそれがさしたる効力を発揮し得なかったとしても、かれらに対する保護を繰り返し通達していたのである。

（2）税糧輸送ルートの整備

こうした商人に対しての保護を行いつつ、一方で、江南からの物資を大都へ順調に運び込めるようにするため、インフラの整備を行った。当初、元朝政府は運河による大都への物資供給を確保しようと試みていた。このことを概括的に伝えるのが『元史』巻九三、食貨志一、海運である。

> 以前に、伯顔が江南を平定した際、張瑄・朱清等に命令を下して、宋朝の倉庫に収蔵されている図書・戸籍を、崇明州から海運を利用して京師に到達させた。そして運糧であれば浙西から長江を渡って淮水に入り、黄河より遡上して中灤に至り、ついで陸運して淇門に至り、御河に入って、京師に到達させた[41]。

南宋攻略の指揮官の一人であった伯顔は、張瑄・朱清に命じて押収した文化財や公文書の輸送をさせる。輸送にあたって、文化財は海運を使って運ぶのに対して、税糧は黄河などの河川を利用して北上し、開封の西側にある中灤で黄河を降り、中灤から淇門までは一旦陸運に切り替わり、御河を利用して大都に運び込まれたとする[42]。税糧も至元十九年になされた伯顔の提言に従って、主に海運が利用されるようになっていく。

ここで問題とすべきは、御河からどのようにして「以て京に達」したのかという点である。御河の終点は大都の東にあった通州である。北京を国都とする王朝にとって、南北輸送にあたっての最後の行程となるのは、この通州から北京地区までの約五十里（約二十八キロメートル）の輸送であった[43]。金代でも「漕河」と呼ばれた漕運ルートが、韓玉の上言に従って泰和年間に開削された[44]。だがしかし、地勢が急峻であったために一定の水量を確保できず、実際にはさしたる効果をあげぬまま、結局は陸運に切り替わっていく[45]。元朝政府もまたこの問題と向き合わねばならなかった。

従来から通州・大都間の輸送につき注目されてきたのは、至元三十年に完成をみた通恵河である。しかしながら通恵河が機能を果たすには、世祖クビライの治世の末期まで待たねばならず、それまでどのようにして通州・大都間の運搬を行っていたのかについては、別に検討がなされてしかるべきであろう。これまでの研究では、通恵河の開鑿に功績のあった、郭守敬の「行状」の、「先時通州より大都に至るの五十里、官糧を陸輓すること、歳ごとに若干万石、秋の霖雨に方りて驢畜の死せる者、勝げて計るべからず。是に至りて皆罷む」（『国朝文類』巻五〇、齊履謙「知太史院事郭公行状」）という記事や、『元史』巻六四、河渠志一、通恵河に依拠して、陸運に全てを頼っていたかのように考えられてきた[46]。しかし、確かに一部が陸輓で運ばれることは当然あったかと考えられるが、陸運だけですべてを処理していたわけではなかった。すなわち、これまであまり注目されてこなかった壩河と呼ばれた漕運河が存在したのである。

壩河は阜通七壩とも称された[47]。七壩は、「阜通の千斯・常慶・西陽・郭村・鄭村・王村・深溝の七壩」（『国朝文類』巻三一、宋本「都水監事記」）を指す。なお、「壩」とは河水をせき止め、流水量を調整するための施設のことである[48]。蔡蕃の復元研究によれば、壩河は通州から楡河を北上し、深溝村で西に転じ、通恵河の

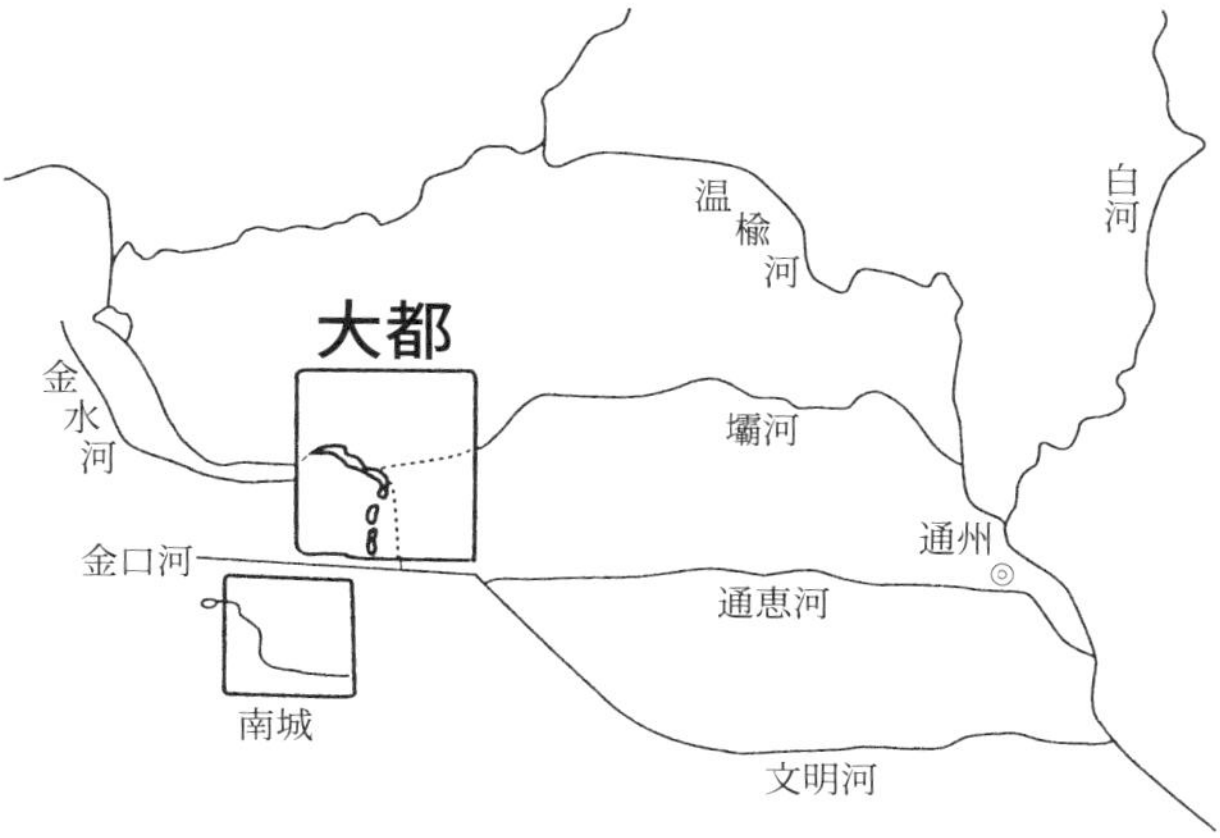

図6　大都周辺の河川

北側を並行して流れ、光熙門の南側から大都城に進入していったとされている[49]。光熙門については、『析津志輯佚』「城池街市」（二頁）に、

光熙門　漕壩と接している。運漕の毎歳儲の搬入の時期にあたって、その人夫の綱運に当たる者、糧を壩内の龍王堂の前に入れてから数量をチェックする[50]。

とあり、物資が運び込まれた際、光熙門近くの漕壩＝千斯壩で荷揚げが行われ、数量の確認をしたことが記される。

蔡蕃の研究では、このルートはすでに中統年間より開かれたとされているが[51]、運用に耐えうるものになるには、至元十六年まで待たねばならなかったと推測される。なぜなら、至元十六年に壩河の整備の行われたことが『元史』のいくつかの記事によって確認されるからである。

壩河の開削については、至正二年（一三四二）の監察御史王思誠による、壩河の夫戸が逃亡することを憂う上言から詳細を窺い知ることができる。『元史』巻一八三、王思誠伝には、

……また以下のように述べた。「至元十六年、壩河を開削して、壩夫戸八千三百七十七戸を設置した。車戸五千七十戸は、車三百九十輌を供出し、船戸九百五十は、船一百九十艘を供出した。……」[52]

とある。壩河は至元十六年に鑿掘され、そこで漕運作業に関わる人員として、壩夫戸八三七七戸が配置され、車戸五〇七〇戸から車両三九〇輌、船戸九五〇戸から船一九〇艘がそれぞれ供出されたとする。また『元史』巻八五、百官志一、戸部にも、「新運糧提挙司、秩正五品。至元十六年始めて置かれ、站車二百五十輌を管し、兵部に隷す。運糧壩河を開設し、改めて戸部に隷す」とあり、至元十六年に新運糧提挙司（延祐三年に京畿運糧提挙司と改称）が設置され、壩河の管理に当たったことが記されている。さらにこれを『元史』

本紀と突き合わせれば、『元史』巻一〇、至元十六年六月辛丑の條に、

通州の水路は川底が浅く、船舶の運航にあたっては困難を極めるので、枢密院に命令して兵士五千人を動員し、俸禄を得ている官員に千人を雇わせて水路を浚渫させ、五十日で工事を完了させた[53]。

とあって、通州の水路が浅く舟の往航が困難を極めるため、枢密院に命令して五千人の兵士を動員させ、さらに官吏に労働者千人を雇傭させて浚渫工事を行わせている。「壩河」と明記されてはいないが、至元十六年に通州で浚渫工事が行われていることから、この工事も壩河に関連したものである可能性が高い。

壩河が運用されていたことは、『永楽大典』巻一五九五〇「運字」所引『経世大典』「省臣奏准再定南北粮鼠耗則例」の「依旧聴耗」から窺い知ることができる。

唐村等処の船運で河西務に至るものは、北粮一石ごとに七合を破す。直沽の船運して河西務に至るものは、南糧一石ごとに一升二合を破す。河西務の船運して通州・李二寺に至るものは、南糧は一石ごとに一升五合、北糧は一石ごとに五合を破す。壩河の站車で大都の倉に運び込むものは、南糧は一石ごとに一升五合、北糧は一石ごとに一升を破す[54]。

この史料は、江南や華北から大都に輸送される糧米のうち、輸送途中や貯積中に損耗する分の付加米を規定したものである。これによると、華北と江南からの糧米はそれぞれ唐村と直沽を経由して河西務（漷州）に集積される。そののち河西務から李二寺を経て通州まで輸送された。河西務と通州には河西務諸倉十四倉、通州十三倉が設置され[55]、両所ともに元代漕運の要衝であった。この通州から壩河と站車を利用して大都まで運ばれたとされている。この站車とは、先述の『元史』巻八五、百官志一に記される、新運糧提挙司に配置されていた「站車二百五十輛」を指すのであろう。陸路と運河を併用して大都城や南城の倉庫に運び込まれ

ていったと考えられる。またさらに、この史料が至元二十九年八月の完澤の上奏を経た皇帝の聖旨の後に記録されていることにも留意しておきたい。恰も至元二十九年八月より通恵河の開鑿工事が開始されるわけであるから、壩河は通恵河が運用される直前まで、通州と大都を結ぶ運河として利用されていたと理解しうる。

こののちにも、しばしば浚渫工事が行われていることから明らかなように、壩河の水量は不足しがちで、漕運の機能を必ずしも充分には果たし得なかった。『元史』巻六四、河渠志一、壩河によれば、冬期には結氷することさえあったようである。そもそも壩を利用しなければ船が運航できなかったところに、その限界性がすでに予見されていたともいえよう。従って、その後郭守敬によるルートの再検討がなされ、結果的には直接船が積水潭に乗り入れることを可能たらしめた通恵河の建設へと繋がっていくのである。

但し、通恵河が開通しても、大徳六年（一三〇二）に大規模な修復工事が行われる[56]。また前述したように、元末の至正年間においても、王思誠がその改善策を上言していることなどからみても、元末まで壩河が運用されていたのは疑いない。

ところで、壩河が開鑿された至元十六年六月という時期に注意を払えば、この年の二月、崖山で抵抗を続けていた南宋の残存勢力がようやく降伏し、中華世界は完全に元朝の支配下に置かれた。その結果大都はこれまで以上に大量の物資が必要とされる状況に迫られたことになる。こうした状況の下で壩河の開鑿が実施された。後に通恵河の開削工事が行われることからも明らかなように、壩河の輸送量では大都地区の需要に充分応えることができなかった。しかし筆者には、この時点で壩河の開鑿計画が存在していたこと自体、看過できない重要なことと考える。つまり、南宋が完全に滅亡した直後の至元十六年に通州・大都間の整備を行ったことは、江南からの最終ルートである、通州・大都間への漕糧輸送を、元朝政府が格別に重視していたことを裏付けるものと推測されるからである。
また、大都への税糧輸送が至元二十年を境として大きく変化したことは、運び込まれた物資を保存する倉庫の整備が行われたことによっても傍証される。『永楽大典』から『経世大典』工典・倉庫の記事を抄出した『大元倉庫記』には、「在京諸倉」として大都に建てられた二十二の倉庫の規模と設置年代について記されている[57]。それを整理したものが【表1】である。これによると、倉庫は中統二年から建設されている。

表1　在京諸倉一覧

倉　名	広さ(間)	積貯量(石)	設置年代
相応倉	58	145,000	中統2年(1261)
千斯倉	82	205,000	〃
通済倉	17	42,500	〃
万斯北倉	73	182,500	〃
永済倉	73	207,500	至元4年(1267)
豊実倉	20	50,000	〃
広貯倉	10	25,000	〃
永平倉	80	200,000	至元16年(1279)
豊潤倉	10	25,000	〃
万斯南倉	83	207,500	至元24年(1287)
既盈倉	82	205,000	至元26年(1289)
惟億倉	73	182,500	〃
既積倉	58	145,000	〃
盈衍倉	56	140,000	〃
大積倉	58	145,000	至元28年(1291)
広衍倉	65	162,500	至元29年(1292)
順済倉	65	162,500	〃
屢豊倉	80	200,000	皇慶2年(1313)
大有倉	80	150,000	〃
積貯倉	60	150,000	〃
広済倉	60	150,000	〃
豊穣倉	60	150,000	〃

中統年間の倉庫は南城の近辺に建てられたと考えるのが妥当であろう。状況が変化するのは至元二十四年以降のことである。一見して明らかなように、積貯量が十四万石から二十万石程度の倉庫がそれまでとは異なる頻度で建設されている。これは大都に居住する人間の数が増加したことを示すことはもちろん、客商のはたらきにより、物資の集積が順調に行なわれていたことも同時に示していると考えられる。

至元十三年の商人に対する保護と、至元十六年の壩河の開削とは、どちらも江南からの物資を大都に集積する目的の元に行われたといった点で、軌を一にするものであったといえる。これに続けて、すでに見てきたように、至元二十年の商税の税率変更による優遇措置が実行された。これら一連の動きは、巨大都市となった大都を維持するため、江南からの物流を促進させるために必要な施策だったのである。

おわりに

以上、本章で検討を加えたように、至元二十年九月の命令は南城から大都城へ中央官庁を移転させるという性格のものではなかった。これは、大都城における税務官庁・商店・工場の移転と、商税税率の再設定であり、南城にあった経済的重心を大都城に移すことと、江南の客商を大都城に集めることにこそ、その主たる目的があった。

至元二十年に官署を移転させ、その二年後に住民の居住を図った、という説明は、一見すると整然と都市が形作られる過程を想起させる。しかしながらこのような説明は、大都城が全くの無からできあがったかのように捉える理解から生じていると考えられる。第一章でも触れたように、大都の都市空間が南城と大都城とを包摂したものとするなら、その間の移動はごく自然に行われ、官庁の移転も決して整然としたものではなく、必要なものから優先的に大都城に建設された。この点についてさらに付言すれば、従来述べられている大都城の計画性の論拠としての「面朝後市」についても、至元三十年に至り通恵河が開通することによって斜街市が発生したとするならば、当初から計画されていたか否かについては、いま一度立ち止まって検討する必要があろう。

本章で考察を加えたように、至元十三年の商人に対する保護、インフラ整備の一環である至元十六年の壩河の開削、それに続く至元二十年九月の大都における商税税率の引き下げは、江南商人の視線を新たな巨大消費都市となった大都や上都に向けさせ、かれらの力により江南の豊富な物資を集め、さらなる流通の促進を狙った措置であった。

こうして至元二十年の段階で、新たな住民を大都城に受け入れる基盤を整備しつつ、この二年後に住民の移住規定を公布し、今度は本格的な人口集中が図られた。こののち、至元三十年の通恵河の完成により、宮城の北側に広がる積水潭に江南からの物資が直接運び込まれることをもって、大都への物流がより一層促進されたのであった。

さて、ここまで大都建設当初の都市内部の様子について検討してきた。次章及び次々章では、大都建設を担った人間と機関について考察していくこととする。

註

1 大都城における市場の位置については、王璧文「元大都城坊考」（初出一九三六年、のち『梓業集――王璞子建築論文集』紫禁城出版社、二〇〇七年所収）が一覧表にまとめている。近年では、楊寛『中国古代都城制度史研究』（上海古籍出版社、一九九三年）四九八～五一一頁、及び郭超『元大都的規画与復元』（中華書局、二〇一六年）二〇四～二一一頁が、やはり『析津志輯佚』等の文献史料にもとづいて詳細な考察を加えている。ただ、いずれにおいても市場の位置の復元を目的としているため、何時の時点で市場が置かれたのかという視点は欠けている。

2 『洪武北平図経志書』については、姜緯堂「《洪武北平圖経志書》考」（『京華旧事存真』一、一九九二年）を参照。

3 燕城閣前、晌午市合、更忙、猝不能過。即撃虚器云「油著。油著。」人即開避。

4 陳高華「従《老乞大》《朴通事》看元大都的社会生活」（『北京史苑』三、一九八五年）を参照。

5 元貞二年七月、中書省。御史台備監察御史呈「切見大都午門外中書省・枢密院前及八匝兒等人煙輳集処、有一等不畏公法、假医売薬之徒、調弄蛇禽・傀儡・蔵撅・撇鈸・到花銭・撃魚鼓之類、引聚人衆、詭説妙薬。無知小人、利其軽售、或丸或散、用銭贖買、依説服之、薬病相反、不無枉死。参詳京師天下之本、四方取法者也、太医院不為禁治、不唯誤人性命、実傷風化。理宜遍行禁治。」都省准呈。

6 朱啓鈐「元大都宮苑図考」（『中国営造学社彙刊』一―二、一九三〇年）の註（19）を参照。

7 なお、八匝兒の解釈については、方齢奇「『通制條格』釈詞五例」（初出一九九六年、のち『元史叢考』民族出版社、二〇〇四年所収）、同校注『通制條格　校注』（中華書局、二〇〇一年）五九八～六〇一頁を参照。また本条については、梅原郁（編）『訳注　中国近世刑法志（下）』（創文社、二〇〇三年）二九三頁も参照。ちなみに、方齢奇『校注』も梅原『訳注』も「到花銭」については明らかにしない。梅原『訳注』では、「倒は交換、すりかえの方向の意味と思われるが詳しくは不明」とする。ところで、「倒鈔」とは周知のように、古鈔を新鈔に交換する意味である。従って「到花銭」とは、古銭を一瞬にして新しいものに変える手品では無かろうか。とりあえず本章では、このように訳出しておいた。

8 西斜街臨海子、率多歌台酒館、有望湖亭。昔日皆貴官游賞之地。楼左右倶有果木・餅麺・柴炭・器用之属。

9　中村喬『宋代の料理と食品』（中国芸文研究会、二〇〇〇年）四一〇頁を参照。

10　本部議得「各処有司・提調官及庫官・庫子人等、多不奉公。縦令公使人等、及権豪勢要、街市無籍之徒、通同結攬小倒。自五門・順承等門、羊市角・鐘楼前・枢密院東十字街、人民輳集去処、往往群衆、公然倒換昏鈔、拾両内除壹両、或壹両伍銭、甚至貳両者有之。以致民間行用損除搭頭鈔両、沮壊鈔法、良由於此。……」

11　元朝における交鈔の具体的運用状況については、前田直典「元代に於ける鈔の発行制度とその流通状態」（初出一九四四年、のち『元朝史の研究』東京大学出版会、一九七三年所収）を参照。

12　舩田善之「元代史料としての旧本『老乞大』——鈔と物価の記載を中心として」（『東洋学報』八三―一、二〇〇一年）では、いわゆる旧本『老乞大』に依拠して、昏鈔から新鈔への交換状況を具体的に述べる。

13　鞠清遠「元代係官匠戸之研究」（『食貨』一―九、一九三五年）、及び李幹『元代社会経済史稿』（湖北人民出版社、一九八五年）二二九～二四三頁を参照。

14　元朝治下の工匠については、前註鞠清遠論文の他、李景林「元代的工匠」（『元史及北方民族史研究集刊』五、一九八一年）を参照。またモンゴル帝国期の工匠については、松田孝一「モンゴル帝国における工匠の確保と管理の諸相」（同代表『碑刻等史料の総合的分析によるモンゴル帝国・元朝の政治・経済システムの基礎的研究』平成一二・一三年度科学研究費補助金報告書、二〇〇二年）を参照。

15　鼠狼之品　銀鼠【以下、割註】……遼東嵬骨多之。有野人於海上山藪中舗設、以易中国之物、彼此倶不相見、此風俗也。此鼠大小長短不等、腹下微黄。貢賦者、以供御、幃幄・帳幔衣被之。毎歳程工於南城貂鼠局。

16　「骨嵬」についての研究成果は、日本史・東洋史・考古学等の膨大な蓄積が存在する。本章では、紙幅の都合から、三者の論考を挙げるに止める。中村和之「一三～一六世紀の環日本海世界とアイヌ」（大隅和雄・村井章介〔編〕『中世後期における東アジアの国際関係』山川出版社、一九九七年）、大葉昇一「クイ（骨嵬、蝦夷）・ギレミ（吉里迷）の抗争とオホーツク文化の終焉——元朝の樺太出兵と水達達経営に関わって」（『学苑』七〇一、一九九八年）、榎森進「北東アジアから見たアイヌ」（菊池勇夫〔編〕『日本の時代史（一九）蝦夷島と北方世界』吉川弘文館、二〇〇三年）を参照。

17　異文化間での交易の原初形態とみなせる沈黙交易については、南方熊楠や鳥居龍蔵らを先駆とする幾多の研究がある。ここでもまた、相田洋「鬼市と邪視」（初出一九八八年、のち改題して『異人と市』研文出版、一九九七年所収）だけを挙げておく。

18 『永樂大典』引用の『元史』が『経世大典』の佚文であることはしばしば散見される。陳高華「元大都史雑考」（北京市研究会〈編〉『燕京春秋』北京出版社、一九八二年）の指摘による。この点は、拙稿「『永楽大典』所引の『元史』について」（『13、14世紀東アジア史料通信』九、二〇〇九年）も参照されたい。

19 寺院の場所については、王璧文「元大都寺観廟宇建置沿革表」（初出一九三六年、のち『梓業集——王璞子建築論文集』紫禁城出版社、二〇〇七年所収）を参照。

20 ただし、『南村輟耕録』巻二一、宮闕制度には、「生料庫在学士院南、又南為鞍轡庫、又南為軍器庫、又南為牧人・庖人宿衛之室。」とあって、こうした局院で製造された武器を保管したとみられる倉庫を確認できる。

21 至元十■年、始大城京師於大興故城之北、中為天子之宮、廟社朝市各以其位、而貴戚功臣、悉受分地以為第宅。式臘公得建第和寧里、在内朝之西北、於朝謁為近。

22 大都の坊名については、前掲註（1）王璧文「元大都城坊考」を参照。

23 『元史』巻二〇三、田忠良伝。

24 元於大都腹裏設税務七十三処。其在京城者、猪羊市・牛驢市・馬市・果木市・煤木所、有宣課提挙司領之。

25 『元典章』巻九、吏部三、場務官、内外税務・闕は、「大都等処腹裏税務七十三処」とし、徴税機関を列挙する。

26 宮澤知之『宋代中国の国家と経済——財政・市場・貨幣』（創文社、一九九八年）二四九頁は、『元史』巻九四、食貨志一、商税にもとづき「天暦商税額数」を掲げている。

27 この部分については、『元典章』巻二二、戸部八、課程、江南諸色課程にもとづいて説明している、前註宮澤知之『宋代中国の国家と経済』二四八頁、及び前掲註（7）梅原『訳注』一六二頁を参照した。

28 是年（至元二十年）、始定上都税課六十分取一、旧城市肆・院・務遷入都城者、四十分取一。

29 この『元史』食貨志の記事は、陳高華・史衛民『元代大都上都研究』八〇頁（訳書：一四六頁）に掲げられてはいながらも、『元史』本紀と関連づけて論じてはいない。

30 『元史』巻一二、至元二十年七月丙子の條。

31 これが一体いつのことかは判然としない。但し、『元史』巻一二、至元十九年二月己酉の條に、「減省部官冗員。改上都宣課提領為宣課提挙司。立鉄冶総管府、罷提挙司。減大都税課官十四員為十員。」とあり、大都税課提挙司の官員削減が行われている。

二つの官署を一つにすることで余剰人員が生まれ、官員の削減が行われたとするならば、至元十九年二月の前後に官庁の統廃合が行われた可能性がある。

32　愛宕松男・寺田隆信『中国の歴史（六）元・明』（講談社、一九七四年、のち『モンゴルと大明帝国』講談社学術文庫、一九九八年として復刊）序章を参照。

33　藤田弘夫『都市と権力――飢餓と飽食の歴史社会学』（創文社、一九九一年）七八頁を参照。

34　大都に輸送される糧食については、黙書民「元代大都的糧食来源与消費」（『元史論叢』九、二〇〇四年）が多角的に考察している。

35　麯　土人成造、精粗不一。貨于他郡、多有達京師者。

36　元朝治下の商人については、高栄盛「元代商人研究」（初出一九九六年、のち『元史浅識』鳳凰出版社、二〇一〇年所収）を参照。また、商業政策については、前掲註（26）宮澤知之『宋代中国の国家と経済』二二八～二七八頁、及び徳永洋介「元代税務官制考――ある贈収賄事件をてがかりとして」（『史泉』六八、一九八八年）を参照。

37　前掲註（26）宮澤知之『宋代中国の国家と経済』二五二～二六〇頁を参照。

38　大徳三年五月、承奉中書省箚付、近為御河・会通河（河？）道北自大都、南抵江淮、遞運係官諸物、富商・客旅経行、多有盗賊生発。……

39　至元二十九年正月十一日、御史台奏「大都裏毎年百姓食用的食料、多一半是客人従迤南御河裏搬將這裏來賣有。来的多呵賤、来的少呵貴有。如今、街下有来的米、比已前貴有。這米貴了的縁故、官船搬運官糧諸物呵、船戸毎倚着官司気力、『壊了官船也』麼道。却奪要了客人毎船隻、与了鈔放了、不与鈔呵、教百姓毎船運官物。更有気力的人毎行呵、客人毎根底阻當。為那般呵、客人毎来的少的上頭、米貴了有。……」

40　船戸については、星斌夫「元代海運運営の実態」（『歴史の研究』七、一九五九年）を参照。

41　初、伯顔平江南時、嘗命張瑄・朱清等、以宋庫蔵図籍、自崇明州従海道載入京師。而運糧則自浙西渉江入淮、由黄河逆水至中灤旱站、陸運至淇門、入御河、以達于京。

42　元朝前半の漕運については、星斌夫「蒙古占領下の華北における税糧輸送について」（『集刊東洋学』三、一九六〇年）、植松正「元初における海事問題と海運体制」（京都女子大学東洋史研究室〔編〕『東アジア海洋域圏の史的研究』京都女子大学東洋史研究室、二〇〇三年）、矢澤知行「元代の水運・海運をめぐる諸論点――河南江北行省との関わりを中心に」（『愛媛大学教育学部紀要（人

文・社会科学）』五三―一、二〇〇六年）を参照。

43 『元史』巻六四、河渠志一、通恵河。

44 『金史』巻一一〇、韓玉伝。

45 『金史』巻二九、河渠志一、漕渠。なお金代の漕河については、于傑・于光度『金中都』（北京出版社、一九八九年）一四三～一四六頁を参照。

46 例えば、長瀬守「元朝における郭守敬の水利事業」（初出一九六五年、のち『宋元水利史研究』国書刊行会、一九八三年所収）六四四頁。

47 壩河については、蔡蕃『北京古運河与城市供水研究』（北京出版社、一九八七年）三九～四八頁を参照。松田孝一「中国交通史――元時代の交通と南北物流」（同〈編〉『東アジア経済史の諸問題』阿吽社、二〇〇一年）一五一～一五三頁でも、蔡蕃の研究を踏まえて壩河について触れている。通州・大都間の物流に関しては、南北で並走する壩河と通恵河の河川と、陸路との両方から検討しなければならない。

48 「壩」については、新宮学「通州・北京間の物流と在地社会――嘉靖年間の通恵河改修問題をてがかりに」（初出二〇〇〇年、のち『明清都市商業史の研究』汲古書院、二〇一七年所収）八八頁を参照。

49 前掲註（47）蔡蕃『北京古運河与城市供水研究』四五頁には、「元代壩河七壩推測位置示意図」が掲げられている。

50 光熙門　与漕壩相接。当運漕歳儲之時、其人夫綱運者、入糧於壩内龍王堂前唱籌。

51 蔡蕃は、『秋澗先生大全文集』巻八〇、中堂事紀に中統元年十月に「葫蘆套」に千斯倉が置かれたという記事から、中統年間ですでに壩河が運用されていたと考えている。しかし、この点はさらに慎重に検討しなければならない。なぜなら、『析津志輯佚』「古蹟」（一一四頁）には、「葫蘆套　在城西南」とあって、葫蘆套が南城にあったと見なせるからである。また当然のごとく、中統年間には大都城の建設がなされていないことからも、千斯倉は南城に建設された倉庫とみなすべきであろう。ただ、壩河が突如として開削されたというのも考えにくいので、至元十六年までに水路の基礎となる河道が存在していた可能性は否定できない。

52 ……又言「至元十六年、開壩河、設壩夫戸八千三百七十有七、車戸五千七十、出車三百九十輛、船戸九百五十、出船一百九十艘。……」

53　以通州水路浅、舟運甚艱、命枢密院発軍五千、仍令食禄諸官雇役千人開浚、以五十日訖工。

54　唐村等処船運至河西務、北粮毎石破七合。直沽船運至河西務、南粮毎石破一升二合。河西務船運至通州・李二寺、南粮毎石一升五合、北粮毎石五合。壩河站車運至大都省倉、南粮毎石一升五合、北粮毎石一升。

55　『元史』巻八五、百官志一、戸部、都漕運使司。

56　『元史』巻六四、河渠志一、壩河。また、拙稿「『羅氏雪堂蔵書遺珍』所収「経世大典輯本」について」(『集刊東洋学』一〇三、二〇一〇年）で紹介した「経世大典輯本」に、この整備の詳細が記される。

57　大都に設置された倉庫については、丹羽友三郎「元代の倉制に関する一考察」(『名古屋商科大学論集』八、一九六四年)、及び前掲註（47）蔡蕃『北京古運河与城市供水研究』一五七～一六四頁を参照。

第五章　大都留守段貞の活動

はじめに

大徳六年（一三〇二）から翌年にかけて元朝政府内に吹き荒れた大規模な人事異動は、江南の豪民である朱清・張瑄らの贈収賄行為に端を発するとはいえ、結果として宰相群の総入れ替えという異常事態を招くことになってしまった[1]。『元史』本紀には、「中書平章の伯顔・梁徳珪・段貞・阿里渾撒里、右丞の八都馬辛、左丞の月古不花、参政の迷而火者・張斯立等、朱清・張瑄の賄賂を受け、治罪差有り、詔して皆之を罷めしむ」とあり[2]、当時政界にいた中心人物のほとんどが放逐されたことになる。

ところで、この人事異動にあたって、中書平章政事の地位を追われた一人の人物に注目したい。『元史』巻一〇二、宰相表の該当部分では、「段那海」と表記され、死去してのちは「武宣」と諡され、「安国公」に追封された段貞に注目したいのである[3]。彼は大都城の建設や、その後の維持管理にあたり、様々な形で史料に顔を出す。つまり大都形成史において、欠くことのできない重要人物といえる。

これまでの研究から大都城の建設工程に携わった人物としては、劉秉忠、野速不花、段貞、張柔とその子張弘略、高觽、董文忠、劉思敬、王慶端、謝仲温などが知られている[4]。このように段貞の名前は挙げられてはいるものの、かれの具体的な活動内容を明らかにした専論はいまだにない。

本章では実際の建設行程を指揮したと考えられる、段貞のはたらきについて可能な限り跡づけていきたい。まず、大都建設に参加した人物達がそれぞれどのような役割を果たしていたかについての再検討を行う。ついで、段貞の果たした具体的な事績について解明していく[5]。

一　大都建設参画者のそれぞれの役割

これまでの研究で、大都建設における重要人物として真っ先に挙げられてきたのは劉秉忠（一二一六～一二七四）である。かれは世祖クビライ（一二一五～一二九四）によって厚く信頼され、元朝の中国支配にあたって様々な基礎を定めた人物であり、その重要性は夙に多くの概説書でも指摘されている[6]。加えて都城の建設においても同様の役割を果たしたことは、蘇天爵『元朝名臣事略』巻七「太保劉文正公」に、

丙辰、世祖が初めて都城を築き宮室を造営するにあたって、公に方位を調べるように命令した。公は桓州の東・灤水の北の龍岡を挙げて、占ってその地の吉祥を伝え、さらに占ってみたところ、三年を経ないうちに作業を終えるとあった。命じて開平として、そののち開平を上都とした[7]。

とある。憲宗モンケの六年（一二五六）、劉秉忠が大都建設以前のクビライの根拠地であり、のちには元朝歴代の皇帝たちが夏を過ごすことになる、上都の位置選定の任にあたり、その建設に携わっていたことが述べられている[8]。それでは、本章で問題にする大都城の建設についてどのように述べられているのか。『元史』巻一五七、劉秉忠伝には、

（至元）四年、再び秉忠に命令して中都城を築くにあたって、始めに宗廟・宮室を建てさせた。八年、

秉忠は上奏して大元という国号を立て、そして中都を大都とした[9]。とみえる。これによれば、「中都」の築城を命じられ、太廟や宮殿の造営に携わり、至元八年には「大元」の国号を立てることと、「中都」を改称して「大都」とするように上奏したとある。確かに、「至元四年（一二六七）」という年号は金の「中都」の改造を述べているとは考えられないから、第一章で論じた南城の東北地区に新たに建設された、「中都（のちの大都城）」の築城を命じられたことを指しているように察せられる。ところが、『元史』劉秉忠伝の材料の一つと目される『元朝名臣事略』巻七「太保劉文正公」に引用されている「墓誌」や「行状」などでは、大都城築城に関しての言及がないため、『元史』本伝の史料的根拠は不明である。確かに田中淡も劉秉忠による平面プランの設計を唱え、中国人研究者も同様の理解を示してはいるものの[10]、筆者は大都城建設の功績を劉秉忠一人に与えるのは短絡的な見方に思えてならない。実際の平面プランの作成にしても、次で触れる趙秉温が中心になって行ったと考えられる。そこで本節では、大都建設の人物とそれぞれの果たした役割について明らかにしていくこととしたい。

まず、劉秉忠の弟子であった趙秉温（一二二二～一二九三）について考察する。『元史』劉秉忠伝は、秉忠が死去した時に、趙秉温がその遺体を上都から大都に運んだというエピソードを載せている。このことからも師弟の親密ぶりを窺い知ることができよう。そして大都城の築城に関しては、『元史』巻一五〇、趙秉温伝の材料と考えられる蘇天爵『滋渓文稿』巻二二「趙文昭公行状」が詳細な記事を載せる。

（至元）三年、詔して吉土を選択し両都を建て、公に命令して太保劉公（劉秉忠）とともに占卜をさせた。公は図面に依拠して山川の形勢・城郭の経緯と祖社朝市の位置・制作の方法とを世祖に奉じて、世祖は有司に命令して図面に従って建設工事にあたらせた。至元五年、両都が完成した。大都と名づけ、帝はこちらを都とし、上都と名づけたほうは、巡幸の際に居住するようにした[11]。至元三年（一二六六）、趙秉温は劉秉忠とともに開平と燕京地区に都城建設予定地の選定を命じられ、趙秉温が平面図を提出したとある[12]。劉秉忠の下で有能な助手として働いていた趙秉温が大都城平面プランの実質的な作成者だったと考えられる。

次いで高觿、張柔とその第八子の張弘略、劉思敬らの、現場において兵士を動員し、工事を監督したと考えられる武官達を以下に検討してみよう。

まず女真人高觿（一二三八〜一二九〇）については、虞集『道園学古録』巻一七「高魯公神道碑」に、世祖が都を燕に定めて、都城・宮闕を作った。公と留守野速不花・段禎とがその工事にあたった。工事が完了し、白金・厩馬・宮服の賜与があった。（至元）十八年、中議大夫・工部侍郎・同知五府都総管府を拝し、以前と同じく東宮禁衛の事を管領した[13]。

とある。高觿は中統三年（一二六二）に皇太子チンキムの属官となって以来、皇太子宮の門衛を掌っていた。次章で詳論するアフマド暗殺事件の際には、大都に留まっていたかれが事態の収拾に尽力する。ちなみに、「神道碑」に記述される大都城建設に関する事柄は『元史』巻一六九、高觿伝には載せられていない。

張柔（一一九〇〜一二六八）については『元史』巻六、至元三年十二月丁亥の條に、

安粛公の張柔・行工部尚書の段天祐等に詔してともに行工部事にあたらせ、宮城を修築させた[14]。

とあり、さらにその第九子である張弘略（?〜一二九六）についても、『元史』巻一四七、張弘略伝に、

至元三年、大都を築城するにあたって、その父を助けて築宮城総管となった。八年、朝列大夫・同行工部事を授かり、宿衛親軍・儀鸞等局を兼領した。十三年、大都城が完成し、内帑と金釦・璹瑁の酒杯を

賜与され、中奉大夫・淮東道宣慰使を授けられた[15]。

とある。大都城築城工事の実質的な開始時、すなわち郭守敬立案による金口運河の開鑿工事が開始される至元三年に、張柔は「行工部事」となり、張弘略も「築宮城総管」となる。至元五年に張柔が死去すると、八年にその職務は息子である張弘略に継がれ、十三年には大都城の完成に伴い、褒賞を賜与されている。この張柔・張弘略親子は所謂「漢人世侯」の中でも、特に四大世侯とよばれる有力漢人世侯の一角を占めた保定の張氏の一族であった。張柔は金朝の討伐で活躍し、さらにクビライの弟であるアリク・ブケの反乱の際には中都を守備した人物である[16]。

最後の劉思敬《けい》（一二三一〜一二八三）は、『元史』巻一五二、劉思敬伝に「(至元）四年、命じて京城を築かしむ」と記載されるのみである。父である劉斌もやはり四大世侯の一つとして名高い済南の張氏麾下の武人として活躍し、思敬はその後を継いだ。このような軍事指揮官を参加させた背景には、麾下の兵士を動員させることによって、かれらを土木作業員として調達するという実利的な狙いがあったと考えられる。

次に技術者たちについて検証してみよう。也黒迭兒はすでに陳垣が『元西域人華化考』において注目しているイスラム系技術者であり[17]、瓊華島の修繕を提言した人物である。かれに関しては欧陽玄『圭齋文集』巻九「馬合馬沙碑」がある。

(至元三年）十二月、命令があり、光禄大夫安粛張公柔・工部尚書段公天祐に命令して、也黒迭兒とともに行工部にあたらせた。宮城を修築させた[18]。

一見して明らかなように、先に引用した『元史』巻六、至元三年十二月丁亥の條に「也黒迭兒」の名前が挟まれた形になっている。陳垣は也黒迭兒を西域人であるにも拘らず中国様式の建築に習熟した者として特筆しているが、建設現場で工事を指揮する立場の人物として張柔・段天祐（段貞のこと）の名前がここに挙げられていることも看過ごせない。

石匠である楊瓊（?～一二八八）の存在は、すでに朱啓鈐によって紹介されている[19]。上都、大都の宮殿のみならず、別宮であったチャガンノール宮殿の飾石作業にも従事していたことが知られる。陳高華は、康熙『曲陽県新志』巻一〇、芸文志（中）、姚燧「楊公神道碑銘」を新たに紹介し、かれの事跡を詳細に検証し直している[20]。「神道碑」には、

丞相段公・葉孫不花に旨を伝へ、命令して燕南諸路石匠を管領させた。中統三年より至元四年に至るまでに、両都の宮殿及び城郭を造営し、ここで三度遷官し、大都等処山場石局総管を管領した[21]。

とあり、「丞相段公」、すなわち段貞の下で石彫の仕事を統轄していたことが分かる。楊瓊はプランナーや軍人とは異なり、いわば工芸職人の頭領であったといえよう。

ここまで挙げた人物をまとめると以下のようになる。まず大都城の区割りをする平面プランナーと呼べる人物がいた。中心となったのは趙秉温であり、かれの師である劉秉忠も上都を建設したときの経験から助言を与えたかもしれない。この他に張柔ら漢人世侯を筆頭とする武官の一群がいた。かれらを大都城建設工事に参画させたねらいは、配下の兵士を作業員として動員することにあったのであろう。これらの外に、建築物の装飾技術者として、也黒迭兒や楊瓊、そして後述するネパール人アニガらがいた。

さて、以上挙げてきた人物の他に見落とせない人物がいる。すでに提示した『道園学古録』巻一七「高魯公神道碑」に「段禎」とあり、『元史』巻六、至元三年十二月丁亥の条に「段天祐」とあり、『圭齋文集』巻九「馬合馬沙碑」に「段公天祐」とある人物が一つに結ばれていく。それが段貞である。次章では段貞の果

たした具体的な役割に関して検討を加えていきたい。

二　段貞のはたらき

（1）段貞の表記について

これまで段貞があまり論じられてこなかった原因として、第一に史料的な制約を挙げることができる。つまり段貞の足跡を検証するための「行状」「墓誌銘」の類が現在まで伝わっていないのである。段貞について唯一のまとまった史料ともいえる、『国朝文類』巻一一、王構「留守段貞贈諡制」に列挙される、段貞の担った官職を引用しておく。

通奉大夫、大都武衛親軍都指揮使司達魯花赤、提調大都屯田事、大都留守兼少府監段国幹の故父銀青光録大夫、司徒、武衛親軍都指揮使司達魯花赤、大都屯田事、提調大都留守司・少府監事、貞[22]。

まず、この文章を書いた王構は、翰林国史院の官員として『世祖実録』『成宗実録』の編纂事業に参加し、至大三年（一三一〇）に亡くなっている。つまり、段貞の死去は少なくとも至大三年以前のこととなる。史料に依れば、段貞には段国幹と名付けられた息子がいて、段貞の官職をほぼそのまま世襲していることが分かる。「司徒」は実権のない官職であるが、大徳年間以降になると濫発されるようになった[23]。「武衛親軍都指揮使司達魯花赤」は侍衛親軍の一衛である武衛の長官であったことを指す。そして、「大都留守司」は段貞が生涯にわたり関与することになる官署である。武衛と大都留守司については次章で詳しく論じる。

段貞があまり注目されてこなかったもう一つの理由として、かれの名前が様々に表記され、一つの像に結び付けさせえなかったことも挙げられる。以下にそのことを検討していく。

次章で引用する『滋渓文稿』巻二二「栄禄大夫枢密副使呉公行状」に「留守段貞」とある箇所について、同じ事柄を記述した『元史』巻一七七、呉元珪伝では、「留守段天祐」と改められている。つまり段貞には、「天祐」という別名があった。従って、前掲した『元史』巻六、至元三年十二月丁亥の條にある「行工部尚書段天祐」と、同一の事柄を記す、やはり前掲した『圭齋文集』巻九「馬合馬沙碑」の「段天祐」も段貞のことを指していたことが分かる[24]。さらに『元史』巻一二五、鉄哥伝には、

(至元)十七年……詔が下されて大明宮の左に賜第をされた。留守段圭が以下のように言った。「木局は狭いので、不便である」と。世祖は以下のように言った。「住居を宮城の近くに配すれば、召し出すにあたって便利である。木局が狭いところで、不便になることなどない」と[25]。

とある。ここにある「留守」は、大都留守司の長官である大都留守のことであるから、「段圭」もまた段貞のことを指すと考えられる。

さらに、かれには「ナカイ」という別称が存在した。「はじめに」でも触れたように、朱清・張瑄からの贈収賄事件に連座した時の『元史』本紀に「段貞」とあるところが、『元史』宰相表の該当部分では、「段那海」と表記されている。このことから、かれは「ナカイ(naqai)」とも呼ばれていたことが明らかとなる[26]。「那海」という表記は、『永楽大典』から抄録された『大元氈罽工物記』や『元代畫塑記』でも、「留守那懐」「留守那海」といったかたちで確認することができ、これらの呼称もやはり段貞を指していたと考えられる。このように段貞を指すにあたって、「段天祐」「段圭」「那懐」「納懐」といった多様な表記の存在したことが、段貞をより不明瞭な存在にしている原因であることは否めない。

設等の仕事を検証してみることとしたい。

そこで本節では、断片的な史料を可能な限り収拾することによって、かれの大都城内における建築物の建設等の仕事を検証してみることとしたい。

（2）寺院・道観の建設

はじめに宗教建築物の建設について検討していく。年代から考えて、段貞が初めて建設に携わったと考えられる寺院・道観は、大都城の西郊外、高梁河の岸に建てられた道観の昭応宮である。まず『元史』本紀によれば、昭応宮は至元七年（一二七〇）二月に完成した[27]。王磐によって書かれた「元創建昭応宮碑」には[28]、

……ここで、皇后は宮城で使用するものを分配し、太府監の玉牒尺不花に命令して、実見した土地に廟を建設して香火を奉じ、行工部尚書段天祐に命令して一同で協議させ、その工事にあたらせた。落成の日、昭応宮碑という額を賜与した[29]。

とある。省略した碑文の前段によると、至元六年に大都西郊の高梁河に大蛇が現れ、翌日には神亀も現れた。それを聞いた皇后チャブイはそれを瑞祥と捉え、昭応宮の建設を決めたという。段貞は昭応宮建設工事の指揮を執り行なっていた。なお、徐世隆によって書かれた「元創建昭応宮碑」によれば[30]、段貞が工人としての兵を集め、図面も引いていたという。つまり段貞は設計から関与していたことになる。

この昭応宮の建設に関連して注目すべきは、昭応宮の工事が終わった直後に、その隣で大護国仁王寺の建設が開始されることである。大護国仁王寺も世祖クビライの意を受けた皇后チャブイの命令によって建設された。中村淳の研究によれば[31]、大護国仁王寺は初代帝師パスパのために建設されたチベット仏教様式の

寺院であり、そのまま歴代帝師の居所になったという。『元史』本紀によると、至元七年十二月に着工され、十一年三月に完成している。

昭応宮と大護国仁王寺とは全く別の建物であり、大護国仁王寺の建設に当たって段貞が関与していたことを確認できる史料はない。しかしながら、筆者はこの二つの寺観は建設工事にあたっても何らかの関連性があったと考える。その理由として、まずこの二つの寺観の建設は連続して、ほぼ同じ場所で行われたことである。時期と場所が近接していれば、その工事に際し、資材提供などで便宜が図られたと考えるのが自然であろう。つまり、工事にあたって協力体制が採られたことが予想されるのである。そしてなにより注意すべきは、両方とも世祖クビライの正后チャブイの命令によって建設された、いわば王立寺院であるという点である。王立寺院であるため、この二つの寺院の資産を管理する官庁が置かれた。この官庁の変遷を追跡していくと、この二つの寺院が元末まで密接な関係を持っていたことが窺える。

昭応宮と大護国仁王寺の資産管理にあたる機関は会福総管府である[32]。会福総管府について、『元史』百官志をひもとけば、「至元十一年、大護国仁王寺及び昭応宮を建て、始めて財用規運所を置く。秩正四品」とあるように[33]、まず、大護国仁王寺と昭応宮を管理する官庁として財用規運所が設置された。至元十六年には、それが大護国仁王寺総管府と改められた[34]。至大元年（一三〇八）十月になると、「護国仁王寺昭応規運総管府を改めて会福院と為す。秩従二品」とあるように[35]、会福院と改められた。このように、各王立寺院には、寺産を管理する機関が置かれていた。天暦元年（一三二八）に至って、それらの管理機関を統括する官庁として、大禧院が設立されると、それに伴って会福院も会福総管府と改称された。至元六年（一三四〇）に大禧院が廃止されると、至正六年（一三四六）に、「大護国仁王寺昭応宮財用規運総管府」と再び改称され[36]、至正十年に、「大護国仁王寺昭応宮財用規運総管府を以て仍りて宣政院に属せしむ」とあるように[37]、宗教を管理する官庁である宣政院の所属となった。ここまで述べてきたことからも明らかなように、この二つの寺院は元末まで一貫して一つの機関によって管理されていたのである。

さらに大護国仁王寺の建設にあたり、元代において著名な工芸家の一人であったネパール人アニガが関与していたことも、段貞の関与を推察させる材料である[38]。アニガはネパール王の一族で、かれの行状を伝える、「涼国敏彗公神道碑」（程鉅夫『程雪楼集』巻七）には、他にも上都の乾元寺、大都の大聖寿万安寺（現在の白塔寺）の建設に携わったとある。そして「神道碑」によれば、アニガが大都においてはじめて建設事業に関与したのが、大護国仁王寺の建設であったという。以下述べていくように、段貞とアニガはしばしば仕事をともにする。ここから、大護国仁王寺の建設前後から段貞とアニガは仕事を共に行うようになり、二つの王立寺院の建設に携わったという推測も成り立ちうるのではなかろうか。もし筆者の推測が正しいとすれば、二つの王立寺院の建設に関わっていた段貞の重要性を再確認することができよう。

さらに王立寺院とはいえないまでも、モンゴル帝室と関係の深い、南城にあった永泰寺、すなわち元代の天慶寺の改修工事にも従事していることが確認できる。遼代に建設された永泰寺は、大安年間（一二〇九～一二一二）のモンゴル軍による中都攻略の戦災によって焼失していた。この寺を雪堂という僧侶が至元九年（一二七二）に復興した。段貞は至元二十二年に行われた復興工事に携わっている。王惲『秋澗先生大全文集』巻五七「大元国大都創建天慶寺碑銘并序」には、

甲申の冬、皇孫のカマラは師が仏典を読み修行に励んでいるということで、静室を開いてここに居住させようと望んだが、宮府は許可しなかった。翌日、二千五百緡、及び名驃二匹を供出して、留守の段

貞・詹事丞事の張九思に命令し、居住空間については作業員を招集して、三大士の正殿、丈室七巨楹を建てさせ、門閭・庖湢・賓客の所に及ぶまで、ほぼ皆完備させた。乙酉の春に竣工して、丙戌の秋仲に工事は完了した[39]。

とある。天慶寺の改修工事は、世祖クビライの孫で皇太子チンキムの子供であるカマラ（甘麻剌）の寄付によって、至元二十一年に段貞と張九思に命令が下され、至元二十二年から翌年にかけて行われた。ともに工事に参加した張九思はチンキムの側近であったため、かれが工事に関与しているのは、その関係からであろう。張九思の子供の金界奴は、後になって大都留守として活躍することになる。ところで、第七章で改めて触れることにするが、この寺院では至治三年（一三二三）三月に、魯国大長公主による絵画コレクションの大展覧会が催された[40]。そもそも、カマラの寄付によって改築工事が行われ、さらにはカマラの姪にあたる、魯国大長公主によって一大イベントが挙行されたことからも、天慶寺がモンゴル帝室と深い関係を持つ寺院であったといえよう。

　道観である崇真万寿宮の建設に関しては、『元一統志』巻一「大都路、古蹟」に、

崇真万寿宮　都城内にある。……至元十五年に祠を上都に置く。ついで平章政事の段貞に命令して大都に土地を計測し、崇真万寿宮を艮隅に建設させ、永遠に国家儲址の地とした。丈室斎宇を開き、浙右の田を荘園として支給し、師にこれを管理させた。崇真万寿宮の額を賜与した[41]。

とある。至元十三年（一二七六）に正一教の代表である張宗演は、弟子の張留孫とともに大都に招かれクビライと面会する。翌年になると、宗演は本拠地の江西貴渓の龍虎山に帰還するが、弟子の張留孫はクビライの下に留まり、かれの華北における拠点として宮城東北の蓬莱坊に崇真万寿宮が建てられた。その際に、位

置の選定をしてこの道観を建設したのが段貞である。なお元貞元年（一二九五）になって、崇真万寿宮は拡張工事が行われた。この工事にも段貞が関与し、さらにはアニガも詔を受けて像の製作を担っている[42]。

崇真万寿宮も元朝の宗教政策を考える上で重要な道観の一つである。元朝下において張宗演を代表とする正一教は、江南道教を統轄する役割を果たした[43]。正一教に江南道教の代表者としての役割を特に付与し、さらには新都である大都城に道観を構えさせたことは、元朝政府からすれば江南統治の一施策でもあった。そのため、大都における正一教布教の中心施設の建設は、特にクビライの意を受けてのものであり、政治的な意味合いが強かったに違いない。段貞はこのような政治的にも重要な役割を担う寺院・道観の建設を行なったことになる。すなわち、一般的な寺院や道観に限って段貞が参加したわけではなかったのである。この点も筆者が段貞を重要視する理由の一つである。

円明寺についても『元一統志』巻一「大都路、古蹟」に、

円明寺　旧都の三学寺である康楽坊にある。遼・金代に開山したが、百年に及ばぬうちに荒廃し、後に復興し、革律して禅宗の仏寺となり、今の名前に改められた。至元二十年十月望、資徳大夫・領大都留守司・大興府都総管・行工部尚書・知少府監の段貞が石を立てた[44]。

とあって、遼・金代より南城内東北部の康楽坊に置かれていた円明寺の復興工事を、至元二十年に行ったことが述べられている。史料にあるように、円明寺はかつて三学寺とよばれた。三学寺については、重熙十一年（一〇四二）十二月に、興宗が延寿寺、憫忠寺、三学寺で飯僧をしたことが知られている[45]。つまり、遼室とも深い関係をもつ名刹であった。この史料だけから判断すると、段貞は碑石を立てただけのように映るかもしれない。しかしながら、段貞の役割が大都城内の建築物の建設であったことを考えると、単に撰文能

力だけでここに名前が挙がっているとは考えにくい。やはり実際に寺の再建工事に携わったと考えるべきであろう。なお、ここで肩書きとして挙がっている「大興府都総管」は至元二十一年に別に設立されることになる大都路都総監府の長官の別称である[46]。

（3）儀礼施設の建設

次いで儀礼施設に関して、城隍廟・太廟・三皇廟の建設についてそれぞれ確認していく。

土地神を祀る城隍廟は城内の西南の隅に置かれた。虞集『道園学古録』巻二三「大都城隍廟碑」に、世祖皇帝、至元四年、正月丁未に、始めて大都城を造営した。朝廷・宗廟・社稷・官府・庫庾を建設して、多くの民を居住させた。方角を定め、大都城を整備し、孫子万世におよぶ帝王の事業とした。七年、太保の劉秉忠・大都留守の段貞・侍儀奉御の忽都于思・礼部侍郎の趙秉温が以下のように述べた。「大都城が完成したので、土地神を明確にしてこれを祀るべきであります。城隍神廟を建設してください」と。世祖はこれをもっともなこととし、命令して土地を選んで城隍廟を彼らの発言通りに建てさせた[47]。

とあって、至元七年（一二七〇）に、さきに触れた劉秉忠や趙秉温らとともに城隍廟の建設を上奏している。そののち段貞が大都城建設に携わっていることと合わせて考えれば、劉秉忠や趙秉温のようなプランナーとしてではなく、建設工程の責任者としての立場から上奏の場に参加していたと考えられる。大都城内の建築に関して、段貞に一定の発言権のあったことがここからも窺える。

次に祖先祭祀の儀礼施設である太廟について考察を加える。至元十四年から建設が開始された大都城の太廟は至元十七年に完成した。その附属施設の増築に関して、『元史』巻七四、祭祀志三、宗廟上は段貞等の上奏を載せる。

（至元十八年）三月十一日、尚書の段那海及び太常礼官が以下のように上奏した。「七廟の設置を議論するにあたり、正殿・寝殿・正門・東西門はすでに建てられているのは当然として、東西の六廟は改めて造営する必要はなく、他は太常寺の新たに作成した図面にもとづいて建設してください」と。かくして前廟・後寝を造営し、廟を七室に分けた[48]。

すでに至元元年に太廟七室の制が定められたが、太廟正殿とその後方の寝殿や東西の門を建設するのはよいとして、その他の六室を改めて造るべきではないと段貞が述べている。その結果として正殿と寝殿が建設され、その中を七室に分けることとなった。太廟本体の建設に直接タッチしていたかは不明ながら、この上奏をしたのが段貞と太常礼官であることから、建物の建設については段貞によって、儀礼に関しては太常礼官によって、それぞれ説明されていると考えるのが自然であろう。ここでも、段貞が建築現場の責任者であった。

さらに三皇廟の建設がある。三皇廟は太昊伏羲・炎帝神農・黄帝軒轅の三皇を先医として祀るために建置された廟であり[49]、元貞元年（一二九五）以降、『元史』祭祀志に「初めて郡県に命じて三皇を通祀せしむること、宣聖釈奠の礼の如くす」と明記されるように[50]、全国の郡県に建設されていく。この三皇廟について、『元代画塑記』「御容」によると、

元貞元年の正月、太史の臣下が以下のように上奏した。「以前に世祖の命令を奉じて、那懐に三皇殿の建設と三皇像の塑像をさせ、加えて製薬・貯薬等の建物を造らせました。しかしながら現在まだ完成しておりません。（再び）那懐に命令して、中書省に移文して、必要な材料を求めさせて、ただちにこれを造営させてください。……」と[51]。

とある。史料には「三皇殿」とあるが、後半部分で薬に関連する建造物の建設を命令していることから、「三皇廟」を指すと考えられる。先帝クビライは、段貞に三皇殿の建設、三皇像の制作、そして薬品を製造・貯蔵する建造物の建設を、それぞれ命令したものの、それらはまだ完成していない。そこで、元貞元年（一二九五）に成宗からの聖旨を改めて出して、早急に建設するよう促していただきたい、と太史院が上奏している。三皇廟は、前述のような儀礼施設であったと想定しうるが、薬品の製造所や貯蔵庫があったことから考えると、実際の医療施設であった可能性もある。なお程鉅夫『雪楼集』巻七「涼国敏彗公神道碑」によれば、この工事にはアニガも関与している。おそらく、建築物は段貞によって建設され、安置される塑像はアニガによって製作されたのであろう。

これらの儀礼建築物は民衆の信仰対象でありながらも、同時に権力を象徴する装置でもあったため、その役割は住居などの一般建築物とは異なって、より公的な意味合いを強く持たされたと考えられる。それゆえその建設にあたっては、元朝政府の意向を汲むものであり、その建設の任を段貞が担った。

（4）太史院の建設

次いで天文暦数を司る太史院の建設と観測器具の製作について検証する[52]。『国朝文類』巻一七、楊桓「太史院銘」には、

あらゆる工役・土木・金石に関わる作業については、すべて行工部尚書兼少府監の段貞に委任した。あらゆる儀象・表漏・文飾・匠制に関わる作業については、すべて大司徒の阿你哥に委任した。十六年の春、好条件の土地を探し、大都城の東の墉下に土地を得て、初めて工事を開始した。垣は縦は二百尺、

横は百五十尺、中心に霊台を建設し、余十丈、三層構造で、中階・下階には廡がめぐらされた[53]とある。本来、司天台の中に設置されていた太史院は、『授時暦』を編纂することを主たる目的として、至元十五年二月に院として独立した。ここでも、天文台である太史院を含めた建築物全般は段貞が担当し、観測器具や天球儀、水時計等の中で使用される道具の製作に関してはアニガが担当した。二人の役割分担が明確になされていることを確認できる。なお山田慶児の計測によれば、縦が約一二〇メートル、横が約九〇メートルの敷地に、三層の土台を設け、その上に霊台を築き、下層と中層にはひさしがめぐらされていたという。場所は大都城の東南が選定され、のちにその地を明時坊と呼ぶのは天文台が建設されたからである。

さらに、『元史』巻一二、至元十九年二月辛卯朔の條に、

司徒の阿你哥・行工部尚書の納懐に命令して銅輪儀表・刻漏を製造させた。勅を下して改めて駙馬尚吉の印を賜与した。宮城・太廟・司天台を修理させた[54]。

と記されるように、至元十九年になって、そこに収蔵されたとみられる天文観測の器具や水時計の製作にも段貞とアニガの二人があたっている。

ここまで考察してきたことからも、アニガと段貞はしばしば作業を共にしてきたことが分かる。多くの概説書ではアニガによって大都の寺院の大部分が建設されたかのように書かれているが、それは正確ではない。アニガは塑像製作にこそ、その実力を発揮したと考えられるからである。むしろ実際には、建築物の多くは段貞によって建設され、それらの建物の設計や中に安置する像や道具の製作にアニガが関わったと考えるべきであろう。さらにアニガと段貞に関して付言すると、『元史』巻一六、至元二十七年三月庚申の條に、

工匠で呂合剌・阿尼哥・段貞に所属し現在仕事の無い者については、皆区別して民戸とした[55]。

とあり、呂合刺・アニガ・段貞につき従って建築物内部の装飾作業に従事していた人たちが、工匠から民戸とされている。ここからも、アニガと段貞は共に作業に携わることが多く、彼らに建築と内部装飾を任せることの多かったことが分かる。また武衛の設立が至元二十六年（一二八九）であったことと併せて考えると、この頃になって大都城の建設がようやく一段落して、以後は維持管理の方向に向かうことになる。

（5）運河の開削と倉庫の建設

最後に運河の工事と管理、加えて運河を利用して運ばれた物資を貯蔵する倉庫の建設について触れておく。『元一統志』巻一「大都路、山川」に[56]、

通恵河……新開通恵河碑を調べてみると、至元二十九年八月に工事を開始し、三十年八月工事を終えた。平章政事段貞がこの工事に取り組み、世祖は其の工事が完了したのを喜び、通恵という名前を賜与した[57]。

と述べられるとおり、至元二十九年八月に工事が始まり、三十年八月に完成した通恵河の開鑿において、段貞は責任者の任を担っている。運河の設計や河道の決定は郭守敬によってなされたが、その下で工事の指揮を執ったのが段貞であった[58]。大都と通州を結ぶ通恵河の整備は、海運によって運ばれた江南からの物資を大都城内に直接運び込むことを可能にさせ、これにより大都城は実質的な完成を迎えた。

また、運河の開通により必然的に生じる運搬量の増大に伴って、大都城内には倉庫が多数建設された。これら倉庫の建設も段貞によってなされた。『大元倉庫記』はその経緯を詳しく記す[59]。

（至元）三十年九月二十八日、平章不灰木らが以下のように上奏した。「通恵河を開削するにあたって

は、那壊の督役がめざましかった。今すでに工事を終えたが、河西務・通州の倉庫の貯蔵量は大きいが、いずれも曠野に散らばっているかのように点在している。東城の紅門内の新河の近くに空き地があるので、また紅門を五十歩ばかり遷し、基址を広げて、数年間で、倉庫を建て、河西務・通州の糧を移動させればとても便利になります」と。工部楊尚書も以下のように言った。「那壊に命令して工事を監督させてください、早く完成することでありましょう」と。陛下はこれを認めて以下のように言った。「考慮する必要までもないので、全力でこれにあたらせよ」と[60]。

段貞の努力によって通恵河は開鑿されたものの、河西務と通州の倉庫のみでは処理しきれない。そこで、宮城東側の紅門の近くに空き地があるので、門を移築して、その隙地に倉庫を建設し、そこに河西務と通州からの漕糧を運搬しておけば便利だとブクムは述べる。ブクムの要請に応じて、工部尚書の楊某は、段貞に任せれば早く完成するであろうとし、成宗もまた許可している。建設工事における段貞の信頼度の高さをうかがわせる史料である。ここでは、中書平章政事のブクム（不灰木＝不忽木）が段貞の通恵河開鑿の功績を称賛している点も注意しておく。

三　中書平章政事就任とその失脚

段貞はこうした功績を世祖に評価された。すなわち、『元史』本紀には、「段貞開河・修倉を董するの役を以て、平章政事を加えらる」とある[61]。しかしながら、『元史』宰相表はこの宰相就任のことを記載していないので、裏付けができない。筆者は、段貞の中書平章政事の就任は世祖死去後の元貞年間のことではないかと推測している。なぜなら、後に掲げるように、宰相就任を裏付ける不忽木（ブクム）の発言が残っているからである。ただし、世祖に通恵河開削の功績が評価されていたのは間違いなく、そのことは次の史料からも窺える。クビライの死去した直後である『元史』巻一八、至元三十一年八月己丑の條に、

大都留守段貞・平章政事范文虎に命令して通恵河の浚渫工事にあたらせて、二品の銀印を賜与した[62]。

とあるように、通恵河の開削工事にあたった范文虎とともに官品の上昇が記録されている。

そして元貞二年（一二九六）二月になって段貞は『元史』本紀に、「大都留守司達魯花赤段貞を以て中書平章政事と為す」とあるように[63]、中書平章政事に就任した。この就任を裏づける史料が『元史』巻一三〇、不忽木伝である。

元貞二年春、成宗は不忽木を便殿に召して以下のように言った。「朕は卿が病気であることを知ってはいるものの、卿でなければ人を従わせられないし、人もまた卿でなければ従わない。段貞を卿の代わりにしたいと思うが、どうだろうか」と。不忽木が以下のように言った。「段貞は私よりも能力面で勝っています」と[64]。

病気を理由に引退する不忽木の後任として成宗が指名した人物は段貞であった。不忽木は自分よりも段貞の能力が勝っていると述べてその見解に賛意を示す。すでに述べたように、これ以前に不忽木が通恵河開鑿における段貞の功績を高く評価していたことも見逃せない。張帆の研究によれば、成宗は恩典として執政の官位を濫発し、それらの宰相は実職を別に持っていたという[65]。特に段貞に関していえば、大都建設及びそれに続く大都管理の功績が評価されたのであろう。

中書平章政事に就任したあとの段貞の功績としては、次の二点を確認することができる。

まず大徳二年（一二九八）六月に開封で発生した水害の対策を命じられる[66]。『元史』巻一九、大徳二年七月癸巳の條には、

　汴梁等処が大雨で、黄河の水が堤防を決壊して、帰徳の数県の禾稼・廬舎を押し流したので、その田租の一年分を免除させた。尚書那壊・御史劉賡等を派遣して決壊をくい止めさせた。蒲口から、九十六ヶ所に及んだ[67]。

とある。大都から派遣された段貞の任務は、蒲口で決壊した黄河の堤防の修理であった。当然それを命じる成宗には、通恵河の開鑿において発揮された段貞の現場監督の能力が念頭にあったと推察される。

さらに、『大元氈罽工物記』「御用」には、

　成宗皇帝の大徳二年七月二十六日、旨を奉じて寝殿内の地氈を造らせた。命じて只里哩乎とともに地氈の長短・闊狭・尺寸を議し、那壊に命令して製造させた。工部の官に委ねて材料を計算させて、察罕[redacted]兒寝殿の地氈五扇を製造させた[68]。

とある。行宮の置かれたチャガン・ノール（察罕脳兒）寝殿のカーペットの、大きさを計測するのは別の人物が担当し、実際の製造には段貞が命じられている。この二つの事柄からも分かるように、かれに期待された能力は、決して行政的手腕ではなく、大都建設の中で培われた、工事を指揮する現場監督としての技量であった。だからこそ、かれが中書平章政事に任用された理由も、大都建設の功績に対する恩賞であったと推察できるのである。こののち段貞は「はじめに」で触れたように、朱清・張瑄からの贈収賄行為に巻き込まれ、大都の政界から放逐されていく。

一応この後の段貞の動きについても触れておこう。もともと病弱であった成宗の病気が進行するにつれて、

政治の実権は筆頭皇后であるブルガン＝カトンに委ねられ、それに伴い、大徳六年に政界から放逐された人物が次々と復活を遂げていく。具体的に述べれば、伯顔・梁徳珪・八都馬辛・迷而火者が皆一様に大徳八年九月に元の地位に復活し、政治の中枢に戻ってくるのである。段貞についても、『元史』巻二一、大徳九年七月丁卯の條に、

大司徒の段貞・中書右丞の八都馬辛を中書平章政事とし、参知政事の合剌蛮子を右丞とし、参知政事の迷而火者を左丞とし、参議中書省事の也先伯を参知政事とした[69]。

とあるように、大徳九年七月には再び中書平章政事の地位に復活する。大徳七年に共に姿を消し、先に復活している八都馬辛と迷而火者の昇進と時を同じくして段貞は復活するのである。この記事を最後として、段貞は元朝史の表舞台から完全に姿を消す。

本章で見てきたように、段貞は大都築城当初から顔をのぞかせ、後に大都が完成してからは、都市の管理や維持を行なう。特に注目されるのは、計画の立案に携わるのではなく、ほぼ一貫して現場の指揮を執っている点である。大都城建設工事にあたって資材搬入用運河となる金口運河の計画、大都城を直接海につなぐことを可能にした通恵河の計画、授時暦の作成や天文器具の設計など、いずれも科学知識に長けた郭守敬の立案したプランに即して工事・製作は行われた。そしてこれら工事の実際の指揮を執ったのが段貞であった。大都城の建設といった国家規模の工事に止まらず、寺観や塑像を安置するための建築物の建設、大運河の開鑿工事など、段貞は多様な施設の建設工事の指揮者であった。段貞は、常に現場の第一線に立ち、多くのヒトを指揮し、モノを製作することによって、たとえ断片的ではあれ、このように多くの史料にその名を残すことができたのである。

このような建設作業に関与した段貞にはその作業員となるべき人員が多く必要とされた。それが侍衛親軍の一つであった武衛であり、段貞はこの武衛設立にも深く関与している。この武衛設立に果たした段貞の動きと、段貞が長期間に渡って携わることになる大都留守司については次章で述べることとしよう。

おわりに

本章で述べたことをまとめると以下のようになる。巨大帝都である大都城を建設するにあたっては、劉秉忠と趙秉温を代表とする理念的な平面プランの製作者、土木作業員を調達する張柔などの武官、建築物の装飾工事に従事した楊瓊等の工芸職人、塑像の制作にあたった工芸家アニガ、運河のプランナーであり、なおかつ授時暦を製作した科学者である郭守敬、そして、その後完成した大都の宮殿の管理や運河の開鑿工事の現場責任者である段貞といった人々がそれぞれ役割分担をして従事していたと考えられる。

本章で論じた段貞の役割は、前述の人物達の計画に基づいて、現場の陣頭で工事の指揮を執ることであった。さらに、後述するように、工役専門の侍衛親軍の衛である武衛の設立にも関与する。この軍隊を得た直後には通恵河開削の現場責任者となり、その功績をもって中書平章政事の地位にまで昇っていくのである。

また大都城は、ほぼクビライの治世にあたる約三十年を費やして完成する。そして成宗期に段貞が失脚したのち、小規模な修理はあるものの、都城の修理は天暦の内乱で大きく傷つくまで行なわれず、大規模な運河工事も元末順帝期の金口運河の改修工事まで行なわれない。つまり、段貞の失脚までに大都の建設は事実上完了し、その後は修理、改築が行なわれていくようになるのである。この点からも、段貞は一貫して大都城建設の第一線に立ち続け、そしてその完成後は維持や管理を担ったといえよう。段貞による現場総監督としての働きの重要性は、表立って活躍したかのように映る劉秉忠や郭守敬とは違った意味で、より強調されるべきであろう。

皇帝の意志が官衙の廃立に決定的な影響を与えた元朝では、個人的に親しい人物、信頼できる人物に様々な職務を担わせていった結果、従来の中国王朝では一つの官庁によって行なわれるべきではない、と考えられる職務までそこに加わっていくことがしばしば見られた[70]。段貞は大都留守司の長官である大都留守として、大都の管理維持に当たることになる。この大都留守司は、当初建築専門の官庁であったものに、様々な職務が付帯されていき、結果として、大都城の管理のみならず、皇帝の日用品の管理まで担っていく。大都留守司に関してみれば、信頼すべき人物とは、まさしく段貞のことである。このように、『元史』列伝に挙げられないような人物でも、皇帝の信頼さえ得れば、そのまま重要な職務を担わされ、その人物の統轄していた組織が、官庁に移行して元末まで維持されていくのである。

そして最終的に、段貞は中書平章政事の地位にまで登り詰めていく。すなわち、大都を管理するということは、一都市の管理に止まるものではなかったことを意味する。

本章は大都城建設における段貞の事績を具体的に確認することで、都市の建設者について論じてきた。それでは段貞が設立にも関わり、本章でもしばしば言及してきた大都留守司とはどのような官庁であったのか。次章で考察する。

註

1　朱清と張瑄をめぐる事件とその背景については、植松正「元代江南の豪民朱清・張瑄について――その誅殺と財産官没をめぐって」（初出一九六八年、のち『元代江南政治社会史研究』汲古書院、一九九七年所収）を参照。
2　『元史』巻二一、大徳七年三月乙未の條。
3　『国朝文類』巻一二、王構「留守段貞贈謚制」。
4　陳高華・史衛民『元代大都上都研究』三一～三二頁（訳書：五七～五八頁）、及び王崗『北京通史（五）』（中国書店、一九九五年）四〇頁を参照。その他にも大都城建設者の名前を挙げた研究はある。本文を論述していく過程で適宜触れていきたい。なお参考までに、田中淡の挙げる大都城建設スタッフの名前を以下に紹介しておく。田中によれば、都市設計を実施したのは劉秉忠・趙秉温を中心とする漢族、そして「実際の建設行程を指揮したのは行工部尚書の段貞であって、将軍張柔・張弘略父子、およびモンゴル人の野速不花、女真人の高觽、色目人の也黒迭児らが加わった」と述べて、段貞を中心人物とみなしていることが窺える。『世界美術大全集　東洋編（七）元』（小学館、一九九九年）「第一章　元代の都市と建築」三三頁を参照。一方で、布野修司『大元都市――中国都城の理念と空間構造』（京都大学学術出版会、二〇一五年）四七六～四七八頁でも大都城の建築を担った人をまとめているが、段貞については、名前を列挙するに止まる。
5　段貞の「貞」は「禎」と表記される場合もあるが、本章では「貞」で統一した。これは『国朝文類』巻一二、王構「留守段貞贈謚制」でも、やはり「貞」の字が用いられているからである。
6　劉秉忠に言及する研究は枚挙に暇がない。とりあえずここでは、袁国藩『元太保蔵春散人劉秉忠評実』（台湾商務印書館、一九七四年）を挙げておく。
7　丙辰、上始建城市而修宮室、乃命公相宅。公以桓州東・灤水北之龍岡、卜云其吉、厥既得卜、則経営不三年而畢務、命曰開平、尋升為上都。
8　陳高華・史衛民『元代大都上都研究』一五四～一五五頁を参照。
9　（至元）四年、又命秉忠築中都城、始建宗廟宮室。八年、奏建国号曰大元、而以中都為大都。

10 前掲註（4）を参照。また、于希賢「『周易』象数与元大都規劃布局」（『故宮博物院院刊』一九九九―二）が、やはり大都城平面プランの設計は劉秉忠が行ったとする。

11 （至元）三年、詔抶吉土建両都、命公与太保劉公（劉秉忠）同相宅。公因図上山川形勢・城郭経緯、与夫祖社朝市之位・経営制作之方、帝命有司稽図赴功。至元五年、両都成。賜名曰大都、帝定都焉、曰上都、巡守居焉。

12 趙秉温が大都城の平面プランの作成者であったことは、山田慶児『授時暦の道』（みすず書房、一九八〇年）一七九～一八三頁も指摘している。

13 世祖既定都於燕、作都城宮闕。公与留守野速不花・段禎董其役。功成、有白金・厩馬・宮服之賜。（至元）十八年、拝中議大夫・工部侍郎・同知五府都総府、領東宮禁衛之事如故。

14 詔安粛公張柔・行工部尚書段天祐等同行工部事、修築宮城。

15 至元三年、城大都、佐其父為築宮城総管。八年、授朝列大夫・同行工部事、兼領宿衛親軍・儀鸞等局。十三年、城成、賜内帑金釦・璹瑁卮、授中奉大夫・淮東道宣慰使。

16 張氏一族については、野沢佳美「張柔軍団の成立過程とその構成」（『立正大学大学院年報』三、一九八六年）を参照。

17 也黒迭児は本書第二章でも触れている。ただし、陳垣も也黒迭児のことを論述する過程で、「段天祐」について触れている。しかしながら、『元史』巻一七七、呉元珪伝の記述に基づき、「段天祐」を歩軍の頭領と位置づけるに止まる。

18 （至元三年）十二月、有旨、命光禄大夫安粛張公柔・工部尚書段公天祐、暨也黒迭児同行工部。修築宮城。

19 朱啓鈐「元大都宮苑図考」（『中国営造学社彙刊』一―二、一九三〇年）を参照。

20 陳高華「元大都史雑考」（北京市研究会〔編〕『燕京春秋』北京出版社、一九八二年）を参照。なお本文で引用した「神道碑」は陳論文所掲の史料を用いた。

21 丞相段公・葉孫不花伝旨、命管領燕南諸路石匠。自中統三年至至元丁卯、建両都宮殿及城郭営造、于是三遷、領大都等処山場石局総管。

22 通奉大夫、大都武衛親軍都指揮使司達魯花赤、提調大都屯田事、大都留守兼少府監段国幹故父銀青光録大夫、司徒、武衛親軍都指揮使司達魯花赤、大都屯田事、提調大都留守司・少府監事、貞。

23 櫻井智美「アフマド暗殺事件と司徒府の設立」（『中国――社会と文化』一五、二〇〇〇年）を参照。

24　村田次郎はこの「段天祐」と「段貞」とを別人と見做しているが、誤りである。村田次郎「元・大都における平面図形の問題」（初出一九三四年、のち改題・増補して『中国の帝都』綜藝社、一九八一年所収）三三一頁を参照。なお元代に「段天祐」と呼ばれた人物はもう一人いる。しかし、泰定元年（一三二四）の進士であり、全くの別人とみなさなければならない。

25　（至元）十七年……詔賜第於大明宮之左。留守段圭言「逼木局、不便。」帝曰「俾居近禁闥、以便召使。木局稍隘、又何害焉。」

26　「ナカイ」とはモンゴル語で「犬」という意味である。なぜ段貞にこのようなモンゴル名が与えられたのか。原山煌「モンゴル遊牧民世界に於けるイヌ観念について――『元朝秘史』の事例を中心に」（畑中幸子・原山煌〔編〕『東北アジアの歴史と社会』名古屋大学出版会、一九九一年所収）によれば、モンゴル人にとってイヌには、どう猛さ、最初にあらわれる攻撃者、執着性、忍耐力、主人に仕える動物等のイメージがあるという。さらに注目すべき見解は、亡国の危機を伝える動物という観念である。これはイヌの本来的に持っている番犬としての機能に直接由来するといい、註（26）で、イヌは単なるイエの番犬ではなく、「集落、共同体、――さらには国家の――象徴的な警報装置としての役割さえ窺えそうである」と述べる。この論に依拠すれば、大都城を終生管理した段貞の役割は、付与されたモンゴル名の意義からもより一層明確になるのではなかろうか。

27　『元史』巻七、至元七年二月甲戌の條。

28　陳智超〔編〕『道家金石略』（文物出版社、一九八八年）一一〇一頁。

29　……于是、皇后分禁中供用之物、命太府監玉牒尺不花、即于所見之地興建廟以奉香火、仍命行工部尚書段天祐一同商度、給其工役。落成之日、賜其額曰昭応宮碑。

30　前掲註（28）『道家金石略』一一〇一頁。

31　中村淳「元代法旨に見える歴代帝師の居所――大都の花園大寺と大護国仁王寺」（『待兼山論叢（史学）』二七、一九九三年）、及び同「元代大都の勅建寺院をめぐって」（『東洋史研究』五八―一、一九九九年）を参照。また、その寺産についても、同「元代大都勅建寺院の寺産――大護国仁王寺を中心として」（『駒沢大学文学部研究紀要』七一、二〇一三年）を参照。

32　会福総管府の沿革については、大藪正哉「元の太禧宗禋院について」（初出一九七一年、のち『元代の法制と宗教』秀英出版、一九八三年所収）を参照。

33　『元史』巻八七、百官志三、太禧宗禋院。

34　『元史』巻一〇、至元十六年八月甲申の條。

35 『元史』巻二二、至大元年十月乙巳の條。

36 『元史』巻四一、至正六年十二月甲申の條。

37 『元史』巻四二、至正十年七月癸亥の條。

38 阿尼哥については、石田幹之助「元代の工芸家ネパールの王族　阿尼哥の伝に就いて」（初出一九四一年、のち『東亜文化史叢考』東洋文庫、一九七三年所収）、及び前掲註（31）中村淳「元代法旨に見える歴代帝師の居所」、同「元代大都の勅建寺院をめぐって」を参照。

39 逮甲申冬、皇孫紺蔴剌以師持誦保釐、故欲辟静室処之、宮府辞不可。翼日、出貨泉二千五百緡、洎名驃二、仍諭留守段禎・詹事丞事張九思、即所居庀徒蔵事、起三大士正殿、丈室七巨楹、下至門閭・庖湢・賓客之所、略皆完備。始於乙酉之春、成於丙戌秋仲。

40 『清容居士集』巻四五、「魯国大長公主図画記」。

41 崇真万寿宮　在都城内。……至元十五年置祠上都。尋命平章政事段貞度地京師、建宮艮隅、永為国家儲址地。闢丈室斎宇、給浙右腴田、俾師主之。賜額崇真万寿宮。

42 前掲註（28）『道家金石略』九一〇頁の、趙孟頫「上卿真人張留孫碑」に、「車駕屢親祠崇真、勅留守段真益買民地、充拓其旧、期年訖功。明年有星孛于正北。」とある。「段真」は段貞のことであろう。アニガの関与については、『程雪楼集』巻七「涼国敏彗公神道碑」に、「元貞元年……崇真万寿宮成。詔公位置像設。」とある。

43 『元史』巻二〇二、釈老伝。

44 円明寺　旧都三学寺也。在康楽坊。肇始於遼金、未及百年而荒廃、後復興建、革律為禅、改今名。至元二十年十月望、資徳大夫・領大都留守司・大興府都総管・行工部尚書・知少府監段貞立石。

45 『遼史』巻一六、重熙十一年十二月己酉の條。

46 『元史』巻九〇、百官志六、大都路都総監府。

47 世祖聖徳神功文武皇帝、至元四年歳丁卯、以正月丁未之吉、始城大都。立朝廷・宗廟・社稷・官府・庫庾、以居兆民。辨方正位、井井有序、以為孫子万世帝王之業。七年、太保臣劉秉忠・大都留守臣段貞・侍儀奉御臣忽都于思・礼部侍郎臣趙秉温言、「大都城既成、宜有明神主之、請立城隍神廟。」上然之、命択地建廟、如其言。

48 （至元十八年）三月十一日、尚書段那海及太常礼官奏曰「始議七廟、除正殿・寝殿・正門・東西門已建外、東西六廟不須更造、余依太常寺新図建之。」遂為前廟・後寝、廟分七室。

49　秦蕙田『五礼通考』巻一二七、吉礼、享先医。なお、元代の三皇廟については、三皇廟を全面的に検討した谷口綾「元代の三皇廟について」（『龍谷大学大学院文学研究科紀要』二九、二〇〇七年）、及び薛磊「元代三皇祭祀考述」（『元史論叢』一三、二〇一〇年）等を参照。

50　『元史』巻七六、祭祀志五、郡県三皇廟。

51　元貞元年正月、太史臣奏「嘗奉先帝旨、令那懐建三皇殿及塑三皇像、并造製薬・貯薬等屋。今皆未完。奉旨命那懐、移文中書省、需所用物、速成之。……」

52　以下の太史院の記述に関しては、前掲註（12）山田慶児『授時暦の道』二一〇～二一三頁を参照。なお当該書二一八頁には太史院の想像復元図が掲載されている。

53　凡工役土木金石、悉付行工部尚書兼少府監臣段貞以経度之。凡儀象表漏文飾匠制之美者、悉付大司徒阿你哥。十六年春、択美地、得都邑東墉下、始治役。垣縦二百布武、横減四之一、中起霊台、余十丈、為層三、中下皆周以廡。

54　命司徒阿你哥・行工部尚書納懐製飾銅輪儀表・刻漏。勅改給駙馬尚吉印。修宮城・太廟・司天台。

55　凡工匠隷呂合剌・阿尼哥・段貞無役者、皆区別為民。

56　この碑文を節略したと推定される文章が『析津志輯佚』九六頁にあり、それに依って一部文字を改めた。

57　通恵河……按新開通恵河碑、至元二十九年八月興工、三十年八月工畢。平章政事段貞専董其事、世祖聖徳神功文武皇帝嘉其有成、賜名通恵。

58　蔡蕃『北京古運河与城市供水研究』（北京出版社、一九八七年）九三頁には工事に関わった人名が列挙されている。なお蔡蕃も、段貞が大都城建設の当初より工事に参加し、大都留守の任を長期に渉って担ったことを指摘する。

59　本條については若干の誤字や脱字があるので、『永樂大典』巻七五一一「倉字、京諸倉」所引の『経世大典』により文字を校訂した。

60　（至元）三十年九月二十八日、平章不灰木等奏「疏闢新河、那懐督役公謹、今已成功、河西務・通州倉儲糧最多、倶如曠野。東城紅門内近新河有隙地、復遷紅門稍入五十余歩、広展基址、期数年間、尽建倉宇、移致河西務・通州糧甚便。」工部楊尚書言「乞命那懐董工、庶得早成。」上是之曰「不必再慮、尽力為之。」

61 『元史』巻一七、至元三十年十月戊申の條。

62 以大都留守段貞・平章政事范文虎監浚通恵河、給二品銀印。

63 『元史』巻一九、元貞二年二月丙寅の條。

64 元貞二年春、召至便殿曰「朕知卿疾之故、以卿不能従人、人亦不能従卿也。欲以段貞代卿、如何。」不忽木曰「貞実勝於臣。」

65 張帆『元代宰相制度研究』（北京出版社、一九九七年）五五～五六頁を参照。

66 『元史』巻五〇、五行志一によると、水害は六月に発生したとある。

67 汴梁等処大雨、河決壊隄防、漂没帰徳数県禾稼・廬舎、免其田租一年。遣尚書那懐・御史劉賡等塞之。自蒲口首事、凡九十六所。

68 成宗皇帝大徳二年七月二十六日、奉旨寝殿内造地氈。命与只里哩乎同議長短・闊狭・尺寸、命那壊成造。工部委官計料工物、造成察罕■兒寝殿地氈五扇。

69 以大司徒段貞・中書右丞八都馬辛並中書平章政事、参知政事合剌蛮子為右丞、参知政事迷而火者為左丞、参議中書省事也先伯為参知政事。

70 例えば、度重なる設置が試みられた財務官庁としての尚書省や、文宗によって設立された奎章閣を想起されたい。

第六章　大都留守司について

はじめに

前章において、これまで注目されることの少なかった、段貞という人物について考察を加えた。段貞は大都留守司の長官である大都留守として、大都城内外の様々な建築物の建設に携わり、その功績によって中書平章政事の地位にまで昇任した人物であることを明らかにした。

ところで、段貞が生涯に渡って関わることになる大都留守司とは、一体どのような官庁であったのか。これまでも大都留守司について触れてきた研究はあるものの、それらは概ね、後掲する『元史』巻九〇、百官志六、大都留守司の條を粗述したに過ぎない[1]。杉山正明も大都留守司については、「明らかにカアンに従って移動するのを常としたオルド関係者」と指摘するに止まり[2]、踏み込んだ考察にまでは及んでいない。それまでの王朝の留守司とは異なることを指摘していながら、大都留守司について具体的な検討をした研究はいまだに見られないようである。

本章では、「留守」という中国的官名が付与されながらも、その実体はそれまでの「留守」とは全く異なる、大都留守司の概要を検討していきたい。

一　中国歴代王朝の留守について

そもそも「留守」とは、遊牧民族王朝である元朝に限って置かれたのではなく、皇帝が親征などで都を離れたりした際、重臣等に皇帝不在の都を守らせるものとして、臨時的に設けられた職名である[3]。唐代に至って正式な官名となり、副都である東都洛陽府・北都太原府とでは、府尹との兼任で留守が置かれた[4]。府尹との兼任ということから、副都の留守が常設であったことは注意しておく。

国都である長安の留守は、皇帝が不在の度に任命された。貞観十七年（六四三）、太宗による遼東遠征の際に、太子太傅の房玄齢が西京留守に任命されたのを嚆矢とする[5]。つまり唐代の留守は、副都には常設されたのに対して、国都には必要に応じて、随時設けられたことになる。

続く宋代でも留守が設置された。職掌は「宮鑰及び京城の守衛・修葺・弾圧の事を管掌」し、「畿内の銭穀・兵民の政」を掌ることで、留守は東京開封府・西京河南府・北京大名府・南京応天府にそれぞれ置かれ、開封以外は知府が兼任した[6]。

特に洛陽に置かれた留守司御史台はよく知られている。これは、「西京留台皆公宇有り、亦た榜して御史台と曰ふ。旧は前の執政大臣の休老養疾の地たり」とあるように[7]、重臣達の保養のためのポストであった。王安石との政争に敗れた司馬光も、「公果して召命を辞し、西京留司御史台を乞ひ、以て資治通鑑を修す」とあるように[8]、みずから権判西京留守御史台への就任を希望し、洛陽で『資治通鑑』を執筆した。副都の留守は常設の官庁ではあっても、実質的な権限を有しない、いわば閑職といえるものであった。

一方で国都開封の留守は、唐代と同様に、皇帝の不在時に随時任命された。はじめて東京留守に任命されたのは枢密使の呉延祚で、副留守は知開封府の呂余慶であった[9]。このような形式が以後も踏襲され、皇帝親征の際に、親王あるいは執政が留守に充てられた[10]。よって、留守はあくまでも名目的なものに過ぎなかった。南宋では北宋と同様に、東西南北京の知府がそれぞれ留守を兼ねた。

金では尹と兵馬都総管とを兼任する留守司が立てられ、長官である留守は一人、官品は正三品であった[11]。以上述べてきたことから、元代までの留守の特徴を抽出すれば、以下のようになろう。副都の留守が常設であったのに対して、国都の留守は王朝創立当初の国内が不安定な時期や、対外戦争を行った時期などに任命される、非常設ポストであった。しかも特別な職掌があったわけではない。副都の留守にいたっては、閑職でさえあった、と理解できる。ところが、明代の留守司はそれまでのものとはいささか様相を異にする。

明代では鳳陽（鳳陽臨濠府）と興都（承天府）にそれぞれ留守司が置かれ、留守は一人、官品は正二品であった。中都は朱元璋の出身地であり、洪武二年（一三六九年）から八年にかけて中都の造営を行なったものの、経費がかさんだために工事を中断し、洪武十四年に留守司が置かれることになった。のちには洪武帝の父である仁祖の陵墓、皇陵が置かれることになる。また、興都にも嘉靖十八年（一五三九）に留守司が置かれ、ここにもまた、嘉靖帝の父である興献王の陵墓、顕陵が置かれた。どちらの都市も都に定められた期間はなかったので、明朝の留守司は陵墓の守護が主な任務となる[12]。その上、仁祖も興献王も皇帝に即位しなかったのだから、元朝はおろか他の漢人王朝と比しても、特殊な任務であったといえる。

これら他の王朝の留守司と比較して、元代の大都留守司は、国都に常設された点のみならず、職務内容と員数も大きく異なる。職務内容についてはのちに詳論するため、ここでは『元史』百官志に基づいて、員数を確認しておきたい。まず大きな違いとして、唐・宋・金・明の留守が各一人であったのに対して、元朝では五人であった。必ずしも定員が常に充足されていたわけではないとしても、留守の人数の多さから、元朝の留守司がこれまでとは違ったものであったことを推測させる。また官員数についても確認しておく。

例えば明朝では、副留守一人、指揮同知二人、経歴司・経歴・都事・断事・副断事・吏目各一人の最大九名で構成されていた。これに対して、元朝では、同知・副留守・判官各二人、経歴一人、都事二人、管勾承発架閣庫・照磨兼覆料官・部役官兼豪塞各一人、令史十八人、宣使十七人、典吏五人、知印二人、蒙古必闍赤三人、回回令史・通事各一人の最大六十四人で構成されていた。さらに留守司の下には、後述する各部局の員数も加わるため、大都留守司全体が大規模な組織であったことを窺わせる。

員数だけを比較しても、元朝の留守司が他の王朝のものとはかなり異なっていたことが明らかとなる。次に節を改めて大都留守司の設立過程について考察していく。

二　大都留守司設立の経緯

遊牧民族による中国征服王朝である元朝は季節移動を常としていた[13]。すなわち、夏は北の上都、冬は南の大都で過ごすという習慣である。この行動様式は、世祖クビライの即位当初から、至正十八年（一三五八）十二月に、紅巾軍の関先生等によって上都を破壊されるまでほぼ毎年行われ続けた[14]。このような習慣を続けるということは、当然のことながら、季節に応じて首都機能を有する場所に、皇帝が一定期間不在状態になることを意味する。留守司はその間の国都の留守居役を担うものとして設立された。

留守司はまず上都に設置され、上都路総管府がその役割を担った。大都城の建設がまだ行われていない至

元三年（一二六六）七月にその規定が公布される。『元史』巻六、至元三年七月壬寅の條によれば、

上都路総管府に詔して、車駕が上都に巡幸する際には、留守司の事を行はせて、車駕が大都に戻ったならば、ただちに上都路総管府の職務に復帰させた[15]。

とあり、「車駕巡幸に遇へば、留守司の事を行わしむ」とあるように、皇帝が上都に来た際に上都路総管府が「留守司」となった。これまでの中国王朝の留守のように、皇帝不在の都を守っていたのとは明らかに異なる。そして皇帝が大都に戻ると、上都路都総管府としての職責を果たした。この方式がしばらく続いたようで、上都留守司の正式な設立は至元十八年二月まで待たねばならない[16]。ただし大都の場合とは異なり、留守司の長官と上都路都総管府の長官とは兼任体制が採られた[17]。つまり、至元三年の詔の方式がそのまま運用され続けたのである。職務内容は全く異なるものの、設置形態は唐宋の副都の留守司に近いものであったといえよう。

上都留守司の設立に続いて、翌至元十九年に大都留守司が設置される。ところで、常識的に判断すれば、大都留守司が設立されるよりも前に、大都の留守居役が存在したことは考えられよう。それを示唆するのが、『元史』巻一四八、董文忠伝である。

（至元）十八年、……車駕が行幸する際、文忠に詔して扈従させずに、大都に留めおいた。宮苑・城門・直舎・徼道・環衛・営屯・禁兵・太府・少府・軍器・尚乗等の諸監は、すべて彼に管領させた。兵馬司はもともと中書省に所属していたが、これも併せて文忠の管轄下にさせた[18]。

董文忠に対して、上都への巡幸の扈従を止めさせて、宮中や城門の警備を行う官庁と、太府や少府などの皇帝の日用品、武器や乗り物を管理する官庁の統括が命じられている。これらは、のちの留守司の職掌とほぼ

同じ任務を担う官庁である。さらに、本来は大都路都総監府の、実質は刑部の所属であった、警察機構の大都路兵馬司も、董文忠の統轄下に置かれた。董文忠は、漢人世侯として名高い、真定藁城の董俊の第八子で、多くの勲臣の子弟と同様に、世祖朝のケシクになっている[19]。後に触れるように、大都留守には「根脚」の確かな人物しか任用されなかったことを考えると、信頼すべき人物に対して、大都留守司の設立以前に「大都留守」を委ねるという方向性は、すでに定まっていたかにみえる。この方式が至元十九年まで行われ続けたのであろう。

次に、官署として正式に設立された時期を詳細に検討していく。まずは、『元史』巻九〇、百官志六の大都留守司の條を掲げる。

至元十九年、宮殿府・行工部をやめて、大都留守司を置いて、大都路都総管を兼任させ、少府監の事も管理させた。二十一年、別に大都路都総監府を設置し民事を統治させ、さらに少府監を留守司に属させた[20]。

この記述に従えば、至元十九年（一二八二）に「宮殿府・行工部」を罷めて大都留守司を設置し、二十一年に、「民事を治む」大都路都総管府が別個に設置されたとある。民事を統轄する大都路都総管府が別置されていることからも、大都留守司が他の王朝の留守司とは異なっていたことが理解される。では、大都留守司の前身となった機関である「宮殿府・行工部」とは一体どのような官庁であったのか。

金代の中都南城の宮城を改造するための機関として「宮殿府」が設立されたのは、『元史』本紀に、「初めて宮殿府を立つ。秩正四品、営繕を専職す」とある、中統二年（一二六一）のことである[21]。当初は南城改造の方向で「首都」建設を目指していた世祖であったが、結局は南城改造の考えを放棄し、至元三年（一二六六）から新城大都の建設に着手していく。宮殿府はそのまま大都城の宮殿建設にあたったのであろう。この宮殿府の下には、のちの大都留守司に所属する機関が存在していた。一例ではあるものの、『永楽大典』より『経世大典』を抄録した『大元官制雑記』（十一葉）に、「修内司　大都留守司に属す。初め宮殿府に隷す。」とあるように、のちに大都留守司の所属となる修内司も、かつては宮殿府に属していた。なお宮殿府は至元八年に至って少府監に併入された[22]。

次の「行工部」はモンゴル皇族のための建築局と想定される。のちに武宗を祀るため、南城の南郊外に建設された大崇恩福元寺（南鎮国寺）の造営にあたっても、やはり行工部が設立された。『元史』巻二三、至大二年九月癸未の條には、

大都城の南に仏寺を建てるに際して、行工部を立て、行工部事三人、行工部尚書二人を領し、尚書右丞相脱虎脱にこれを管理させた[23]。

とある。「行工部事三人、行工部尚書二人」とあることから、名目的なものではなく、実際に人員を割くものであった。この点からも、「行工部」は皇族に関する建築物を建設するための臨時官庁と想定しうる。つまり、「宮殿府」が大都城の宮城を建設するためのものであったのに対し、「行工部」は皇族に関わる建築物を建設するために設立された臨時官庁であったと考えられる。以上述べてきた、「宮殿府」「行工部」という、建築を専門とする部局が大都留守司の中核となる。

ところで、先掲の『元史』百官志の記事によれば、至元十九年に大都留守司が設置されたとある。そして同年の『元史』本紀の各條に注目していけば、四月になって留守司関連の命令が頻発されていることに気づく。つまり、この時期に大都留守司の組織を整備させる何らかの理由が生じたと考えられよう。筆者はその

理由を、三月に発生したアフマド（阿合馬）殺害事件に求める。事件を契機として、大都留守司の組織が改編されたと考えられるのである。

事件の経過を『元史』巻一六九、高觿伝や、同巻二〇五、阿合馬伝に依拠しながら略述していくと以下のようになる[24]。至元十九年、世祖は皇太子であるチンキム（真金）とともに、二月二十四日に大都を出発して上都へ向かっていた。時の宰相、アフマドは随行することなく、留守居役として大都に残っていた。

事件は三月十七日の夜に発生する。漢人の王著と高和尚は皇太子が帰還すると流言し、詰問されることなく大都城北門の健徳門から入城し、皇太子宮である隆福宮の前に至った[25]。皇太子帰還の報を受け、あわてて出迎えたアフマドは、王著らによって殺害された。『元史』巻二〇五、阿合馬伝は、殺害直後の場面を以下のように記す。

次いで左丞の郝禎を呼び出し、やって来たところで彼を殺した。右丞の張恵を捕らえた。枢密院・御史台・留守司の官はみな遠くから望むばかりで、その理由を推測できる者すらいなかった。尚書の張九思は宮中から大声をあげて、彼らを賊とみなして、留守司達魯花赤の博敦が、梃を手に取り進み出て、馬上の人間を梃で撃ち倒したことをきっかけに、弓矢が乱れ飛び、賊党は四散し、多くは捕縛された[26]。

賊徒はアフマドの党人である郝禎を殺害し、右丞張恵を捕えた。これに対して枢密院・御史台・留守司の官員は皆呆然と見ているしかなかった。張九思は大声で宮中の人員を呼び、中から出てきた博敦が進み出て馬上の人間を撃殺した。それを合図に弓矢が乱発されて賊は散開し、その多くが逮捕された。

事件の第一報はただちに上都へ届けられた。しかしながらこの時、世祖は上都を離れチャガン・ノール（察罕脳兒）の行宮に滞在していたので、報告はそちらに回された。事件の概要を聞いて激怒した世祖は急いで上都に戻り、孛羅・和礼霍孫・阿里等を大都に向わせている。二十日に高和尚は捕らえられ、二十一日に孛羅等が大都に到着し、翌日王著・高和尚は処刑されている。かくして事件はようやく終息した。

さて、留守司設立の過程を検証する上で見逃せないのは、「留守司達魯花赤博敦」という人物の存在である。この人物は、虞集『道園学古録』巻一七、「高魯公神道碑」にも「大都尹鉢敦」として記録されている。つまり、事件発生時において、すでに大都留守司は設立されていて、大都留守司の長官は同時に大都の尹（＝大都路都総管府の長官）も兼任していたということになろう。よって、大都留守司の設立を至元十九年とする『元史』百官志の記事を信じるならば、それは一月から三月の間にかけてのことと考えられる。ただし、設立直後の大都留守司は宮殿建築担当の部署に変わるものとして設立されたとあって、事変に対しては「遙かに望む」ことしかできない組織であった。

以上略述してきたように、わずか五日間という短期間で事件が解決されたとはいえ、皇帝不在を狙い、「首都」である大都で発生した騒擾事件に、世祖を中心とする元朝政府は大きな衝撃を受けたに違いない。そこでその対策として、建設部局としての留守司の組織は維持しつつも、これに治安維持を目的とした軍隊を保有させるなどの、組織としての拡充が図られたのである。事件の翌月から対応策が矢継ぎ早に発せられる。

まず九日には大都の巡軍が留守司に附属された。巡軍とは大都城内をパトロールする巡羅軍のことである。十三日になると、前述の行工部が留守司に吸収された。さらに十六日には、『元史』巻一二、至元十九年四月乙巳の条に、

阿合馬の家奴の忽都答兒等が長期に亘って兵権を統括していたということで、博敦等に替えて、大都留守司に兵権を持たせた[27]。

とあるように、アフマドに連なる人間が握っていた軍隊指揮権を剥奪し、それを前述の博敦に握らせ、結果として大都留守司に帰属させた。ここに至って大都留守司は治安維持のための軍隊をも掌握したことになる。以上をまとめると、至元十九年の一月から三月の間に大都留守司は設立され、アフマド暗殺事件をきっかけとして、軍隊を保有するようになり、首都の治安維持の任も担うようになった。

このような経緯を経て形成されていく大都留守司に、当時の刑部尚書である崔彧が疑問を呈する。『元史』巻一七三、崔彧伝には、

（至元二十年）崔彧は再び刑部尚書として、時政十八事を上言した。……十四、大都は上都のような巡幸のための都市ではないので、留守司を置くべきではありません。これ（留守司）は阿合馬が自分の党派を結集するためのものでした。（だから）その任務に関しては総管府を置くべきです[28]。

とある。崔彧の上奏中、注意すべき点は、少なくとも漢人官僚にとって、留守司とは副都に置くべきものであって、国都たる大都に置くべきではないと考えていたことである。さらに崔彧は、元朝の官庁が党派の温床となる虞れのあることをも看破していた。確かにアフマドの初任官は上都留守同知であったから[29]、少なくとも崔彧の目には、上都留守司でアフマドが自分の党派を作ったと映ったのであろう。しかしながらこの意見は容れられず、至元二十一年四月になって、留守司と総管府とが別個に設立されることになる[30]。

当初、「行工部」「宮殿府」「少府監」と、別個に設立された官庁は徐々に整理・統合されていき、大都留守司に収斂されていった。そして長官である大都留守は、広域行政管理機構である大都路都総管府の長官も兼任していた。しかしながら、日用品の管理と大都地域に居住する住民の統制という、職能の違いがその分化を促し、至元二十一年にそれぞれ別個の官庁として設立されることになる。さらにこののち、大都留守司

には工役専門の軍隊である武衛が付随される。それでは、大都留守司は具体的にいかなる職務を担ったのか、加えて、前章でも少し触れた段貞と武衛の設立状況についても述べていくこととしたい。

三　大都留守司の職掌

まずはじめに、大都城における大都留守司の官署の場所を確認しておきたい。陶宗儀『南村輟耕録』巻一「万歳山」に、

　留守司は宮城西南の角楼の南にあって、宮禁や工役を掌る職掌を担う[31]。

とあって、皇城の中、宮城の西南辺に位置していた[32]。清代の紫禁城でいえば、武英殿の附近にあたる[33]。

大都留守司の職掌を端的に示す史料は、『元史』巻九〇、百官志六、大都留守司の條である。

　大都留守司、秩正二品。宮闕都城を守衛し、大都路の供億諸務を調度し、内府の諸邸・都宮・原廟・尚方車服・殿廡供帳・内苑花木を管理・修繕することを掌り、行幸湯沐宴游の所、門禁關鑰啓閉のことを掌る[34]。

まず「正二品」という官品の高さに目を引かれる。これは右丞・左丞・知枢密院事のような重要職官と同品で、大都路都総管府の長官であるダルガチの正三品よりも高い。この高さから、元朝の官制の中でも特に重要な官職と見做されていたことが理解される。

　次いで職掌についてみれば、大きく以下の四項目に分類することができよう。①宮城やそれをとりまく大都城内の警備、②大都路におけるあらゆる物資の調達、③皇帝の日常生活を維持するための日用品の管理、

④行幸・湯沐・宴遊の場所の管理、城門の開閉、大都城外の行宮の警備、である。行幸・湯沐・宴遊の場所とは、主に元朝皇帝が狩猟のために立ち寄る場所で、直接的にはいわゆるオルドを指したと考えられる[35]。特に第三に関わる日用品の管理という職掌が、皇帝不在の「首都」を管理するために設置された歴代王朝の留守司の職掌とは異なり、元朝の留守司の特異さを際立たせている。『元史』百官志の記述によれば、モンゴル人貴族の邸宅や宮城・モンゴル人皇帝の菩提寺など[36]、建築物の建設や修繕と、皇帝の使用する車や服・殿堂と廊下の帳の修繕、内庭の花や樹木などのセッティングなどを指す、ということになろう。

大都留守司の下に列挙される組織は大都を管理するための組織とは違って、皇帝周辺に近従するという意味合いが強い。これらを実際に執行する各部局については、後文で検討するとして、大都留守司として行った職務が具体的に述べられている史料をいくつか検証していく。

まず警備に関係するものが、陶宗儀『南村輟耕録』巻二一「宮闕制度」に見えている。

東は木橋でつながっており、長さは百二十尺、幅は二十尺、宮城の夾垣に通じていた。西は木吊橋でつながっており、長さは四百七十尺、幅は東橋と同じで、真ん中に隙間があり、柱を立てて、柱の梁を二つの舟にかけて、その隙間を埋めた。皇帝が上都に行幸する際には、留守官は舟を移して橋を断ち切て往来を禁じさせた[37]。

【図7】によれば、皇城の中心に広がる太液池を挟んで、東に宮城、西に隆福宮と興聖宮があった。太液池には儀天殿があり、この島から東に向かう橋を木橋といい、約三十六メートルあった。一方儀天殿から西に向かう橋を木吊橋といい、こちらは約百四十一メートルあり、その橋梁は二つの船によって支えられていた。そして皇帝が上都に行っている間、木吊橋の船を移動させて往来を不可能にさせていたという[38]。この橋を断ち切ってしまうと、東の大内と西の諸宮との往来が途絶えることになる。

なぜこのようなことが実行されたのか。筆者はこれについても、前述のアフマド殺害事件が関係していると考える。事件の経過をいま少し詳細に追うと以下のようになる。健徳門から入城した賊は、皇太子宮の西門に赴く。そこで「啓関」と叫んだものの、中に入ることはできなかったので南門に向かった。南門に赴いた賊は偽の皇太子を前面に立て、アフマドを呼び出して殺害した。

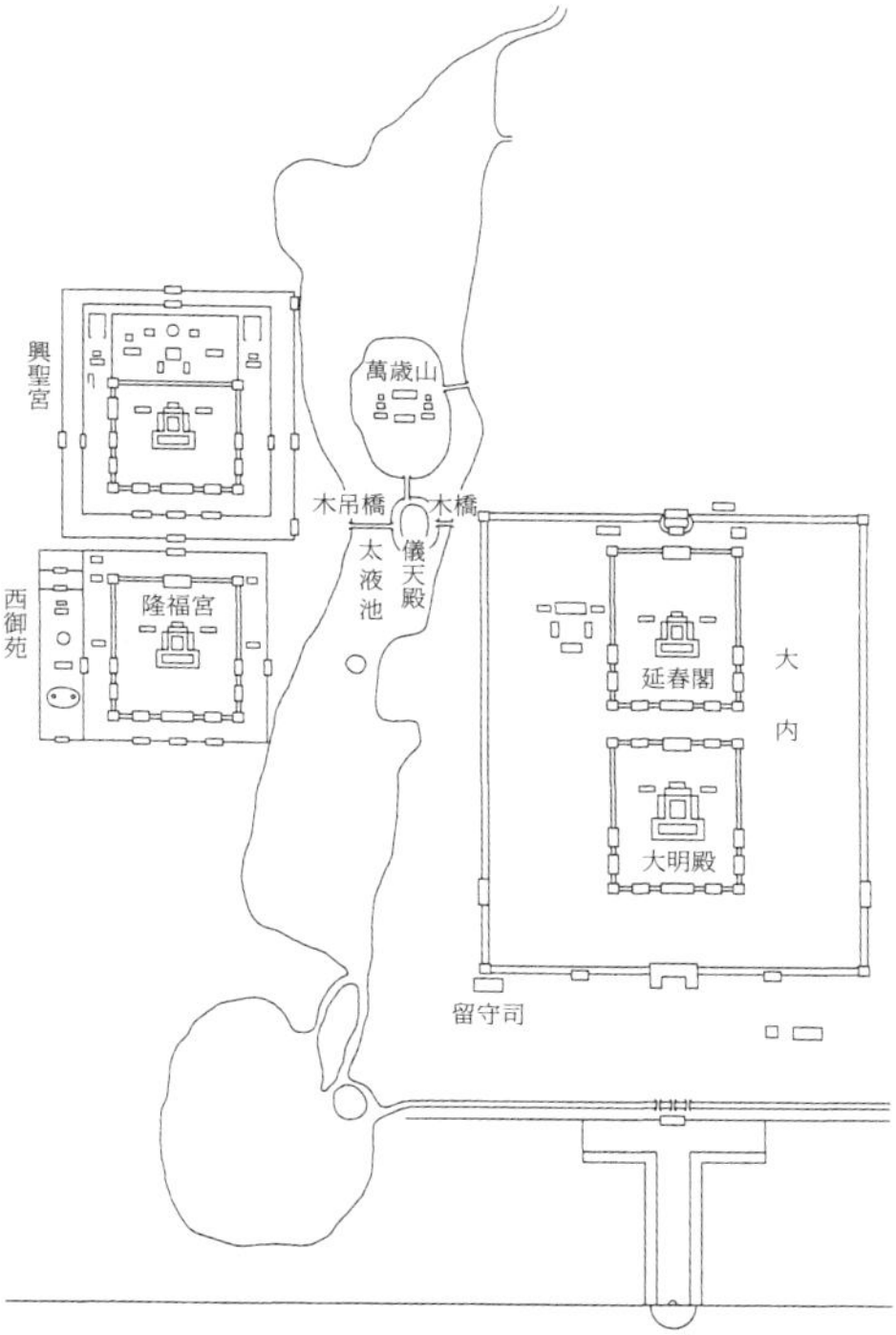

図7

朱偰『元大都宮殿圖考』（商務印書館、1936 年。北京古籍出版社、1990 年復刻）の附図を元に作図。

この事件から、たとえ偽物とはいえ、皇太子の名前を使えば、大都城内、さらには皇太子宮の手前にまで簡単に行き得たことが推測できる。そして、この点こそ重要なポイントと考えられるが、皇太子宮に入ることができれば、橋を通って大内にも侵入できた。つまりこの措置は、大内を孤立させることにその眼目が置かれていたと考えることはできないであろうか。『南村輟耕録』が掲げる橋の遮断についての記事は、広大な宮城を警備するに際しての、合理化を狙ったものと筆者は考える。

また、仁宗の延祐年間(一三一四~一三二〇)に設立された、巡邏軍の指揮を大都留守司が執っていたことは、『国朝文類』巻四一「経世大典序録、政典、宿衛」に詳しい。

皇帝が上都に行幸する際に、留守大臣に従って、夜鐘の時に鐘樓の下から出発し、大都の城内の道路をパトロールした。盗賊を探して明け方まで行軍するものを、巡羅軍といった[39]。

この史料に拠れば、巡羅軍は大都留守の指揮によって、大都城のほぼ中心に置かれた鐘楼の下を出発し、市内各街道のパトロールにあたっていたとする。

また大都留守司が上元節の準備を行っていたことも史料から確認できる。『元史』巻二二、大徳十一年十二月癸卯の條に、

(大都)留守司に命令して、翌年正月十五日に燈山を大明殿の背後、延春閣の前面に作らせた[40]。

とある。大徳十一年(一三〇七)五月に即位した武宗が、翌年正月十五日に、大明殿と延春閣の間の広場に燈山を準備せよ、という命令を下している。周知のように、正月十五日の上元節の際には、街中が提灯によるイルミネーションで彩られた[41]。大都城内でも、特に宮城南の麗正門外に植えられていた樹に提灯が飾られ、その周りには飲食の出店等も立ち並ぶにぎやかな風景が見られた[42]。宮城の中に作られた「燈山」とは、

提灯を飾るやぐらである。例えば英宗も、「今歳正月十五日夜、聖上宮中に綺を結びて山を為り、燈を其の上に樹し、盛情の諸戯、以て娯楽と為さんと欲す」とあるように[43]、宮中にやぐらを設置することを希望したが、仁宗の喪中であることを理由に張養浩に反対された。また泰定帝も、「勅して来年元夕を以て燈山を内廷に構へんとす。御史趙師魯水旱を以て、其の事を罷むるを請ふ。之に従ふ」とあるように[44]、宮中にやぐらを立てることを計画したが、旱魃を理由に反対されている。二例とも特別な理由が存在したということで反対されているということは、裏を返せば、宮城内での上元節が定期的に行われるものであり、その準備には大都留守司があたっていたと考えられる。

ところで、大都留守司の下には、上述の①～④の職務を執行する機関が多数存在した。以下、①～④に分けて確認していくことにしよう。

まず、①の警備機関としては、大都城内の十一の城門それぞれに置かれ、その開閉を担当した大都城門尉がある。彼らの職掌が虞集『道園学古録』巻一〇「題朶来学士所蔵御書後」に引用されている、「抄録御書」に見ることができる。

皇帝聖旨。大都・上都の城門を守備する囲宿軍の官人・軍人ら・八刺哈赤らに対して、今後、夜間に緊急の事情で、城門の開閉のことに遭遇したのならば、官を派遣して夜行象牙の円牌・織字聖旨を携帯させ、門囲の官員が、それをチェックして、はじめて門を開き城外に出ることを許す。夜行象牙の円牌を所持していたとしても、織字聖旨を所持していたなければ、いかなる官員人等であっても、勝手に城門を開いて出入させてはいけない。これに違えたならば死刑に処す[45]。

そもそもこの史料は、文宗から翰林院学士の朶來が受け取った手詔であり、この手詔を受け取った朶來は将作院に命じて絹布を作らせ、両都の門禁の者に渡した、ということが省略した前段より明らかとなる。この手詔自体が絹布に織り込められていたのであろう。さて、その手詔によれば、夜間城門を通行する人は象牙の円牌と聖旨の織り込まれた絹布との両方を所持していなければならず、もしこの禁を犯せば死刑に処せられたという。つまり、夜間に大都の城門を開くには皇帝の許可を持つ者でなければならなかったのである。

この門衛はバラガチ（八剌哈赤）とも呼ばれ、ケシク（怯薛）のなかでも[46]、大都・上都の城門の管理を担当するものがこのように呼ばれた。長官である門尉は二員、副尉は一員で、城門の開閉を掌った[47]。バラガチはそのチェックに当たるケシクであった。

②の大都路における物資の調達には、工部や将作院所属の部局によって管理された手工業職人の手になる製品の調達や、材料の調達が含まれていたと考えられる。宮殿の装飾物の製造を担当する犀象牙局、モンゴル貴族の日用品の製造を担当する匂皮局、儀鸞局、器備庫などがそれにあたった。ここでは、手工業の例を挙げておく。『大元氈罽工物記』「御用」には、

（泰定三年）六月二日、留守金界奴が皇帝から以下のような旨を受け取った。「朕の選んだ図面に依拠して、鹿頂殿五間を建てて、用器舗設を全て備えた。おまえと赤刺哈とでそこの地毯を計測せよ」と。十一月十五日に完成し、西宮の儀鸞局に赴いて納品した。西宮の鹿頂殿の地毯の大小二つを作成し、方は一千三尺、そのうち一つは長さ三十九尺、闊さ二十尺、一つは長さ二十六尺、闊さ二十尺であった[48]。

とある。泰定帝の選んだ図面に基づいて、鹿頂殿を建設し、中で使用する器具はすでに準備された。そこで、泰定三年（一三二六）六月になって、大都留守の張金界奴へカーペットの製作を行うように命令が下されている。命を受けた張金界奴は十一月になって儀鸞局に品物を納品している。鹿頂殿は、皇太子宮であった隆

福宮にあり、泰定二年十二月に修理が開始され、泰定三年の八月に完成している。そして、十一月九日には鹿頂棕楼が完成している。これは附属の建築物であろう[49]。つまり、この完成に合わせるように内装品の準備をしていたことが理解される。なおこの年、泰定帝は二月二十九日に大都を出発し、九月十九日に大都に戻ってきている。つまり、張金界奴は大都で、泰定帝が大都城に戻ってくるまでの間に、カーペットを製作していたと考えられる。

さらに、至治三年（一三二三）九月に即位した泰定帝は、十一月になって、「会福院に勅して北安王那木罕の像を高良河寺に奉ぜしむ」とあるように[50]、世祖の第四子である北安（北平）王那木罕（ノモガン）の像を高良河寺（大護国仁王寺）に安置するよう[51]、会福院に命令を下す[52]。これを受けて出された命令が記録されている、『大元氈罽工物記』「御用」の記事を引用する。

（泰定）二年閏正月三日、随路の諸色民匠都総管府が受け取った工部の符文に引用された留守司の関（文）には以下のようにある。「至治三年十二月五日、留守（王）伯勝・阿魯沢沙が旨を伝えた。北平王の影堂内、核桃の木の椀楪・象牙の匙筋・楠木の卓及び諸物は、世祖皇帝の影堂の制に依拠して、新たにこれを作れ。絵図を作って製造せよ。……」と[53]。

泰定二年（一三二五）に、随路諸色民匠都総管府が受け取った工部の符文に引用されていた大都留守司の関文に、大都留守であった王伯勝等に、世祖クビライの影堂の制度に基づき、椀・スプーン・箸・テーブルなどの製造を命じていることが記録されている。儀礼用の物品にあたるかもしれないが、手工芸品に属する物品を準備するのも、留守司の役目であった。

③の建築物の建設・修繕については、大都城内の宮殿の建築を担当する修内司を筆頭に、諸王の邸宅や寺

観の建築を担当する祇応司、宮城の城門や官署の修繕、皇帝の使用する帳房や車両、馬具の製造などを担当する器物局、土木工事や建築工事における資材の提供を担当する大都四窰場、凡山採木提挙司及び木場があった。さらには宮殿の樹木の管理を担当する上林署、養種園、花園、苜蓿園などがあった。

③については、多くの具体例を挙げることができる。まず建設に関するものを列挙していく。武宗の至大二年（一三〇九）三月から、皇太后宮である興聖宮の建設が行われた。これについては、『元史』巻二三、至大二年五月丁亥の條に、

通政院使の憨刺合兒を知枢密院事とし、興聖宮の造営を管理させるにあたって、大都留守の養安等にその工事を監督させた[54]。

とある。前年に建設が決定された興聖宮の建設に大都留守である養安が任じられた。大都の宮城内の建築物は、世祖期にほぼ完成しているので、至大年間に工事が開始された皇太后宮は久々の大規模な造営であった。また、至順二年（一三三一）には、「燕鉄木兒の居第を興聖宮の西南に建つ。撒迪及び留守司に詔して其の役を董せしむ」とあるように[55]、当時政界の実力者であったエンテムールの邸宅を留守司が興聖宮の西南に造営した。

大都城の城壁管理も大都留守の仕事であった。当初、大都城の城壁は年ごとに葦で覆っていた。至大三年（一三一〇）に大都留守になった王伯勝は、年月の経過によって土が固まったことと、費用もかさむことから、葦で覆うことを止めるように進言した[56]。また、至治三年（一三二三）には、「留守司雨を以て都城を修することを請ふ。旨有り『今歳宜しく大ひに土功を興すべからず。其れ之を略完せよ』と」とあるように[57]、留守司が大都の城壁の修理を求めているが、それに対して、簡略な工事を施せという聖旨を奉じている。二つの事

例からも、大都城の城壁管理が大都留守司の職務に含まれていたことが判る。

さらに、前章でも指摘しているように、王立寺院の建設も大都留守司の職掌であった。ここでは大承天護聖寺と居庸関過街塔の建設過程を追いながら、その点について確認しておきたい。

大承天護聖寺は文宗の天暦二年（一三二九）五月に建設が命じられた[58]。工事の責任者には、太禧宗禋院使月魯不花、中書平章政事明里董阿、大都留守張金界奴が任命された[59]。顔ぶれから判断すれば、建設の実質的責任者は大都留守の張金界奴であったと考えられる。八月になると、この寺の建設のために正三品の隆祥総管府が設立された。月魯不花が領府事、明里董阿が達魯花赤、張金界奴が総管となったから、ここでも、張金界奴が漢人の実質的責任者であった。工事は至順二年（一三三一）四月から始まった。「衛卒三千を発し、大承天護聖寺の工役を助けしむ」とあることから[60]、侍衛親軍の中でも、特に工役専門部隊である武衛が参加したものと予想される。この工事の途中で、張金界奴が以下のような上奏をする。

留守の臣が以下のように述べた。「寺院には行宮があり、皇帝が潔斎する空間である。（そこは）決して汚してはならない。管領している匠将にそれを造営させ、銭を両院の兵士と同様に支給してください」と。またこれに従った[61]。

すなわち、寺に置かれる行宮は皇帝の立ち寄るところなのだから、慎重に整備すべきである、と。この意見が採用され、「留守司に命じて、軍士を発して、駐蹕台を大承天護聖寺の東に築かしむ」とあるように[62]、皇帝の立ち寄る駐蹕台が留守司によって建設された。

次いで、居庸関過街塔の建設について確認しておく。北京の西北郊外にある居庸関は北京地区からモンゴル方面へ向かうための要衝であった。この居庸関の中心的建物となるのは「雲台」とよばれた過街塔である。

現在は台座を残すのみであるが、元代はこの上にチベット様式の白い仏塔が三つ並んでいた[63]。この工事は至正三年（一三四三）から開始される。これについての記録が、欧陽玄「居庸関過街塔銘」である。この銘文には工事に関係していた人物として、中書右丞の阿魯図、中書左丞の別兒怯不花、中書平章政事の帖木兒達識、国師の曩加星吉、御史大夫の太平、大都留守の賽罕、資政院使の金剛吉、太府監の賢吉、太府監提点の八剌室利の名前が列挙されている。以上の人物のうち、宿白も指摘するように、阿魯図、別兒怯不花、帖木兒達識の三人は、名目的に名前が挙げられているのであろう。従って実質的な工事責任者は太平以下の人物ということになる。宿白は、御史大夫の也先不花が蘆溝橋の塔の工事を監督していることから、御史大夫が建設に関与することもあったことを推測しているが[64]、ここまで述べてきたように、建設工事の現場責任者は大都留守の賽罕によってなされたと考えられる。なお、モンゴル人と思われる賽罕の事績については全く不明である。

また、『元史』巻一四四、答里麻伝は、順帝期の留守である答里麻に七星堂の修繕が命じられたことを記す。

順帝は答里麻に命じて七星堂を修繕させた。これ以前、修繕にあたっては必ず赤緑の色を用い金銀の装飾を施していたが、答里麻だけは素朴な装飾に務め、画工に山林の風景を描かせて、周囲の年少の官員たちはそうはしなかった。この年の秋、陛下が上都から戻ってくると、順帝は七星堂を見て、大いに喜んで、手で壁を撫でて感嘆して以下のように言った。「素晴らしいものだな。留守よ」と。順帝は答里麻に白金五十両・錦衣一襲を賜与した[65]。

以前は華美に修理されていた七星堂を、答里麻は山林風景の壁画を描かせ、質素に仕上げたということで、上都から帰還した順帝にその仕事ぶりを評価されている。七星堂の場所は判然とはしないが、大都城内にあり、皇帝が使用する建物であったことは想像できる。この場合も、答里麻は大都に居残って作業をしていたということになろう。

以上のような、大都城内外における建設工事以外の職務としては、『元史』巻七八、輿服志一、輿輅の條に、

至治元年、英宗が太廟に赴くにあたって、中書及び太常礼儀院・礼部に詔して鹵簿五輅の制度の調査を命令した。平章政事の張珪・留守の王伯勝・將作院使の明里董阿・侍儀使の乙刺徒満に、その事を委ねた[66]。

とあって、太廟親祀を執り行う英宗の指示で、至治元年（一三二一）に王伯勝が鹵簿五輅の製作に携わっていることが記される。張珪や乙剌徒は儀礼面からこの仕事に参加していると考えられ、実際の製作は王伯勝と明里董阿によってなされたとみるべきであろう。

④に挙げた行幸の場所の管理としては、チャガン・ノール行宮の管理が挙げられる[67]。前章で史料を引用して指摘しているように、大徳二年（一二九八）に、チャガン・ノールの寝殿のカーペットの製造にあたったのは、その当時は中書平章政事の地位にあったものの、長期に渡り大都留守であった段貞である。

大都留守司の職掌及びそれに属する部署の具体的な職掌は以上のとおりである。当初は建設担当であったものに、大都城内の建設が一段落してくると、内部装飾や儀礼用物品の製作といった職務が付託されていき、大都留守司の職掌は徐々に変質していった。このように、大都留守司は大都の住民や街区に対して管理する組織とは異なり、むしろモンゴル人皇帝に直接仕えるものであった。この点にこそ、大都の都市住民を管理する大都路都総管府とは別に、大都留守司という官署が設置されねばならなかった理由がある。

四　武衛の設立と段貞

大都留守司には工役を専門とする武衛が付随された。ここでは武衛の概略とその設立の過程を復元していく。その検討の結果、前章で触れた段貞が大きな役割を果たしたことに改めて気がつくであろう。

そもそも武衛は侍衛親軍の一つである[68]。侍衛親軍は皇帝の護衛や、宮城の警備等を主な任務として、ケシクとともに天子の禁軍を構成し、枢密院に所属した。世祖朝初期の中統元年に「武衛軍」（本章で述べる武衛とは異なる）として設立され、のちに右・左・中・前・後の五衛に発展した。これを根幹として、衛は漸次増設され、『元史』巻九九、兵志二、宿衛によれば、最終的には三十三衛にまで膨れあがることとなる。

さて、その武衛の職掌は『元史』巻八六、百官志二に、

武衛親軍都指揮使司、秩正三品。城隍及び京師内外の工役を管理し、加えて大都の屯田等のことも掌る[69]。

とあるように、建設工事や土木工事を行なうことである。大都留守司の下で職務を遂行するため、武衛には建設工事や土木工事といった職掌を持たせたと考えられる。武衛の指揮司は大都城内の宮城東側、保大坊に置かれた枢密院の中にあった。『析津志輯佚』「朝堂公宇」（三四頁）に、「外儀門　門の内俱に是れ諸衛」とあり、その「諸衛」の中に武衛も列挙されていることから明らかである。

これら侍衛親軍の兵士は屯田を行っていた。武衛屯田の設置された場所については、虞集『道園学古録』巻二三「武衛新建先聖廟学碑」が以下のように伝える。

至元二十六年、始めて営を置いた。営は涿州の南にあって、京師から二百里離れていた。衛には必ず営があり、その営には城郭・楼堞・門障・関禁があり、官行伍・廬舎・庫庾・衢巷・市井を治む。……衛

士は一万人を数え、軍事行動がなければ、内府の修繕にあたった。毎年の巡幸にあたっては、精鋭を従わせ、その際には営に留屯する兵士は三分の一であった[70]。

この史料は文宗期以降に書かれているものなので、武衛についてはほぼ元代を通じてこの状況が続いたとみなせる。史料によると、武衛の本拠地は大都城の西南にある涿州の南に置かれた。この部分『元史』巻一〇〇、兵志三、屯田「枢密院所轄屯田」によれば、他に覇州・保定・定興にも屯田が置かれたとある。覇州・保定・定興は、涿州と同様に、全て大都西南部にあたる。史料に戻ると、衛には必ず兵営があり、衛は城郭で囲まれ、中には倉庫や営舎もあったというから、一種の都市空間を形成していたのであろう。兵士は一万人ほどいて、通常は工役業務に従事していた。皇帝の上都巡幸に付き従う者もいたが、三分の一は営に残っていたという。

前述したように、侍衛親軍設立のなかで、武衛は右・左・中・前・後の五衛に続く六番目の衛であった。そこで各衛の規模を比較してみることとしよう。屯田の土地面積については、矢澤知之の論文に表が掲げられている[71]。それによると、右衛が約一三一〇頃、左衛が約一三一〇頃、中衛が約一〇三七頃、前衛が約一〇〇〇頃、後衛が約一四二八頃であったのに対して、武衛は一八〇四頃であった。つまり、屯田の規模はそれまでのものの中でも最大であったことが分かる。またそれ以外にも、耕牛の数がそれまでの衛が各々二千頭ずつであったところに、武衛には、四千頭の耕牛が配分された[72]。やはりここでも、他の衛を大きく上回っている。

以上、武衛の概略を述べてきたが、この武衛の長官である武衛親軍都指揮司使と、大都留守との兼任を最初に行なうのが段貞であった。以下では、この武衛の設立過程を復元していきたい。

まず最初に『元史』巻一五、至元二十六年正月辛丑の條を掲げる。

武衛親軍都指揮使司を立て、侍衛軍六千、屯田軍三千、江南鎮守軍一千の、計兵一万の兵を武衛の所属させた[73]。

この史料によると、至元二十六年（一二八九）に、侍衛軍六千人・屯田軍三千人・江南鎮守軍一千の計一万人の兵士によって武衛は構成されたという。なお、引用史料中の「屯田軍三千人」について、矢澤知之は、『元史』巻一〇〇、兵志三、屯田「枢密院所轄屯田」の記事に基づき、至元十八年に旧南宋領の軍人三千人を集めて立屯した兵士が、「大都屯田の三千人」になったと述べる[74]。次に『元史』巻九九、兵志二、宿衛の史料を以下に引用する。

武衛。至元二十五年、尚書省が以下のように上奏した。「那海が所持する漢軍一万人を、上都にある虎賁司のように、屯田を営ませて、城壕を修理するようにさせましょう」と。二十六年、枢密院官の暗伯が以下のように上奏した。「六衛の六千人、塔剌海孛可の管理する大都屯田の三千人、及び近路以南の万戸府の一千人の、一万人を動員して、武衛親軍都指揮使司を設立し、城壕及び京師内外の工役を掌るようにさせてください」と[75]。

これによると、至元二十五年（一二八八）、尚書省は那海、すなわち段貞の保持する兵士一万人を城隍の修理を担う正式な軍隊に昇格させようとする。ここで言及されている「虎賁司」とは、これ以前の至元十六年に上都に設置された工役専門の軍衛のことで、その長官は上都留守との兼任である[76]。尚書省はこの虎賁衛をモデルとし、大都留守を担っている段貞の軍隊を工事専門の軍隊として昇格させればよいと考えていた。

この部分について、『元史』は尚書省の上奏としている。しかしながら、別の史料を検討してみれば、ここに段貞の関与を見出しうるのである。

『滋渓文稿』巻一六「元故贈亜中大夫東平路総管李府君神道碑」は、至元十年に皇太子チンキムの宿衛となった李註という人物のために、蘇天爵の手によって書かれた神道碑である。李註は、大司農の要請により、新城・定興で屯田兵を統括するようになった。それを続けていたところ、「たまたま留守段貞虎賁衛を立て、以て屯田を掌らしむことを奏」するに至ったため、辞任を余儀なくされたという。この史料によれば、段貞が虎賁司を立てるよう上奏したとある。大都城造営という大任を任されていた段貞が、工事作業員としての兵士を欲したとすれば、虎賁衛の設立は段貞のイニシアティブによって提言され、それが尚書省を経由して実施されたとみたほうが、あるいは自然かもしれない。

　とまれ、この提案は至元二十五年十月に実行された。すなわち、『元史』本紀に、「虎賁司を置き、復た改めて武衛と為す」とあるように[77]、実際に「虎賁司」が置かれたのである。そして、尚書省の提案通りに虎賁司の指揮使には段貞が任命されたと考えられる。ところが、自分の保持する軍隊を武衛に昇格するように望んでいた段貞と尚書省に対して、枢密院は武衛を枢密院所属の組織に位置づけようと考えていた。枢密院の反応について詳細に述べられているのが、蘇天爵『滋渓文稿』巻二二「栄禄大夫枢密副使呉公行状」である。

> （至元）二十六年、参議枢密院事となった。当時、宮城は建設されてから二十余年を経過しており、修繕には時間がかかる。尚書省が以下のように上奏した。「軍士から一万人を選抜し、留守司に所属させてこの工事にあたらせよ」と。公はそれでは不便になると申し上げ、初めて武衛を立て、宮城の営繕に専念させた。留守である段禎に指揮使を委ね、工事を実施するにあたっては、必ず枢密院に文書を送った後に施行させた[78]。

完成から約十五年を経過した宮城は、すでに傷み始めており、改修工事の必要が求められている。それを担当する人員の調達に際して、尚書省は段貞の管理する留守司に軍隊を与えようとする。これは前述した、段貞の保有していた軍隊を指すと考えられる。ところが枢密院の呉元珪は尚書省の意見に反対し、改めて工役専門の軍衛を設立したほうがよい、と述べた。武衛の帰属を巡って、尚書省と枢密院との方針の違いが浮き彫りになったのである。結局、段貞は初代の指揮使に任じられたが、武衛を動員する工事には必ず枢密院の裁可が必要とされた。たとえ工事専門の軍衛であっても、侍衛親軍の管理は枢密院が行なうという方針を武衛設立の経緯から窺うことができる。また、枢密院の提議が裁可されたことから、段貞の保持する軍隊ではなく、武衛の兵士については、枢密院の提案通り、各所から集められた一万人によって構成された。つまり、至元二十五年以前に立屯されていた兵士が、武衛の一部として組み込まれていったのである。このように、段貞の抱えていた軍隊がそのまま武衛軍になったわけではなかった。しかし結果だけみれば、侍衛親軍の兵士一万人を掌握したことによって、大都城内の建築物の建設作業を行うのに動員可能な人員を段貞が大量に抱えたのである。そしてこれらの人員は、宮城の改修工事や、直後に開始される、前述した通恵河の開鑿工事にも動員されたと推察される。

本節で確認したように、段貞ないしは尚書省の上奏によって武衛が設立された。そして、初代武衛親軍都指揮使には段貞が任じられた。こののち、大都留守と武衛親軍都指揮使とを兼任する者がしばしば現れる。管見の限りでは、段貞、鄭制宜・鄭阿兒思蘭の親子、王伯勝、伯帖木兒の五人を史料の上で確認したに過ぎないが、これはあくまで表面的なものと予想される。上都においても、上都留守と虎賁親軍指揮使の兼任が見られるので、大都留守と武衛親軍都指揮使の兼任は常態化していたとみるべきであろう。それによって、大都留守は工役専門の軍隊を常に手中に収めていたのである。

ただし、世祖期以降の工役には、他の侍衛親軍も従事するようになり、当初の方式は次第に崩れていったようである。元朝も半ばを過ぎた泰定二年（一三二五）になって、「営造は五衛の軍士を役する勿かれ、止だ武衛・虎賁の二衛を以て之を給せ」という勅が出された[79]。この史料からは、他の侍衛親軍も工役に参加していたことが窺える。しかし同時に、少なくとも元代中期まで、大都と上都における造営工事については、それぞれ武衛・虎賁の二衛の職務と認識されていたこともまた確認できるのである。

五　大都留守任官者の検討

さて、大都留守にはどのような人物が任官していたのであろうか。表2は、王徳毅〔編〕『元人伝記資料索引』（中華書局、一九八七年）や『元史』の列伝等をもとに、元朝期の大都留守を列挙したものである。以下この表に基づいて、人的特徴について検討を加えていく。

表2　大都留守一覧

人　名	在職年	民族や家柄	後　職	典拠
博敦	至元19年（1282）～	?	?	『元史』巻11
瓮吉刺台	至元19年～22年	?	中書右丞相	『元史』巻13
趙弼	至元22年～28年	漢人ケシク	荊湖北道宣慰使	『勤齋集』 巻2「趙公墓誌銘」
段貞	至元23年前～ 元貞2年（1296）	?	中書平章政事	『元史』巻19
鄭制宜	元貞元年～ 大徳10年（1306）	漢人ケシク	このまま死去	『元史』巻154
呂天祺	大徳8年～ 至大4年（1311）	漢人ケシク	河東山西道粛 政廉訪使	『掲文安公全集』 巻13「呂公墓誌銘」
忻都	至大元年以降	?	?	『秘書監志』巻9
養安	至大2年	西土人部族長 の子孫	陝西行省 平章政事	『元史』巻23
王伯勝	至大3年～4年， 延祐2年（1315）～ 泰定3年（1326）	漢人ケシク	遼陽行省 平章政事	『元史』巻169
伯帖木児	至大4年～ 延祐3年	カルルク人 ケシク	中書平章政事	『金華黄先生文集』 巻43「太傅文安忠献 王家伝」
鄭阿児思蘭	?	漢人ケシク	?	『元史』巻176
闊闊台	?～致和元年（1328）， 至順元年（1330）～?	?	中書平章政事	『元史』巻32～34
張金界奴	天暦3年（1330）～	漢人ケシク	河南行省右丞	『道園学古録』 巻17「張忠献公墓誌銘」
答里麻	至元元年（1335）～ 至正6年（1346）	ウイグル人 ケシク	河南行省右丞	『元史』巻144
鉄木児塔識	?～至元6年（1340）	モンゴル人 ケシク	中書右丞	『元史』巻140
賽罕	至正3年（1343）に在職	?	?	本文参照
答爾麻失里	至正5年（1345）に在職	?	?	『元史』巻41
兀忽失	至正12年（1352）に在職	?	江浙行省右丞	『元史』巻42
也先帖木児	至正13年（1353）に在職	宦官	?	『元史』巻43

まず、この中からのちに宰相を担当するものが多く輩出されていることに気がつく。これは一体何を意味するのか。ここで一つの史料を掲げる。『元史』巻二三、至大二年五月甲辰の條に、

御史台の臣が以下のように言った。「上都へ向かうにあたって、京師での工事が進められ、加えて干ばつのため食料に乏しく、民は困乏しています。ことは重大です。一丞相を留めて京師を管理させて、以後の定例としてください」と。許可を得た[80]。

とある。ここで述べられている工事は、前述した興聖宮の建設を指す。至大二年（一三〇九）になると、宰相の一人が大都に残ることの定例化を提案し、許可されている。これ以前も、例えば成宗期において、皇帝が上都に向かう際に、中書右丞相であった哈剌哈孫が大都に必ず居残っており、元末順帝期には、平章政事である柏顔や撒思監が大都留守司を統括していた例を検出できる[81]。つまり、大都に残る人間は宰相、乃至は宰相に匹敵するほど皇帝の信頼を受けた人物であった。

皇帝の信頼を得る根拠として、当然のことながら、大都留守の多くがケシク出身者や、功臣の子孫であったことも見逃せない。この点について、宮紀子の紹介する『丹墀独対策科大成』（国立公文書館蔵本）巻三「留守」には[82]、「今天子毎歳上都巡守すれば、則ち留守都京の事を掌る。世祖より、留守司ありて、皆清望・威重・廉幹官を選びて之を為し、多く親王・勳臣を任ぜしむ」とある。夙に知られているように、元朝では所謂「根脚」と呼ばれた出自が重んじられた。特にケシク出身者や功臣は「好根脚」であり、それだけですでに、将来の出世をほぼ約束されていた[83]。

以下、具体的にどのような人物が任官していたのか、まず漢人から見ていくこととしたい。趙弼、鄭制宜・鄭阿兒思蘭の親子、王伯勝、張金界奴らは、幼少の頃から皇帝に見出された人物、親がケシク、勳旧

の子孫など、根脚が確かな人物達である。

趙弼は沢州晋城の人で、十二才の時に世祖のケシクになった。至元十七年（一二八〇）に符宝郎（従五品）から累遷し、最終的には陝西行省平章政事になる[84]。

鄭制宜の父の鄭鼎は沢州陽城の人で、大理遠征の戦功をもって、世祖からモンゴル語で「勇者」という意味を持つ「イェケ・バートル（也可抜都）」という称号を賜与されている。その後世祖の下で数々の武功を挙げたが、至元十四年五月に反乱軍の鎮圧に向かい戦死してしまう。彼の功績は世祖に認められ、その職はそのまま子供の制宜に継承された[85]。制宜については、『元史』巻一五四、鄭制宜伝に、

翌年、車駕は上都に行幸した。旧制では枢密院の官が随行し、毎歳一員を大都に留め、枢密院の事を管理させていたが、漢人はこれに関与することはできなかった。この時、制宜に委嘱した。制宜は辞退したが、帝は「おまえはただの漢人ではないのだから」と言った。結局彼を留めることになった[86]。

とある。至元二十四年ナヤン（乃顔）の反乱討伐に従軍して功績のあった制宜は、枢密院判官を授けられた。翌年の上都巡幸の際に、本来ならば漢人は就任し得ないという、大都に残って枢密院を監督する任務が託された。制宜は固辞するものの、クビライの「お前はただの漢人ではないのだから」という一言によって、結局大都に残ることとなった。世祖の信頼ぶりが窺えるエピソードであるのと同時に、大都に残ることがそれほど皇帝からの信頼を必要としたことも同時に窺わせる。また制宜は、「公幼きより内府の営繕・工巧・供給・祠祭の属に熟す」とあるように[87]、宮殿建設、宮中で使用される物資の供給、祭祀行事に幼少時から習熟しており、大都留守の職務を担う素地がすでに醸成されていたと考えられる。さらに子供の阿兒思蘭は大都留守の職務をそのまま世襲した。

王伯勝は覇州文安の人で、兄である伯順がすでに世祖のケシクに入ったのに続いて、十一才で世祖のケシクとなり、その下で数々の武功を挙げた。武宗・仁宗・英宗の時にしばしば大都留守に任じられた[88]。

張金界奴については、いささか詳しく大都留守としての事績を追いかけてみたい。張金界奴の父である張九思は大都路の宛平の人で、至元二年（一二六五）に世祖の長男チンキム（真金）のケシクになる。アフマド殺害事件の際には大都に残って、事後の処理にあたった[89]。張金界奴の伝は残っていないが、多くの大都留守と同様に、断片的な史料にその名前を見出すことができる。

鹿頂殿のカーペット製造や大承天護聖寺の建設にあたって活躍したことはすでに触れた。他にも、陳旅『安雅堂集』巻七、「群玉内司華直題名記」は、天暦三年（一三三〇）に張金界奴が群玉内司を建設したことを伝える。群玉内司は文宗によって建設された学問所である奎章閣学士院の一局で、奎章閣の図書御物を管理する官庁であったというから[90]、収納庫のようなものを建設したのであろう。

また、やはり天暦三年に奉られた、『飲膳正要』の校訂にもあたっている。『飲膳正要』は元の飲膳大夫であった忽思彗によって著された養生書である。この書は太医院使の耿允謙と中政院使・儲政院使の拝住、そして張金界奴によって校正が施され、集賢大学士の常普蘭奚が編修した。中政院使・儲政院使は皇后・皇太子の家政機関であるから、校正に当たったのはみな皇帝の側近といえよう。かれらと同列に並べられていることから、留守司も皇帝の家政機関に匹敵するものであったと推察される。ちなみに、文宗はこの書物の公刊を意図していたが、結局は実施されずに秘府に蔵され、明代の景泰七年（一四五六）になって重刻された[91]。

さらにまた、元末の至正二年（一三四二）に行われた金口運河の開削工事に携わっている。金口運河とは北京西郊外の西山から大都に流れ込む運河で、至元三年（一二六六）の大都城建設にあたっては資材搬入の運河として、西山の木材や石材を運んだことが知られている[92]。ところが度重なる水害によって疎通が滞っていたため、至正二年に改修が決定された。『析津志輯佚』「古蹟」(二四三頁)には、工事関係者の人名が掲げられている。中書平章政事(従一品)の帖木兒達識、中書左丞(正二品)の許有任、御史中丞(従一品)の阿魯、宣政院院使(従一品)の喃咖八、大都留守(正二品)の章金家納、工部尚書(正三品)の慶喜、工部郎中(正五品)の也先不花、大都路達魯花赤(正三品)の斡勒眞、さらに都水監で水利に通じている人間若干名の名前を列挙する。この部分、史料では「章金家納」とあるが、これは「張金界奴」のことであろう。改修工事の上奏自体は中書平章政事の帖木兒達識、中書左丞の許有任、御史中丞の阿魯の三人によって行われた。だが、これまで見てきたことからも明らかなように、作業工程における直接の責任者は、大都留守の張金界奴であったと考えられる。

漢人以外の人物も、同様に根脚の確かな者たちである。サイードの養安の曾祖父は対金戦争時に中都攻略戦で功績のあった札八兒火者であった。ウイグルの名族出身の答里麻は世祖のケシク出身であった。モンゴルのカングリ部族出身の鉄木兒塔識も明宗のケシク出身である。

ここでは、カルルクの伯帖木兒の事績について検討していきたい。カルルクはアルタイ山麓以西の地に活躍したテュルク系の遊牧民で、チンギス・カンのホラズム遠征からモンゴル帝国に服属した[93]。伯帖木兒の父の曲枢は幼少期の仁宗に仕え、仁宗とその母ダギが懐孟にいた頃から行動をともにしていた。そして、成宗死去後の政局では仁宗擁立に向けて暗躍する。結局は武宗が即位したものの、仁宗が即位すると宰相に登用された。この曲枢の父には門衛についての職務が託されていた。『金華黄先生文集』巻四三「太傅文安王忠憲王家伝」に、曾祖諱は阿達台。憲宗が宋を攻略する際に従って、釣魚山を攻めた時に歿した。祖諱は質理華台、太祖第二斡耳朶忽蘭皇后位下で宿衛にあたった。世祖皇帝が大都を建設する際に、宮闕を立て、勲臣の子孫に門衛を管理させた、その職を克称した[94]。

とある。伯帖木兒の祖父である質理華台は、その父が憲宗の南宋攻略戦の際に戦死したため、その功績により、世祖期に大都の建設が始まると、大都城門尉と同様な職務が託されていたという。至大四年（一三一一）二月に仁宗が即位すると伯帖木兒は大都留守に任じられた。伯帖木兒はまず大都留守となり、それを足がかりに、終始仁宗の側近として、最終的には宰相の地位にまで登りつめていくことになる。当時政界の実力者であったことは、「凡有ゆる敷奏する所の者、必ず先に王に関白し、然る後に以聞せしむ」（前掲「家伝」）とあることからも推察される。皇慶二年（一三一三）十二月になると、一旦は陝西行省平章政事に任じられるものの、すぐに大都留守に戻っており、延祐三年（一三一六）五月には中書平章政事に任じられた際にも、大都留守を兼任している。すなわち、仁宗年間を通じて大都留守に就任し、終始仁宗の側近であったといえよう。「留守歳に上京を往還す」（前掲「家伝」）とあることから、仁宗に付き従って上都に行くこともあったとみられる。ここからも、大都留守の仕える対象が皇帝であったことが窺える。

伯帖木兒の大都留守としての働きはどのようなものであったのか。いくつか具体例を列挙しながら考察していこう。まず、『元代画塑記』「御用」を引用する。

皇慶二年十一月十二日、留守伯帖木兒等が以下のように上奏した。「万寿山の幡竿は二十余年経過してすべて腐食しています。皇城の五門の幡竿の制、銅鋳の制に依拠して、銅の幡竿を鋳造すべきでありますす」と[95]。

皇慶二年（一三一三）、太液池にある万寿山の幡竿が二十年を経過したことにより、腐食してきた。そこで、これを銅製のものに取り替えてはどうだろうかという上奏をしている。

さらに『元代畫塑記』によれば、仁宗が亡くなるとその肖像の製作にも関わったという。また、『大元氈罽工物記』「御用」には、

泰定元年十二月一日、留守の伯帖木兒が以下の旨を奉じた。「英宗皇帝の影堂の祭器については世祖皇帝の影堂の制に依拠して作れ」と[96]。

とあり、泰定元年（一三二四）の聖旨で、南坡で非業の死を遂げた、仁宗の子供である英宗の影堂の整備を行うよう命令されている。後半二つの職務は、大都留守であったことはもとより、仁宗との個人的繋がりも無視できないと考えられる。

以上述べてきたことから、皇帝が大都留守司を閑職と考えていたとは考えにくい。つまり、大都留守は皇帝の信頼を得た者だけが就任できるポストであり、次の宰相に任用される可能性のあるものでもあった。

ところで、前章では世祖朝の大都留守であった段貞について考察した。段貞と元代中期の大都留守である張金界奴や伯帖木兒の事績を比較した際、以下のような違いを指摘できる。すなわち、大都城を建設している途中の大都留守である段貞に求められた能力は、建設工事に際し、必要な人員を集めて指揮する工事指揮能力であった。ところが、大都城が都市としての完成を迎え、大都城に建築物を建てる必要が無くなった時の大都留守に求められる能力は、段貞のそれとは変化していく。つまり、皇帝の側近として仕えつつ、日用品の管理が主たる職務と化していくのである。

おわりに

本章で述べたことをまとめると、以下のようになる。まず、中国諸王朝の留守の紹介と、官員の員数の比較を行った。この点だけから見ても元朝の留守司が他のものとは違うことが明らかになった。ついで、大都留守司の設立年代について検討を加えた。その時期は、至元十九年一～三月の間のことで、大都城内で発生したアフマド殺害事件を契機に軍隊組織が付随されるようになる。次に職掌について史料を提示しながら考察した。その結果、警備、物資の調達、建築、日用品の製造、行宮の整備を行っていたことが解明された。最後に大都留守任官者の検討を行い、彼らはみな一様に、皇帝の信頼を得た「好根脚」であったことを確認した。

大都留守司は、当初建設を担う官庁であったものに、皇帝を筆頭とする皇族たちが必要とした日用品の管理が付託されていき、そのうえ工役専門の軍隊である武衛の長官をも兼務していくようになって、一つの官庁として形成されたものである。本章の検討を通じて、大都留守司は、国都に常設された、モンゴル人皇族、とりわけ皇帝のための家政機関であったことが明らかになった。大都留守司の長官である大都留守就任者の履歴を検討していくと、宰相就任者を多く検出できる。このことは、大都の性格をも反映していると考えられる。つまり大都城とはモンゴル人皇帝にとっての、私有財産的性格を有するものであったのではないだろうか。そして、私有財産という家産を管理する長であったからこそ、一現場監督に過ぎなかった段貞が宰相の地位にまで登り詰めることを可能にさせたと考えられる。

元朝の官制には漢民族王朝と同じ名称を冠しているにもかかわらず、職務内容を異にするものが多数存在する。大都留守司はそうしたものの中でも顕著な例といえよう。これまでの中国歴代王朝の国都の留守司は、皇帝の不在時に随時設けられるものであった。これに対し元朝の留守司は、まず国都に常設された。しかもその職掌は、大都城内の建設や日用品の管理であった。つまり、形態と職掌が明らかに異なるにも拘わらず、国都に居残る機関というだけで、中国歴代王朝と同じ留守司という名称が与えられたのである[97]。

ここに筆者は元朝における官庁の形成過程の一斑を見出す。すなわち、ケシクを中心とする皇帝からの信頼を得た人間に仕事を任せ、かれらの率いる集団がそのまま官庁に移行する。そこには漸次多種多様な職務が付託されていき、さらに実態とは懸け離れた伝統中国的官名が冠せられる。その結果こそ、『元史』百官志の中で、あたかも整然と説明されているかのように映る官庁なのではなかろうか。このようにみなせば、元朝の官制とは極めて弾力的なものである反面、多分に恣意的なものであったといえる。

大都留守司の検討を通して導き出した元朝官制の特徴が、元朝官制全般に渡って適用されるか否か、この点は今後の課題としなければならない。

ここまでで、大都の建設当初の状況を明らかにしてきた。次章からは元代中期の大都の状況を確認していきたい。

註

1 例えば、王崗『北京通史（五）』（中国書店、一九九四年）一一六～一一七頁、陳高華・史衛民『中国政治制度通史（八）元代』（人民出版社、一九九六年）一四一～一四四頁を参照。ただし、陳高華・史衛民『元代大都上都研究』六六頁（訳書：一八九～一九二頁）は、大都留守司について、丁寧な著述をしている。

2 杉山正明「クビライと大都」一五八頁を参照。

3 『通典』巻三三、職官一五、州郡下、京尹。

4 『新唐書』巻四九下、百官志四下。唐代の留守については、程存潔「唐代東都最高行政長官東都留守的演変」（初出一九九四年、のち『唐代城市史研究初篇』中華書局、二〇〇二年所収）を参照。

5 『旧唐書』巻六六、房玄齢伝。

6 『宋史』巻一六七、職官志七、留守。

7 『石林燕語』巻四。

8 『邵氏聞見録』巻一一。

9 『続資治通鑑長編』巻一、建隆元年五月丁巳の條。

10 例として、開宝二年（九六九）の太祖の北漢遠征時に東都留守に任じられた趙光美、太平興国四年（九七九）の太宗の契丹遠征時の沈倫、咸平二年（九九九）の真宗の契丹遠征時の李沆等が、『宋史』本紀より検出できる。

11 『金史』巻五七、百官志三、諸京留守司。

12 『明史』巻七六、職官志七、留守司。中都の営建過程については、松本隆晴「明代中都建設始末」（初出一九八四年、のち『明代北辺防衛体制の研究』汲古書院、二〇〇一年所収）、王剣英『明中都研究』（中国青年出版社、二〇〇五年）七六～九九頁、新宮学「明代中都皇城考」（『集刊東洋学』一〇〇、二〇〇八年）を参照。

13 この点は本書終章「四　皇帝は大都に入城したのか」で詳論する。

14 『元史』巻四五、至正十八年十二月癸酉の條。

15　詔上都路総管府、遇車駕巡幸、行留守司事、車駕還、即復旧。

16　『元史』巻一一、至元十八年二月辛未の條。

17　『元史』巻九〇、百官志六、上都留守司による。

18　(至元)十八年、……車駕行幸、詔文忠毋扈従、留居大都。凡宮苑・城門・直舎・徼道・環衛・営屯・禁兵・太府・少府・軍器・尚乗等監、皆領焉。兵馬司旧隷中書、併付文忠。

19　董氏一族については、藤島建樹「元朝治下における漢人一族の歩み――藁城董氏の場合」(『大谷学報』六六―三、一九八六年)を参照。

20　至元十九年、罷宮殿府・行工部、置大都留守司、兼本路都総管、知少府監事。二十一年、別置大都路都総監府治民事、并少府監帰留守司。

21　『元史』巻四、中統二年十二月壬寅の條。

22　『元史』巻七、至元八年十二月辛亥の條に「併太常寺入翰林院、宮殿府入少府監」とある。少府監も判然とはしない官庁である。こちらは金代の少府監と比較した方がよいかもしれない。なぜなら、『金史』巻五六、百官志二に「少府監。尚方・織染・文思・裁造・文繍等署」とあり、大都留守司の職掌であるところの、日用品の管理・製造を行なう機関が付随していたと考えられるからである。

23　以大都城南建仏寺、立行工部、領行工部事三人、行工部尚書二人、仍令尚書右丞相脱虎脱兼領之。

24　事件の経過については、片山共夫「アーマッドの暗殺事件をめぐって――元朝フビライ期の政治史」(『九州大学東洋史論集』一一、一九八三年)、及び櫻井智美「アフマド暗殺事件と司徒府の成立」(『中国――社会と文化』一五、二〇〇〇年)を参照。

25　『元史』巻二〇五、阿合馬伝に「南入健徳門。夜二鼓、莫敢何問、至東宮前。」とある。

26　継呼左丞郝禎、至殺之。囚右丞張恵。枢密院・御史台・留守司官皆遙望、莫測其故。尚書張九思自宮中大呼、以為詐、留守司達魯花赤博敦、遂持梃前、撃立馬者墜地、弓矢乱発、衆奔潰、多就禽。

27　以阿合馬家奴忽都荅兒等久総兵権、令博敦等代之、仍隷大都留守司。

28　(至元二十年)復以刑部尚書上疏、言時政十八事。……十四日大都非如上都止備巡幸、不応立留守司、此皆阿合馬以是位置私党。今宜易置総管府。

29　青山公亮「元朝尚書省考」（『明治大学文学部研究報告』一九五一年）によれば、王惲『秋澗先生大全文集』巻八〇、中堂事記、中統二年五月辛未の條「有旨遣上都同知阿合馬、計點燕京萬億庫諸色物貨。」、及び癸酉の條「上都留守同知阿合馬、兼太倉使。請立和糴所、以溢廩庾。」を官歴に関する最初の記録であるとしている。ただし、前述した通り、上都留守司の正式な設立は至元十八年のことであるから、まだ上都留守司を指すのではない。中統年間に設立された開平府のことを指すのであろう。

30　『元史』巻一三、至元二十一年四月乙酉の條。

31　留守司在宮城西南角楼之南、専掌宮禁工役者。

32　朱偰『元大都宮殿図考』（商務印書館、一九三六年、のち北京古籍出版社、一九九〇年重印）附載の地図も、この史料にもとづくと思われる。

33　趙正之「元大都平面規劃復元研究」（『科技史文集』二、一九七九年）を参照。

34　大都留守司、秩正二品。掌守衛宮闕都城、調度本路供億諸務、兼理営繕内府諸邸・都宮・原廟・尚方車服・殿廡供帳・内苑花木、及行幸湯沐宴游之所、門禁關鑰啓閉之事。

35　箭内亙によれば、世祖期においては、大都、上都、柳林行宮、察罕脳児行宮がオルドにあたったという。箭内亙「元朝斡耳朶考」（初出一九二二年、のち『蒙古史研究』刀江書院、一九三〇年所収）を参照。

36　原廟は神御殿、影殿ともよばれ、皇帝や皇后をはじめとするモンゴル皇族の肖像や像を安置した場所である。この原廟は「勅建寺院」とよばれたモンゴル人皇帝専用の菩提寺に設置された。中村淳「元代大都の勅建寺院をめぐって」（『東洋史研究』五八―一、一九九九年）を参照。ただし、原廟は寺院にのみ置かれたわけではなく、上都の大安閣や大都の大明殿にも設置された。傅楽淑『元宮詞百章箋註』（書目文献出版社、一九九五年）九八頁を参照。

37　東為木橋、長一百廿尺、闊廿尺、通大内之夾垣。西為木吊橋、長四百七十尺、闊如東橋、中闕之、立柱、架梁於二舟、以當其空。至車駕行幸上都、留守官則移舟断橋以禁往来。

38　より正確にいえば、船を使った移動式の浮橋であろう。明代でも引き続き浮橋を利用していたことは、以下の史料からも窺える。『襄毅文集』巻九「賜游西苑記」は、天順三年（一四五九）四月、当時の兵部右侍郎である韓雍（一四二二～一四七八）が、西苑を訪問した時の記録である。その中の、韓雍が円殿（儀天殿）に登った場面で、「埤垷に倚りて窺ふに、其の西舟を以て浮橋を作り、池面を横亘す」という描写が見られる。

39 皇帝幸上都、従留守大臣、以夜鐘時出譙楼下、分行国中衢陌。察盗賊至暁、日巡羅軍。
40 命（大都）留守司、以来歳正月十五日起燈山於大明殿後、延春閣前。
41 上元節の沿革や「灯山」の説明については、中村喬『中国歳時史の研究』（朋友書店、一九九三年）四九〜一〇三頁を参照。
42 『析津志輯佚』「歳紀」（二一三頁）。
43 張養浩『帰田類考』巻二「諫燈山疏」。
44 『元史』巻三〇、泰定三年十二月壬午の條。
45 皇帝聖旨。大都・上都守把城門囲宿軍官軍人毎・八剌哈赤毎根底、自今已始、夜遇緊急事情、開門出入、差官将帯夜行象牙円牌・織字聖旨、門囲官員、詳験端実、方許開門出。雖有夜行象牙円牌、如無織字聖旨、不以是何官員人等、並不許輒開城門縦令出入。違之処死。
46 ケシクについては、片山共夫「怯薛と元朝官僚制」（『史学雑誌』八九—一二、一九八〇年）、同「元朝怯薛出身者の家柄について」（『九州大学東洋史論集』八、一九八〇年）を参照。またバラガチについては、片山共夫「元朝の玉典赤・八剌哈赤について」（『モンゴル研究』一八、一九八八年）を参照。片山はバラガチケシクのケシク長が大都留守を兼任していたと指摘し、その一例として伯帖木兒の名前を挙げられている。確かにその可能性は高いが、かかる状況が全ての留守に適用されるかについては、さらなる検討の必要がある。
47 『元史』巻九〇、百官志六に「大都城門尉秩正六品。尉二員、副尉一員、掌門禁啓閉管鑰之事。」とある。
48 （泰定三年）六月二日、留守金界奴奉旨、「依朕取図、建鹿頂殿五間、用器舗設咸備。汝与赤剌哈総其地毯丈量計料。」於十一月十五日造畢、赴西宮儀鸞局納。成造西宮鹿頂殿地毯大小二扇、積方一千三尺、内一扇長三十九尺、闊二十尺、一扇長二十六尺、闊二十尺。
49 『元史』巻二九、泰定二年十二月丁亥の條、同巻三〇、泰定三年八月辛丑の條、同巻、泰定三年十一月己酉の條。
50 『元史』巻二九、至治三年十一月癸丑の條。
51 那木罕（ノモガン）は世祖の至元三年に北平王の王号を拝し、次いで至元二十一年に北安王の王号を拝する。王号を授与された年次は、野口周一「元代世祖・成宗期の王号授与について」（野口鐵郎〔編〕『中国史における乱の構図』雄山閣出版、一九八六年）にもとづいた。

52　前掲註（36）中村淳「元代大都の勅建寺院をめぐって」は、泰定帝のこの行為を、自らがクビライの正当な後継者であったことを示すための作業であったとする。

53　（泰定）二年閏正月三日、随路諸色民匠都総管府奉工部符文留守司関。「至治三年十二月五日、留守（王）伯勝・阿魯沢沙伝旨。北平王影堂内、核桃木椀楪・象牙匙筯・楠木卓及諸物、依世祖皇帝影堂制、従新為之。計料絵図成造。……」

54　以通政院使・剌合兒知枢密院事、董建興聖宮、令大都留守養安等督其工。

55　『元史』巻三五、至順二年二月辛亥の條。

56　『元史』巻一六九、王伯勝伝。また、町田吉隆「磚瓦焼成燃料に関する一考察――元代大都の「蓑城」をめぐって」（『立命館東洋史学』二五、二〇〇二年）も参照。ただし、城壁を葦で覆うことを中止する理由については異説もある。陳高華・史衛民『元代大都上都研究』四〇～四一（訳書：七二～七六頁）を参照。

57　『元史』巻二八、至治三年六月壬申の條。

58　『元史』巻三三、天暦二年五月乙丑の條。

59　以下の大承天護聖寺の建設過程については、特に注記しない限り、『道園学古録』巻二五、「大承天護聖寺碑」による。

60　『元史』巻三五、至順二年四月戊申の條。

61　留守臣言「寺有行宮、天子之所斎也。厳重不敢褻。請以所領匠将作、而給銭如両院之兵。」亦従之。

62　『元史』巻三五、至順二年九月乙亥の條。

63　居庸関についての研究は、村田次郎（編）『居庸関』（京都大学工学部、一九六八年）を参照。ただし、欧陽玄の文集である『圭齋文集』未収録の「居庸関過街塔銘」については、宿白「居庸関過街塔考稿」（初出一九六四年、のち『蔵伝仏教寺院考古』文物出版社、一九九六年所収）が初めて紹介した。本章では、『析津志輯佚』「属県」（二五二～二五四頁）に引用されているものを参照した。

64　前註宿白「居庸関過街塔考稿」を参照。

65　帝嘗命答里麻修七星堂。先是、修繕必用赤緑金銀装飾、答里麻独務樸素、令画工図山林景物、左右年少皆不然。是歳秋、車駕自上京還、入観之、乃大喜、以手撫壁嘆曰、「有心哉、留守也。」賜白金五十両・錦衣一襲。

66　至治元年、英宗親祀太廟、詔中書及太常礼儀院・礼部定擬制鹵簿五輅。以平章政事張珪・留守王伯勝・将作院使明里董阿・侍儀使乙剌徒満、董其事。

67 チャガン＝ノールについては、歴史地理的検討を加えた、陳得芝「元察罕脳児行宮今地考」（初出一九八〇年、のち『蒙元史研究叢稿』人民出版社、二〇〇五年所収）、考古学的知見を紹介した鄭紹宗「考古学上所見之元察罕脳児行宮」（『歴史地理』三、一九八二年）を参照。

68 元朝の侍衛親軍の沿革に関しては、井戸一公「元代侍衛親軍の諸衛について」（『九州大学東洋史論集』一二、一九八四年）、史衛民「元代侍衛親軍建置沿革考述」（『元史論叢』四、一九九二年）、及び矢澤知行「大元ウルスの樞密院所轄屯田」（『愛媛大学教育学部紀要（第Ⅱ部）人文社会科学』三二―二、二〇〇〇年）を参照した。

69 武衛親軍都指揮使司、秩正三品。掌修治城隍及京師内外工役、兼大都屯田等事。

70 至元二十六年、始置営。在涿州南、去京師二百里。凡衛必有営、営有城郭・楼堞・門障関禁、官治行伍・廬舎・庫庾・阛巷・市井。……衛士以万計、自非征行、則有内府修繕之役。歳巡幸、則以精鋭従、其留屯於営者三之壹。

71 前掲註（68）矢澤知行「大元ウルスの樞密院所轄屯田」表一を参照。

72 『国朝文類』巻四一「経世大典序録、政典、屯田」。

73 立武衛親軍都指揮使司、以侍衛軍六千、屯田軍三千、江南鎮守軍一千、合兵一万隷焉。

74 前掲註（68）矢澤知行「大元ウルスの樞密院所轄屯田」を参照。

75 武衛。至元二十五年、尚書省奏「那海那的以漢軍一万人、如上都所立虎賁司、営屯田、修城隍。」二十六年、枢密院官暗伯奏「以六衛六千人、塔剌海孛可所掌大都屯田三千人、及近路迤南万戸府一千人、総一萬人、立武衛親軍都指揮使司、掌修治城隍及京師内外工役之事。」。

76 葉新民『元上都研究』（内蒙古大学出版社、一九九八年）「五　元上都的官署」五九〜六二頁には上都留守任官者の一覧表が掲げられている。

77 『元史』巻一五、至元二十五年十月甲子の條。

78 （至元）二十六年、参議枢密院事。于時宮城建二十余年矣、繕修之事歳月相継。尚書省奏「抽軍士万人、付留守司主之。」公亟陳其不便、始立武衛、専掌繕理宮城。以留守段禎兼指揮使、凡有興作、必文移枢府而後行。

79 『元史』巻二九、泰定二年六月丁未の條。

80 御史台臣言「乗輿北幸、而京師工役正興、加之歳旱乏食、民愚易惑、所関甚重、乞留一丞相鎮京師、後為例。」制可。
81 『元史』巻一三六、哈剌哈孫伝。また、陳高華・史衛民『元上都』（吉林人民出版社、一九八八年）六〇〜六二頁を参照。
82 『丹墀独対策科大成』については、宮紀子「『対策』の対策――科挙と出版」（初出二〇〇三年、のち『モンゴル時代の出版文化』名古屋大学出版会、二〇〇六年所収）を参照。
83 愛宕松男「元朝の対漢人政策」（初出一九四三年、のち『愛宕松男東洋史学論集（四）元朝史』三一書房、一九八八年所収）によれば、「蒙古・色目・漢人・南人の四区分は厳密な意味において社会階級を構成するものではなかった」と述べ、さらにこれを規定すべき別個の基準として「根脚（＝由緒）関係」を挙げている。この点については、船田善之「元朝治下の色目人について」（『史学雑誌』一〇八―九、一九九九年）も参照。
84 趙弼の事績については、『勤齋集』巻二「趙公墓誌銘」。
85 鄭鼎の事跡については、『元史』巻一五四、鄭鼎伝。
86 明年（至元二十五年）、車駕幸上都。旧制枢府官従行、歳留一員、司本院事、漢人不得与。至是、以属制宜。制宜遜辞、帝日「汝豈漢人比耶。」竟留之。
87 『清容居士集』巻三二「鄭公行状」。
88 『元史』巻一六九、王伯勝伝。
89 『元史』巻一六九、張九思伝。
90 群玉内司については、『元史』巻八八、百官志四、奎章閣学士院。
91 『飲膳正要』（『四部叢刊』所収本）についての記述は、虞集の「序」、忽思彗等の「進書表」、及び中華民国十九年（一九三〇）に張元済によって書かれた跋文を参照。
92 詳しくは、本書第二章を参照。
93 村上正二『モンゴル秘史（三）』（平凡社東洋文庫、一九七六年）七九〜八一頁を参照。カルルクについては、陳高華「元代的哈剌魯人」（初出一九八八年、のち『元史研究新論』中華書局、二〇〇五年所収）、櫻井智美「元代カルルクの任官と科挙――慶元路を中心に」（『明大アジア史論集』一三、二〇〇九年）も参照した。
94 曾祖諱阿達台。従憲宗伐宋、攻釣魚山而歿。祖諱質理華台、備宿衛於太祖第二斡耳朶忽蘭皇后位下。世祖皇帝建都城、立宮闕、以勲臣子孫俾掌門衛、克称其職。

95 皇慶二年十一月十二日、留守伯帖木兒等奏、万寿山幡竿二十余年皆已打腐。宜依皇城五門幡竿制、以銅鋳之制、可鋳造銅幡竿。

96 泰定元年十二月一日、留守伯帖木兒奉旨、英宗皇帝影堂祭器依世祖皇帝影堂制為之。

97 宮紀子「ブラルグチ再考」(『東方学報』八六、二〇一一年)は、表題の問題について、ペルシア語史料・漢文史資料を駆使して検討した論文であるが、本章に関わっていくつかの重要な指摘――例えば、『集史』「クビライ・カアン紀」に依拠し、大都や上都の留守が闌遺寺もしくは闌遺所を統べていたとするなど――をしている。

第七章　大都における宗教施設の建設

はじめに

大都には国家による祭祀施設のみならず、多くの宗教施設が建設された。中でも仏寺・道観（以下、本章においては総称して寺観とする）が数多く建設され、そのいくつかは現在も北京観光の見所の一つとなっている。こうした寺観が単なる信仰の対象にとどまらず、様々な機能を有したことは改めて述べるまでもなかろう。本章では、これらの建設を大都形成史に位置づけて論じていきたい。

はじめに、大都における寺観に関する先行研究を整理しておく。まずは古典的研究として、王璧文「元大都寺観廟宇建置沿革表」を挙げねばならない[1]。この論文は寺観に関する史料を集成した、いわば資料集といえるものであり、その分析にまで及んでいない点、また若干の誤りも確認されるなど、問題点もないわけではない。しかし、関連する史料を網羅的に挙げているという点において、現在も有用な研究である。

大都における仏寺に関しては、皇帝ないしは皇族の命令によって建設された仏寺――先行研究では「皇家仏寺」「勅建寺院」と称される。本章では、「皇家仏寺」を使用する――との関わりが注目されてきた。すでに清代の考証学者である張翼が『陔余叢考』巻一八「元時崇奉釈教之濫」で触れている。近年になってこの点に着目したのが、陳高華「元代大都的皇家仏寺」で[2]、仏寺の寺産、仏事の内容、仏僧の組織について等の概略を論じた。この問題については、むしろ日本で研究が進展した。大藪正哉はこうした寺院の管理にあたった太禧宗禧院について検討した[3]。中村淳は大都に建設された勅建寺院を紹介した上で、その建設の背景に潜む政治的意味にまで踏み込んだ考察を行った[4]。加えて、チベット史研究から、石濱裕美子がチベット僧パクパの著作を手がかりに、大聖寿万安寺の造営過程について考察した[5]。

皇家仏寺と関連して、二月八日に開催された法会についての注目も集まった。中村淳はチベット語文書に記される「花園大寺」が大護国仁王寺を指すことを明らかにすると同時に、この法会の様子を紹介する[6]。さらに石濱裕美子、乙坂智子は大都における儀礼・祝祭という視点で考察を加えるなかで、この法会の際に行われたパレードのルートとその構成について詳細に検討した[7]。一方で仏教史からの研究も進められ、竺沙雅章が元代における仏教の系統を検討する中で、本章でも触れる護国寺について新出の石刻資料を利用しながら論じている[8]。建築史の分野では、福田美穂が王立寺院の構造に注目した[9]。

このように仏寺の検討は幾編かの研究が存在するのに対して、大都における道観についての研究はそれほど進んでいない。櫻井智美は大都の東嶽廟の営建過程と太一教について検討を加えた[10]。

以上のような研究によって、皇家仏寺の果たした役割やその儀礼、そして内部構造について明らかになりつつある。しかしながら、これを大都形成史の側面から検討した研究は存在しない。

本章では、まず寺観の数を確認し、そのうえで建設場所と建設年代を材料にして大都の形成の歴史について考えていく。ついで、寺観の建設にあたっての背景とその機能について論じる。最後に大都城の開発の方向性について考察し、その意味するところについても述べたい。

一　寺観の建設年代とその場所

まず、大都にどれほどの寺観が建設されたのかについて確認をしておく。この点で依拠すべき史料としては、『析津志輯佚』「寺観」、『元一統志』巻一「大都路」、『大元混一方輿勝覧』巻上「腹裏、大都路、大興府」、『永楽大典』所引『順天府志』が挙げられる[11]。加えて個人の文集に残されている各種の題記も加えられよう。ここでは、王璧文論文などにもとづいた、王崗『北京城市発展史（元代巻）』の「表2元大都仏教寺廟一覧表」と「表3元大都道教宮観一覧表」に依拠しつつ[12]、筆者自身の調査も踏まえて検討していく。

まず、仏寺は百四十三、道観は九十を数えることができる。それらについて、①南城に建設されたもの、②大都城に建設されたもの、③城壁に囲まれたこの二つの空間の郊外に建設されたもの、④所在不明なものの四つに分類すれば、以下のようになる。

	仏寺・道観
①	96・65
②	31・13
③	9・5
④	7・7

ここから理解されるのは多くの寺観が南城に建設された事実である。すなわち、南城が都市としての機能を元末まで有していたことが改めて裏づけられるであろう。

ついで建設年代について考察する。これらの寺観のうち確実に元代に建設されたと分かるものは、仏寺が

三十五、道観が四十である。これについても、そのほとんどが南城に建設されていた。

大都城に建設された寺観のうち、工事の着工年代が元代と確定でき、加えて場所の特定が可能なものを、その建設年代に沿って並べていくと以下のようになる。史料の典拠は省略したが、主に王璧文「元大都寺観廟宇建置沿革表」に依拠している。なお、次頁には、以下で確認される主な坊名だけを記した【図8】を参考のために付しておく。

世祖期

崇真万寿宮（蓬莢坊、至元十五年竣工）

大興教寺（阜財坊、至元二十年）

無量寿庵（寅賓坊、至元二十一年）

大聖寿万安寺（福田坊、至元二十二年）

大崇国寺（発祥坊、至元二十四年）

成宗期

千仏寺（金台坊、元貞二年）

雲巌観（集慶坊、大徳元年）

大承華普慶寺（太平坊、大徳四年）

大天寿万寧寺（金台坊、大徳九年）

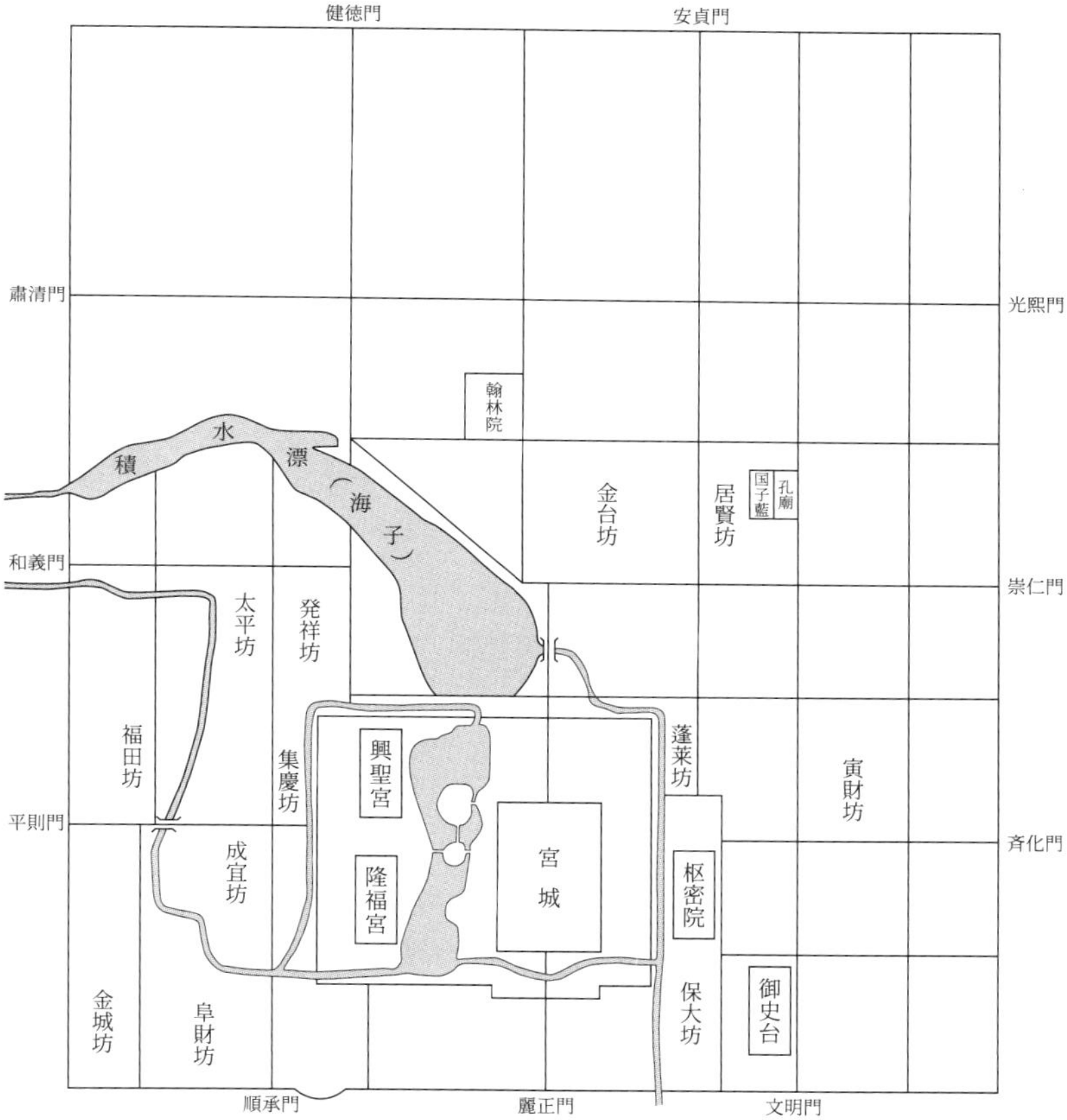
健徳門
安貞門
粛清門
光熙門
翰林院
積
水
漂
（海
子）
金台坊
居賢坊
国子監
孔廟
和義門
崇仁門
太平坊
発祥坊
福田坊
集慶坊
興聖宮
蓬莱坊
寅財坊
平則門
斉化門
成宜坊
宮城
枢密院
隆福宮
金城坊
阜財坊
保大坊
御史台
順承門
麗正門
文明門

図8

仁宗期
興福頭陀院（保大坊、延祐五年）
能仁寺（咸宜坊、延祐六年）
妙善寺（咸宜坊、仁宗期）
英宗期
万巌寺（居賢坊、至治元年）
大永福寺（福田坊、至治元年）
文宗期
大興国寺（蓬莢坊、天暦年間）
順聖寺（咸宜坊、文宗期）
五福太乙宮（和義門内、至順二年）
順帝期
天台法王寺（金城坊、至正三年）
福安寺（居賢坊、至正期）
法通寺（金台坊、至正期）
半蔵寺（集慶坊、至正期）

一応念のために、建設時期が特定できぬものの、元代に建設され、かつ場所が特定できる寺観についても挙げておく。

石仏寺（金城坊）　帝師寺（金城坊）　報恩寺（斉化門内）　華厳寺（枢密院南街西）
法蔵寺（金城坊）　天竺寺（金水橋西）　文殊院（安貞坊）　崇聖寺（咸寧坊）
極楽寺（国子監附近）　円恩寺（昭回坊）　十方洞陽観（思誠坊）

このうち、崇聖寺と極楽寺については、それぞれ「至元五年」、「至元年間」の建設ということは史料より明らかではあるものの[13]、それが世祖期にあたるのか、それとも順帝期にあたるのかが不明なため、敢えて外した。サンプル数の関係から、完璧なものと言い切れず、あくまで目安としかいえないが、この材料からだけでも一定の方向性をつかむことはできる。以下では、寺観が建設された場所と、建設年代について確認することによって明らかになる事実を指摘したい。

まず場所に注目するため、便宜的に皇城を中心とした三つのブロックに分けて考えてみよう。積水潭の南に向かって広がる空間を皇城西側の区画とする。崇仁門を起点として西に延びる崇仁街より南側の空間を皇城東側の区画とする。そして中心閣より北側の空間を皇城北側の区画とする。なお、大都城は皇城が南に偏在しているため、皇城の南側は考慮しない。

はじめに数を確認しておけば、西側が十四、東側が七、北側が七となる。とくに西側に寺観が突出して建設されている傾向を窺い知れる。以下、各区画に分けて考察していく。

皇城の西側については、とくに咸宜坊、集慶坊、金城坊、福田坊などに多くの寺観が集まっていることに気がつく。これはいうまでもなく、第一章で触れたように、南城に近接しているためと考えられる。南城に一般住民が多数居住していることが考慮されて、寺観が建設されたと想定できよう。住人がいるからこそ、そうした人々の参観や訪問を見込んで多くの寺観が建設されたのである。

皇城の東側についてみれば、斉化門から皇城に向かう斉化門街に沿って寺観が四つ確認できる。寅賓坊の無量寿庵、蓬莱坊の崇真万寿宮と大興国寺、保大坊の興福頭陀院である。これについては、大都城への物流と併せて考えなければならない。大都と通州とを結ぶ通恵河が開通するのは、世祖の治世も末期のことである。そのため、金代以来の壩河が早くから再利用され、元末まで利用され続けたことは、第四章で述べた。こうした運河のほかに通州から斉化門を経て大都城に通じる陸路も利用された。元朝政府がこの陸路を重要なものと認識していたことは、彼らがそのメンテナンスに注意を払っていたことからも窺える。すなわち、泰定三年（一三二六）十月には、「卒四千を発し通州道を治めしめ、鈔千六百錠を給」（『元史』巻三〇、泰定三年十月辛未朔の條）し、至元二年（一三三六）八月にも、「大都より通州に至るまで霖雨、大水し、軍人に勅して道を修せしめ」（同巻三九、至元二年八月戊寅の條）ている。水路・陸路のいずれにあっても、大都・通州間を結ぶ路線は、国都の糧食を維持するために重要なルートと認識されていた。主要幹線道路に沿って自然と多くの人が集まる。だからこそ、その延長線上に沿って寺観も建設された。

この斉化門の外側には東嶽廟も建設された。東嶽廟は、延祐六年（一三一九）に起工し、至治元年（一三二一）に竣工した[14]。東嶽廟前の賑わいについて、『析津志輯佚』「古蹟」（一一六頁）は、斉化門外には東嶽行宮があり、以前は、御香・蝋燭・酒（供える酒）・紙（紙銭の類）が最も利益を生んでいた。思うに江南・直沽の海道を経て、通州よりやって来た者は、城外に居住する者が多く、人々がこの地に向かう様子はまるで脇目もふらず自分の家に向かうようであった。漕運によって運び込まれる物資は毎年大都城に集積され、ここで交易される物品は多く、それによって居住民は物質的にも経済的にも満ち足りた生活を送っていた[15]。

と伝える。東嶽廟は大都から東の通州に向かう道路に面して建設されたため、陸路を利用して大都城に入城する商人にとって絶好の商業空間になった。東嶽廟が斉化門の外側に置かれたというのも決して偶然ではなかろう。斉化門は通州から大都城に至る陸路の終点であり、斉化門を経て大都城内に進入した延長線上に人が集まると当時の人々が理解していたためと考えられる[16]。それ故にこうした寺観が数多く建設されたのであろう。

最後に皇城の北側について考えてみる。北側で注目すべきは、いくつかの寺観が金台坊に建設される傾向を見出せる点である。金台坊に関しては、『永楽大典』所引『順天府志』の以下の記述に注目したい。

万寧寺は金台坊にある。元代は城の中心部に相当し、そのためにその閣は「中心」と名づけられた。今（明代）は城の正北に相当する[17]。

つまり、明代北京城の正北に相当する街区が、大都城にとっての中央区画に相当すると理解されている。金台坊に寺観が建設された理由は、まさにここにあるのではなかろうか。都市の中心区画であれば、目につきやすい。実際の中心はその南側に広がる皇城を中心とする空間であったとしても、空間的な中心部に置くことにこそ意味があったのであろう。従って、大都城の中央部に位置していたという要素を持つ金台坊は特別な街区であったとみなせる。皇城北側でとりわけ重視すべきは、金台坊の北側に建設された寺観が確認できない点である。つまりこのことは、大都城の開発が中央より北側にまで及ぼなかったことを暗示しており、ひいては大都城の北側がいかなる状態であったのかという点においても重要な意味を有する。以上のように、皇城をめぐって西側、東側、北側に注目することでいくつかの興味深い事実を得られた。

つぎに建設時期についても考えたい。少ない事例からの判断であるが、寺観の建設は至元二十年前後から開始されたと推測される。その理由を述べていこう。第四章で述べたことを確認すると、至元二十年に至って、住民を迎え入れることを目的として、商税税率の再設定が行われた。すなわち、大都と上都についてだけは、商税の徴収を特例的に通常よりも低率にすることを定めたのである。そして、この商税の税率改定は大都と上都に遠隔地からの商人を集めるための措置であったと述べた。これに加えて注目しなければならないのは、これまでも触れてきた至元二十二年に公布された住民の移住規定である。改めて本文を掲げることはしないが、資産が多くあり、かつ官僚身分の者を優先的に移住させる命令が発令された。つまり、住民を迎え入れる基盤を整備したうえで、南城からの移住者を受け入れたのである。そして、その間に仏寺も建設された。無量寿庵について、危素『危太樸文集』巻四「無量寿庵記」が以下のように記す。

大都城の寅賓里に無量寿庵という仏寺があり、それは居士屠君によって建設されたものであった。……(至元)二十一年、自らの資金七百貫を供出して、土地十畝を太廟の西に買い、無量寿庵を造った。仏殿四楹を建設した。建物・仏像は完備している。井戸を深く掘り畑を耕し、手づから嘉木を植えた[18]。

屠某が私財七百貫を投じて太廟西側の寅賓坊に土地を購入し、至元二十一年になって無量寿庵を建設したという。商税の税率改定とそれに伴う住民の移住規定との間に、この無量寿庵の建設が行われたことになる。つまりそれは、この頃になってようやく住民が社会生活を営むようになっていたことを示す。宮城のおよその完成は至元十一年のことであるが、住民が社会生活を営むにあたっては、一定程度の時間の経過が必要だったのである。

一方で場所と建設時期との関係についても目を向けてみよう。世祖期は皇城の周囲に寺観が点在している。成宗期になって、ようやく皇城の北側にも見られるようになるが、そこは大都城の中心である金台坊であったからに他ならない。注目すべきは、居賢坊に建設された二つの寺観の建設時期である。万巌寺は至治元年に建設され、福安寺は至正年間に建設された。科挙に関わる国子監と孔子廟は、科挙の開始された仁宗の治世下までには完成している。つまり、時間が経過すると、大都城の中心部から次はその東西方向に向かって開発が進められていたのである。

以上のように、大都城の建設の展開を寺観の建設状況から概観してみた。皇城の西側の区画に多くの寺観が確認できるということ、及び時期を下るにつれて皇城の北側に向かって寺観が増加していくということは、大都形成史を考えるうえで重要な事実である。

さて、次節からは大都におけるこうした寺観の意味について考えてみたい。まず、どういった経緯で寺観が建設されていくのか、その背景をおさえ、ついでその機能について考察を加えていく。

二　大都の寺観建設の背景

まず、大都の寺観建設にあたって、それぞれの寺観がどのような経緯を経て建設されたのかについておさえておくことにしよう。

そもそも、大都における寺観にはどういった種類のものがあるのか。首都であるから、特別な役割を持たされた寺観が存在することは容易に想像される。それは皇帝の命令によって建設された、いわゆる皇家仏寺である。

皇家仏寺は大都城の城内と大都の郊外とに建設された。大都城内に置かれたものとしては、大興教寺（一二八三年完成、阜財坊）、大聖寿万安寺（一二八八年完成、福田坊）、大天寿万寧寺（一三〇五年完成、金台坊）、大承華普慶寺（一三〇八年完成、太平坊）、大永福寺（一三二一年完成、大都城内）、大天源延聖寺（?、太平坊）がある[19]。郊外に置かれたものとしては高梁河の河畔に建設された大護国仁王寺（西鎮国寺）がある。

右に挙げたもののうち、現在も北京市の西城区阜成門内大街に妙応寺（通称、白塔寺）として現存する大聖寿万安寺が名高い。ここには、いまも北京の観光名所の一つとして有名な白塔がそびえたつ。白塔はチベット様式で建てられた、高さ約五〇メートルの円錐形の仏塔である。この塔はもともと遼の寿昌二年（一〇九六）に建設されたが、ネパールの建築家であるアニガによって改築された。この塔の建設については、阿尼哥の神道碑である、程鉅夫『雪楼集』巻七「涼国敏慧公神道碑」に、「(至元）十六年、聖寿万安寺を建つ。浮図初めて成るや、奇光の天を燭する有り」とあって、白塔から発せられる鮮やかな光が天を照らしたという。加えて、『永楽大典』所引『順天府志』が引用する『大都路図冊』には、「国朝此の大刹を建つ。都城内平則門裏街北に在り。精厳壮麗、都邑に坐鎮す」と表現される。広大な敷地と光り輝く白塔を有することの寺院は大都城のランドマークとしての役割を担っていたといえよう。なお大聖寿万安寺は、元末の至正二十八年（一二六八）六月に、落雷による火災が原因で焼失し、八月には明軍が大都に侵入して、元朝政府は大都を放棄して北帰していくことになる[20]。

すでに明らかにされているように、こうした仏寺はクビライ以下の皇帝の御容を収蔵したため、帝室と深い関係をもつ。それゆえ、建設や維持にあたっては国家から資金が提供された。しかも、寺によっては広大な寺田を所有することさえあった。したがってこのような仏寺は、全国に画一的に建立された仏寺とは異なる性格を有しており、ひいては首都を象徴する建築物の一つと見なすことができる。

こうした、いわば王立寺院ともよべるような寺院以外はどのように建設されたのか。いくつかの事例を挙げて見ていきたい。

北京市の西城区護国寺大街に位置する護国寺は[21]、元代に崇国寺として創建された。崇国寺を建てた定演は、世祖から「円融崇教大師」の称号を与えられる。至元二十一年（一二八四）に世祖から土地を賜与されて、いまの地に崇国寺を建設した[22]。華北の香河・宝砥・永清・平谷・三河・遵化や、遠くは杭州にまでも寺産を所有していた。崇国寺の完成後も皇室の保護を受け続け、仁宗期には三千余錠の鈔が賜与されている。皇家仏寺とは異なるものの、元代を通じて皇室からの保護を受けていたという点において、特徴を持つといえる。

皇室に仕えた尼僧が個人の私財を投じて寺院を建設した例としては妙善寺を挙げることができる。『仏祖歴代通載』巻二二は、高昌人の尼僧舎藍藍の事績を載せる。

大都妙善寺の比丘尼の舎藍藍が亡くなった。師諱は舎藍藍、高昌の人である。……成宗の治世下、皇太后に西宮で仕えて、長い間に渡って侍従していただけでなく、勤労と認められる働きもまた多かった。（そこで）詔が下り帝師の迦羅斯巴斡即児（第五代の帝師タクパオーセル）に師事して、出家して尼とされた。……仁宗の治世下、……詔して妙善寺に居住させて、随時皇太后のもとに入見させた。数え切れないほどたくさんの物品を賜与された。師はその賜物を元手に寺を京師に建設させ、寺名を妙善とした。……至順三年二月二十一日に歿した。年六十四[23]。

彼女は武宗・仁宗期に隠然たる勢力を振るった皇太后ダギに寵愛された。その結果、多くの賜与があり、それを原資として仁宗期に妙善寺を建設したという。この妙善寺の場所について、『析津志輯佚』「寺観」（七八頁）には「妙善寺は咸宜坊に在り。沙藍藍の姑姑寺なり」とあって、咸宜坊に置かれたことが分かる。これもやはり、皇室からの保護の下に建設された寺院とみなすことができるであろう。

また、官僚の寄進によって建設された寺院も存在する。延祐五年（一三一八）に完成し、保大坊に置かれた興福院については、袁桷『清容居士集』巻二五「興福頭陀院碑」に、「至元中、今平章政事の王公毅・枢密副使の呉公珪・福建宣慰使の李公果、見て之を異とし、始めて今の院地を買う」とある。こちらの場合は、政権中枢にいた官僚たちの寄進で、世祖期の至元年間に寺院の土地が購入されたということになる。

一方で、高麗人によって建設された寺院も存在する[24]。報恩光教寺は延祐四年に南城の彰義門外に建設された。至元二年（一三三六）八月に執筆された、李穀『稼亭集』巻二「京師報恩光教寺記」によると、

延祐丁巳、高麗国王諱某は退位して、大都の邸宅に留まり、南城の彰義門の外に土地を買い、仏寺を創建した。三年後の己未の年、工事は終了した。仏を安置する場所や僧侶を生活させる場所、仏事のための器具、（こうしたものが）すべて完備している。額を掲げて大報恩光教寺とした。

とあって、高麗王王璋が土地を購入してこの寺院は建設された[25]。

さらには、高麗人の官僚によって建設された寺院もある。やはり『稼亭集』巻四「大都天台法王寺記」によると、官僚たちが他者からの寄進も併せて金城坊に土地を買い、そこに高麗僧である孜信を居住させて天台法王寺を建設したという。高麗の高官による寄進で仏寺が建設された例であるが、付言すれば、高麗人官僚によって土地の取得が可能であったことまで看取できる。

一方、大都には道観も数多く建設された。世祖の宗教政策により、道教教団は大きく発展を遂げ、全真教が一大勢力を誇ったこの時代において、その影響は広く大都にまで及んだ。世祖から土地を与えられた道観

としては、太一広福万寿宮が挙げられる。太一教の道士であった李居寿は中統元年九月に世祖から「太一演化貞常真人」の称号を得て、至元十一年十二月に南城の奉先坊に世祖から土地を賜与され、太一広福万寿宮を建設した[26]。

一方で、私費を投じて土地を購入した例としては東嶽廟が挙げられる[27]。延祐年間のこととして、虞集『道園類稿』巻三七「大都路東嶽仁聖宮碑」には、張留孫が「地を大都斉化門外に買ひ、規して以て宮を為る」とある。現在も同じ場所に存在し、前述したように、大都城東側の商業空間の中核を担うこととなる。

以上のように、南城も含めた大都には多数の寺観が建設された。そうしたものは皇帝の命令によって造営されたものを筆頭に、僧侶や教団の指導者、官僚等、高麗の王や官僚の出資にもとづくなど、多様な形態で建設されていったのである。

三　寺観の機能

さて、最後にこうした寺観の機能について確認しておくこととしよう。寺観は信仰の対象だけであったわけではない。行楽地としての役割を果したことはまず容易に想像できよう。このような例は枚挙に遑がないので、ここでは大都郊外の大承天護聖寺に遊ぶ事例を紹介するに止める。傅若金『傅与砺詩集』巻二「清明日遊城西詩并叙」には以下のように記される。

大都に住んですでに三年、西山の景色の優れていることを聞き及んでいたが、いまだに行ったことがなかった。元統二年二月二十五日、清明節の時、風がおだやかで日差しも心地よく、花木は美しかった。

金華の王叔善父・四明の俞紹芳・同郷の范誠之そして私が一人の従者を従え、（その従者）に酒と酒肴を携えさせて城西に出かけた。かつての皇帝が創建した大承天護聖寺を観覧し、寿安香山に行って景色を見て帰った[28]。

元統二年（一三三四）の清明節に、かねてから興味を抱いていた大都西北郊外の西山へピクニックに向かったという。初めの目的地は西山であったが、その途次にある大承天護聖寺にも立ち寄っている。大都の住民にとって、西山に向かう途中に位置する大承天護聖寺は恰好の行楽地であったに違いない。

このように、信仰の対象としての空間だけに止まらない役割をも寺観は担った。ここではそうした点を鑑みて、信仰以外で寺観の果たした機能面を紹介していく。

（1）儀式のリハーサル会場

まず、政府がどのように寺院を利用したのかについて考えてみたい。必ずしも一般的な事例とはいえないが、国家儀礼の予行演習の会場として利用されたことは興味深い。それは、前述した大都城のランドマークたる大聖寿万安寺である。『元史』巻五一、五行志二、火不炎上には、「此の寺旧名は白塔、世祖より以来、百官儀を習ふの所なり」とある。また、『元史』巻六七、礼楽志一「元正受朝儀」によると、「期に前んずる三日、儀を聖寿万安寺に習ふ」とあって、毎年正月の朝賀の儀礼に合わせてその三日前に予行演習が行われたという。さらにここでは、「天寿聖節受朝儀」「郊廟礼成受賀儀」「皇帝即位受朝儀」の予行演習も行われた。いずれも国家の根幹に関わる儀礼である。

元代に限らず、伝統中国における儀礼では、号令によって「拝」「礼」「舞踏」などの所作を何度も繰り返すため、事前に広大な敷地を有する寺観で一定の練習を積む必要があったとみられる[29]。

（2）皇族による利用

次に、皇族によって寺院が絵画展示会の会場として利用された事例を紹介したい。

武宗の妹であり、仁宗の姉に祥哥刺吉と呼ばれた公主がいる。彼女は膨大な書画コレクションを所蔵していたことで知られ、至治三年（一三二三）三月に自身のコレクションの展示会が開催された。その模様は、会への参加を許された袁桷の手になる『清容居士集』巻四五「魯国大長公主図画記」に詳しい。

至治三年三月の甲寅、魯国大長公主が中書省の役人・執政官・翰林院・集賢院・国子監の然るべき官位にある者を集めて、南城の天慶寺に集合させた。秘書監丞の李某に命じてこの会を取り仕切らせ、公主の属僚にも手伝わせた。食器は美しく、酒器も清潔で、酒を強引に飲ませることはない。官員がひしめきあい、山海の珍味がことごとく集まり、飲酒礼に則ってそれぞれが歓を尽くし、互いに酒を酌み交わして、勝手に振る舞う者はいなかった。宴たけなわとなって、図画若干巻を取り出し、その得意とする所にしたがって、絵に跋文を書くように命じられた。飲酒礼が終わり、さらに文詞の巧みな者に命じて、その歳月を記して、来世に伝えさせようとした[30]。

引用部分の前後によると、出席者は官僚が二十余人で、展示に供された書画は約四十点、法書は五点であった。会は山海の珍味が供される宴会から始まり、頃合いをみて、おもむろに絵画が展示され、参加者がその絵画の題跋を記したという。そして、この会の催された場所が南城の天慶寺である。天慶寺が王室と関係の深い寺院であったことはすでに触れている。こうした催し物が開催されたことも皇室との関係を示唆していよう。

（3）市場

最後に、機能としては最も一般的なものと考えられる、商業空間としての役割について考えていきたい。北宋開封の相国寺の事例でも知られるように[31]、人々が多数集まる寺観では廟会とよばれた定期市が開催された。とくに大護国仁王寺（西鎮国寺のこと）で二月八日に開催された大法会については、すでに中村淳・乙坂智子両氏の研究に詳しい[32]。いまそこでも紹介されている『析津志輯佚』「歳紀」（二一四頁）に改めて依拠すれば、

寺の両廊に販売所が立ち並び甚だ泰平であった。全国のありとあらゆる物であふれ、とても賑やかであった。中で商賈の開帳することは錦のようで、すべてこの日より始まった。……ほとんどは江南からの富商であって、国内外の珍しいものはすべてそろっていた。これもまた年中行事の一つである。酒食の店舗が開設されることも江南と同様である[33]。

という。江南からの富裕な客商が、この法会を参観する人たちを相手に商売を繰り広げたのであろう。通常の商業活動とは別のこうした商行為も、大都での営利活動の一環でもあった。

東嶽廟について『析津志輯佚』「歳紀」（二一七頁）には、

（三月）二十八日、岳帝王の生辰で、二月より始まり、大都の士庶官員・諸色婦人がこぞって、お礼参り・お参りをする人が途切れることなく、その上で拝礼を行う者がいた。とくにこの三日が一番盛大であり、沿道にはあらゆる花果・餅食・酒飯・香紙を販売する店舗がひしめき、また盛会であった[34]。

とあって、東嶽大帝の生誕節を祝う祭りが繰り広げられたことを示す。そこでは食事や果物を販売する屋台も繰り出され、賑やかな光景が繰り広げられた。

さらに南城に位置した白雲観についても『析津志輯佚』「歳紀」（二一二頁）に記述がある。

（正月）十九日に至り、都城の人はこれを燕九節と言った。大都の士女は竹杖をたずさえ、ともに南城の長春宮・白雲観に赴き、宮観で法事や焼香を済ませると、それぞれが思い思いに楽しみ、この日が賑やかであることは、まるで昔日の風紀のようである[35]。

これは長春真人の生誕節が正月十九日であったことにもとづく。ここで商売が行われたとは具体的には記されていないものの、当然他の廟会と同じような光景が繰り広げられたことであろう。なお、東嶽廟と白雲観の廟会は元代より現在に至るまで継承されている。

以上見てきたように、都城における寺観の果たした役割は信仰の対象とそれに伴う観光地というだけではなく、他にも多様な機能を有していたのであった。なお本章の主旨とはいささか乖離するが、時期的な問題でいえば、数は少ないながらも、文宗期に多くの寺院が建設されたことは注目される。これは、文宗が元代の皇帝の中でも、仏教に対してとりわけ手厚い保護を行ったからであろう[36]。皇家仏寺以外にも、皇帝の特定宗教への傾倒と大都城における寺観の建設、そしてそれによって生じる景観の変遷との相関関係は興味深い課題である[37]。

おわりに

本章では、はじめに大都に置かれた寺観の設置年代と場所の検証から、その場所が南城に近い皇城の西部に集中する傾向を確認し得た。ついで寺観が建設されるにあたっての背景を確認し、最後に大都城内におかれた寺観の果たした機能について考察を加えた。以上の考察を踏まえて二点を指摘する。

一点目として、繰り返しの指摘にはなるものの、数多くの寺観が存在した南城の重要性である。ここでは紹介しなかったが、元代に入ってからも南城には寺観が建設された。これは、多数の人間が元末まで南城に居住していたことを示す。加えてこの南城の存在に既定され、大都城でもその西南部に多くの寺観が建設された。この事実は南城の存存が大都にとっての補完的機能を有する都市として、重要な役割を果たしていたことを改めて裏づける。

二点目は、大都城の開発の方向である。この方向の問題は元の大都から明初の北京を考える上で見逃せない重要な論点である。本章で挙げたように、建設年代と場所が一致する事例は必ずしも充分な数とはいえまい。しかしながら、この少ない数であってさえも、元代において開発の手は大都城の北半にまで及ぶことはなかったことが予測されるのである、本章で得られた結論を踏まえれば、次に引用する杉山正明の推論はおおむね正鵠を射ている。

大都北半市街区は、いわば石灰をひいたまま、結局は人が入居しなかったと見ていいのではないか。大都は都市機能が南半に集中していて、北半はすこぶる市民生活に不便である[38]。

「いわば石灰をひいたまま」という箇所の趣旨は、区画整理のための作業に止まったと述べたかったのではないかと推測されるが、論拠が提示されておらず、どのような史料にもとづいての言及かは疑問とせねばならない。しかし、本章の検証によって、この見通しが実証された形になった。さらには、大都の北半が無人の地であったであろうという推測は次に紹介する明代の北京改造工事と併せて考えると説得力が増す。

明代に入り北京は大改造を遂げる。まず、洪武帝期の将軍徐達によって城の北側が放棄され、城壁は南に約二・五キロメートル移動する。大都が南北に長い長方形であったのに対して、この時点で大都城の北側約三分の一が切り捨てられ、ほぼ正方形となった。次いで永楽十七年（一四一九）になると、城壁を南に一キロメートル拡張する。これによりほぼ正方形でかつ皇城が中心に据えられた国都が現出した形になる[39]。これは元代においてすでに住民が居住していなかったために、そうした措置を行っても問題が生じなかったからであろう。

本章では寺観の設置年代に注意を払い、大都城の開発の方向についての見通しを確認した。次章では、仁宗の時代に再開された科挙を通して、元代中期の大都の状況みていくこととしたい。

註

1　王璧文「元大都寺観廟宇建置沿革表」（初出一九三七年、のち『梓業集――王璞子建築論文集』紫禁城出版社、二〇〇七年所収）を参照。

2　陳高華「元代大都的皇家佛寺」（初出一九九二年、のち『元朝史事新証』蘭州大学出版社、二〇一〇年所収）、同「再説元大都的皇家仏寺」（『清華元史』三、二〇一五年）を参照。なお、劉暁もこうした寺院について整理している。呉麗娯（主編）『礼与中国古代社会――隋唐五代宋元巻』（中国社会科学出版社、二〇一六年）三八二～四二一頁を参照。

3　中村淳「元代大都の勅建寺院をめぐって」(『東洋史研究』五八―一、一九九九年)を参照。
4　大藪正哉「元の大禧宗禧院について」(初出一九七一年、のち『元代の法制と宗教』秀英出版社、一九八三年所収)を参照。
5　石濱裕美子「パクパの著作に見るフビライ政権最初期の燕京地区の状況について」(『史滴』二四、二〇〇二年)を参照。後者の論文では、大聖寿万安寺の建設年代について、関連史料を博捜したうえで、「白塔や大聖寿万安寺についての情報は元代からすでに錯綜していた」と述べる。重要な指摘であり、本章で問題とする元の大都の形成過程を検討する上では、無視できぬ問題である
6　中村淳「元代法旨に見える歴代帝師の居所――大都の花園大寺と大護国仁王寺」(『待兼山論叢(史学)』二七、一九九三年)を参照。
7　石濱裕美子『チベット仏教世界の歴史的研究』(東方書店、二〇〇一年)「第一章　第一節　宮廷行事に見るフビライの王権像」、乙坂智子「元大都の游皇城――『与民同楽』の都市祭典」(初出二〇〇八年、のち『迎仏鳳儀の歌――元の中国支配とチベット仏教』白帝社、二〇一七年所収)、同「聖世呈祥の証言――元大都仏教祭典と称賀漢詩文」(初出二〇〇八年、のち同上書所収)を参照。
8　竺沙雅章「元代華北の華厳宗――行育とその後継者たち」(初出一九九七年、のち『宋元仏教文化史研究』汲古書院、二〇〇〇年所収)、同「燕京・大都の華厳宗――宝集寺と崇国寺の僧たち」(初出二〇〇〇年、のち同書所収)を参照。
9　福田美穂「元朝の皇室が造営した寺院――チベット系要素と中国系要素の融合」(『種智院大学研究紀要』九、二〇〇八年)を参照。
10　櫻井智美「元大都的東岳廟建設与祭祀」(『元史論叢』一三、二〇一〇年)を参照。
11　『大元混一方輿勝覧』は郭声波(整理)『大元混一方輿勝覧(宋元地理志叢刊)』(四川大学出版社、二〇〇三年)を利用した。
『永楽大典』所引『順天府志』は、光緒十二年(一八八六)に繆筌孫が『永楽大典』より『順天府』の部分を抄録したものである。現在は、影印版の『順天府志』(北京大学出版社、一九八三年)が広く普及している。本章でもこの版を利用した。
12　王崗『北京城市発展史(元代巻)』(北京燕山出版社、二〇〇八年)一一一～一一三頁、一一八～一二五頁を参照。
13　崇聖寺については、『永楽大典』所引『順天府志』に「崇聖寺在咸寧坊。至元五年建。」とあり、極楽寺については、『日下旧聞考』巻五四所引『順天府志』に「極楽寺在崇教北坊。元至元間建。」とそれぞれ記される。
14　前掲註(10)櫻井智美「元大都的東岳廟建設与祭祀」を参照。
15　斉化門外有東嶽行宮、此処昔日香燭酒紙最為利。蓋江南・直沽海道、来自通州者、多於城外居止、趨之者如帰。又漕運歳儲、多所交易、居民殷実。

16　斉化門をめぐって社会経済の面から検討した、王暁欣「元代史料中的大都斉化門及相関問題芻議」（『元史論叢』一二、二〇一〇年）は各門の役割を考える上で興味深い視点からの研究である。

17　京師寅賓里有無量寿庵者、居士屠君所建也。…（至元）廿有一年、出己貲七百貫、買地十畝於太廟之西、作無量寿庵。樹仏殿四楹。屋宇象設、無不具足。浚井治圃、手植嘉木。

18　『順天府志』巻七「寺」。万寧寺在金台坊。旧当城之中、故其閣名中心。今在城之正北。

19　この仏寺について、『永楽大典』所引『順天府志』は「黒塔は大天源延聖寺に在り。太平坊。」と記す。そして、『元史』巻三〇、泰定三年二月丙申の條には、「顕宗の神御殿を盧師寺に建つ。賜額して大天源延聖寺と曰ふ」とあり、神御殿を盧師寺に建置し、そこを大天源延聖寺と改称したという。ところで清代に編まれた『日下旧聞考』巻一〇四、郊垧は、『帝京景物略』巻六「西山上」の、盧師寺は西山に存在したという記録にもとづき、大天源延聖寺が西山にあったとする。だが、顕宗カマラの神御殿が置かれたという事実と、仏教に傾倒した文宗のパーソナリティーを鑑みれば、やはりこれは大都城内に建設されたとみなすべきであろう。

20　『元史』巻四七、至正二十八年六月甲寅の條、同巻五一、五行志一。

21　現在は、北京市仏教教会の敷地となっており、未開放地区である。李路珂他〔編著〕『北京市古建築地図（上）』（清華大学出版社、二〇〇九年）三〇二頁を参照。

22　崇国寺に関連する石刻資料・文献史料は、前掲註（8）竺沙雅章「燕京・大都の華厳宗」にまとめられている。本章でもそれを参照した。

23　大都妙善寺比丘尼舎藍藍八哈石卒。師諱舎藍藍、高昌人。……成宗之世、事皇太后於西宮、以侍従既久勤労之多、詔礼帝師迦羅斯巴斡即児為師、薙染為尼。……仁宗之世、……詔居妙善寺、以時入見。賜予之物不可勝紀。師以其物剏寺於京師、日妙善。……至順三年二月廿一日歿。年六十四。

24　元代の高麗人の大都における活動については、陳高華『『稼亭集』『牧隠稿』与元史研究』（初出二〇〇六年、のち『元朝史事新証』蘭州大学出版社、二〇一〇年所収）を参照。

25　延祐丁巳、高麗国王諱某既釈位、留京師邸、買地於故城彰義門之外、創梵刹焉。越三年己未、工告畢。凡奉仏居僧之所・修斎作法之具、百需皆有。掲名日大報恩光教寺。

26 『元史』巻八、至元十一年十二月癸亥の條、王惲『秋澗先生大全文集』巻四七「太一五祖演化貞常真人行状」。

27 前掲註（10）櫻井智美「元大都的東岳廟建設与祭祀」を参照。

28 客京師三年、聞西山之勝、未至焉。乃元統二年二月二十五日、為清明節、風和景舒、花木妍麗、金華王叔善父・四明俞紹芳・同里范誠之与予、従一小蒼頭載酒殽共出遊城西。遂至先皇帝所創大承天護聖寺縦観、行望寿安香山而還。

29 実際、入明僧の記録にも、正月の儀礼にあわせて、朝天宮において十二月二十七日に予行演習を行う様子が書き留められている。村井章介・須田牧子（編）『笑雲入明記——日本僧の見た明代中国』（平凡社東洋文庫、二〇一〇年）一〇八頁を参照。儀礼という衆人環視の場で、恥をかかないためにも、一定の練習が必要であったとみられる。

30 至治三年三月甲寅、魯国大長公主集中書議事。執政官・翰林・集賢・成均之在位者、悉会於南城之天慶寺。命秘書監丞李某為之主、其王府之寮宷悉以佐執事。籩豆静嘉、尊斝絜清、酒不強飲。簪佩雑錯、水陸畢湊、各執礼尽歓、以承飫賜而莫敢自恣。酒闌、出図画若干巻、命随其所能、俾識于後。礼成、復命能文詞者、叙其歳月、以昭示来世。

31 北宋の相国寺の賑わいについては、入谷義高・梅原郁（訳注）『東京夢華録——宋代の都市と生活』（平凡社東洋文庫、一九九六年）一〇九～八頁を参照。

32 前掲註（6）中村淳「元代法旨に見える歴代帝師の居所」、前掲註（7）乙坂智子「元大都の游皇城」を参照。

33 寺之両廊買売富甚太平。皆南北・川広精麓之貨、最為饒盛。於内商賈開帳如錦、咸於是日。……多是江南富商、海内珍奇無不湊集。此亦年例故事。開酒食肆与江南無異。

34 (三月）二十八日、乃嶽帝王生辰、自二月起、傾城士庶官員・諸色婦人、酷還歩拝与焼香者不絶、尤莫盛於是三日、道途買売、諸般花果・餅食・酒飯・香紙填塞街道、亦盛会也。

35 至十九日、都城人謂之燕九節。傾城士女曳竹杖、倶往南城長春宮・白雲観、宮観蔵揚法事、焼香、縦情宴玩、以為盛節、猶有昔日風紀。

36 こうした文宗の仏教信仰の様相については、野口善敬「元代文宗期における仏教興隆」（初出二〇〇三年、のち『元代禅宗史研究』禅文化研究所、二〇〇五年所収）を参照。

37 これは元の大都に限ったことではない。宗教施設が中国歴代の国都においてどのような位置を占めたのかは、その都市景観の変貌と絡めて論じる必要がある。たとえば、北宋開封では、皇帝による道教に対する帰依の結果として、巨大な道観がいくつか建設された。とくに徽宗の時代はその代表といえよう。徽宗時代の北宋開封の改造については、久保田和男「北宋徽宗時代と首都開封」（初出二〇〇五年、のち『宋代開封の研究』汲古書院、二〇〇七年所収）を参照。

38　杉山正明「クビライと大都」一五七頁を参照。

39　明初に行われた北京改造工事については、新宮学「明代の首都北京の都市人口について」（初出一九九一年、のち『明清都市商業史の研究』汲古書院、二〇一七年所収）、同「近世中国における首都北京の成立」（初出二〇〇五年、のち同書所収）を参照。

第八章　科挙からみた大都

はじめに

伝統中国において実施された科挙の重要性について、いまさら改めて強調するまでもなかろう。筆者は近年になって活発になってきている元代の科挙に関する研究動向を整理したことがある[1]。その冒頭で説明したように、科挙については科挙の制度それ自体を分析する「狭義の科挙研究」と、科挙をめぐる文化・社会状況の全般を扱う「広義の科挙研究」とに大別できる。特に後者の「広義の科挙研究」は、劉海峰が一連の著作を通じて提唱している「科挙学」と軌を一にするものであり[2]、近年ではこちらの視点からの研究が高まりつつあることを指摘した。

元代の科挙についていえば、これまではどちらかといえば、「狭義の科挙研究」に関心が注がれ、とくに漢人とモンゴル・色目人との間で試験内容が異なっていたこと、合格者数の配分における民族間の差など、モンゴルによる漢民族文化に対する優位性といった文脈で語られることが多かった。しかしながら科挙制度それ自体を元朝という一王朝の断代史の中でだけ考察していても、元代における科挙実施の意義や、とくにその後にもたらされた様々な影響を総体的に把握することは難しい。たとえば、第一場において、経文に関する問題が出題され、その解釈が朱熹のものにもとづくよう求められるのは、元代からのことである。これが含意するものは、国家による「解釈の規定」の一大転換であり、それは同時に社会への朱子学の浸透を示すもので、中国思想史の展開を把握する上でも特筆すべき事柄であることもまた、言を俟たない。さらには、後述するように、明代の科挙制度そのものへ与えた直接的な影響も検討すべき対象となり得よう。

本章では「広義の科挙研究」という視点から、大都における科挙について考えてみようと思う。科挙という制度は階梯を一段一段進むことによって合格に向かうという性格を有しているため、それは国都に近づいていくことがただちに成功を意味するともいえる。そのため、受験者にとって国都への憧憬は計り知れないものであったに違いない。本章ではこうした観点から、大都において科挙がどのように展開したかについて論じていく。

はじめに、国都と科挙の関係に触れた先行研究について紹介しておく。まず、唐代の長安については、妹尾達彦「唐代の科挙制度と長安の合格儀礼」がある[3]。ここでは、唐代科挙の概略を述べた上で、長安で繰り広げられた科挙の儀礼について様々な史料を駆使して復元している。明代の北京については、新宮学『北京遷都の研究』「第三章　北京遷都　四―三　永楽十三年乙未科」があり、北京遷都の過程の一段階として、永楽十三年（一四一五）に実施された科挙の状況について明らかにしているが、全面的な検討に及んでいるわけではない[4]。本稿で企図している科挙に関する一連の儀礼の復元については、宋代の科挙を全面的に検討した荒木敏一の古典的研究と、南宋の「同年小録」「登科録」等の史料を分析して儀礼の内容について明らかにする山口智哉の研究とがそれぞれ存在する[5]。明代については、儀礼の概略を鶴成久章が明代の「登科録」の内容を紹介する中で触れている[6]。本章で取り上げる元の大都については、陳高華が概括的に触れている程度で[7]、とくに専論が存在するわけではない。

以上のように、科挙を国都と絡めた視点からの研究は、それほど多いわけではない。まして、科挙の舞台としての元の大都に注目した研究はほとんど無いといっても過言ではないのである。本章は、これまであまり触れられることのなかった、大都における科挙の運用状況について、可能な限り具体的に述べていくことを主たる目的とする。さらに――実はここにこそ本章の最大の眼目が秘められているのだが――科挙が元代中期ともよべる仁宗時代から開始されたという事実から、これまでの大都研究においてほとんど欠落しているといってよい、元代中期から後期にいたる大都の開発状況について最後に述べたいと思う。

一　元代の科挙について

本論に進む前に、まず元代の科挙制度について概述しておく[8]。よく知られているように、元代においては王朝設立の当初から科挙が存在していたわけではなく、皇慶二年（一三一三）十一月に至って、翌年八月の郷試、さらにその翌年三月に大都で会試を挙行することが宣言された。世祖クビライの時代から科挙の実施が検討されていて、しばしば、科挙復活の提言がなされはしたものの、科挙の再開は仁宗期まで待たねばならなかったのである。ここには様々な要因が複合的に存在したであろうが、世祖・成宗・武宗の時代を経て政治・社会が一応の安定を得たことも理由の一つとして挙げることができよう。科挙の実施は中断をはさみながらも、延祐二年（一三一五）から至正二十六年（一三六六）まで、十六回を数えた。

元代の科挙は郷試―会試―御試（殿試）の三段階に渡って実施された。第一段階の郷試の試験内容については、『通制条格』巻五「学令」に載せられる皇慶二年の詔令に詳細が記されている[9]。郷試は十一の行省、二つの宣慰司、四つの路でそれぞれ執行された。試験の次第について簡単に述べておけば、概ね以下の通りになる。試験は八月二十日・二十三日・二十六日に行われた。当日は日の出前に入場し、夕方には退場する。その際には宋代の韻書である『礼部韻略』だけを持ち込むことができた[10]。受験生の答案を受け取った「受巻官」は「弥封所」に答案を送り、名前を書いた箇所を紙で緘封する（糊名）。糊名された答案は謄録所に送られ、朱筆で答案の複本が作られる（謄録）。両者を読み合わせて誤りがないことを確認して採点が行われた。郷試合格者は三百名とされたが、これに国子生も加わるため、後述するように、至正十一年では三百七十三名が次の会試に進み得る。

第二段階の会試は郷試の翌年の二月一日・三日・五日に行われた。試験科目は郷試に準じ、答案提出後の手続きも郷試と同じである。規定によれば会試合格者は、蒙古・色目・漢人・南人でそれぞれ二十五人ずつ合計で百名と規定されてはいるものの、延祐二年の会試合格者はわずか五十六名であり、百名を満たしたのは元統元年（一三三三）の一度きりしかない。

最後の御試は三月七日に行われた。受験生一名ごとにケシクが監視役となり、漢人・南人には試策一問が出題され、一千文字以上の答案が合格、蒙古・色目人には時務策一問が出題され、五百字以上で合格とされた。御試では合否が判定されるのではなく、順位が決められるだけであった[11]。

近年の研究おいては、こうした制度面よりも、科挙にまつわる出版物や合格者の動向などに関心が集まっていて、いくつかの研究が生み出されている。

二　大都における試験の実施

それでは、国都である大都において科挙に関連する行事がどのように行われていたのか。まず、大都においては、他の地方都市とは異なり、科挙の三段階——郷試↓会試↓御試——がすべて実施されるということを前提としなければならない。以下ではまず郷試と会試について、特に大都で行われたことに注意して述べていきたい。

（1）郷試

郷試合格者には地域差が存在した。モンゴルの七十五人のうち大都出身者が十五人、色目人の七十五人のうち大都出身者が十人、漢人の七十五人のうち大都出身者が十人とされている。他の試験場ではわずかに一桁台の数字に過ぎない[12]。また、規定によれば、別の路に戸籍を置いている蒙古・色目・漢人であっても、大都・上都に不動産があり、かつ長期に渡って居住している者については、特例によって試験を受けることが可能であった[13]。つまり、他の地域出身者に比べて大都からの選抜者が多く、かつ大都居住者について特例的に受験が許可されていたために、他の都市に比して史料はそれなりに多く残っていると予測される。

まず、大都郷試で出題された策問を個人の文集等から拾い集めることができる。

袁桷「大都郷試策問」（『清容居士集』巻四二）

蘇天爵「大都郷試策問」（『滋渓文稿』巻二四）

孛朮魯翀「大都郷試策問」（『国朝文類』巻四七）

陳旅「至正元年大都郷試策題」（『安雅堂集』巻一三）

まずはそれぞれの出題時期について確認しておこう。袁桷「大都郷試策問」は延祐四年（一三一七）、陳旅は「至正元年大都郷試策題」とそれぞれ明記されている。蘇天爵「大都郷試策問」は、『滋渓文稿』巻二八、「題商氏家蔵諸公尺牘歌詩後」に、「至元元年乙亥、余堂帖を奉じて考試大都郷貢士たり、古今暦法を策問す」とあることから、これが至元元年（一三三五）の出題であったことがわかる。附言すれば、郷試が八月に実施されたのち、この年の十一月になって科挙は一旦廃止される（『元史』巻三八、至元元年十一月庚辰の條）。つまり、郷試実施段階まで、科挙の中断が考えられていなかったこと、そして八月から十一月までの間で政策の転換が図られたことを意味する。孛朮魯翀「大都郷試策問」は、孛朮魯翀が至元二年（一三三六）に致仕しているため、当該の問題がそれ以前の出題であるとしか言及できない。こうした問題や、それに対する答案それ自体の分析はいずれ行われるべき課題であるが、ここでは一点だけ指摘しておきたい。

出題時期が延祐四年と特定できる袁桷「大都郷試策問」は、「先王の政、民を養うより先んずるは莫し」から始まる一文で、食糧供給の方法やその備蓄方法について訊ねている。そこでは、「今天時に雨沢、上聖心に協し、中外豊熟す」とあるように、現状は問題がないことを述べる。ところで、『大元倉庫記』には大都に建設された京倉の規格・備蓄量・設置年代が記されている[14]。その設置年代に注意を払えば、世祖クビライの治世下の後、突如として皇慶二年（一三一三）に、屡豊倉・大有倉・積貯倉・広済倉・豊穣倉の五つの倉庫が建設されていることを確認できる。一方、皇慶二年について『元史』本紀を捲れば、「久しく旱なるを以て」（『元史』巻二四、皇慶二年十二月甲申の條）等と記されるように、旱魃や地震の記事が散見される。天災と備蓄用倉庫の建設が連関性を持っていて、それが四年後の延祐四年郷試の出題内容に反映されたと看做すのは詮索し過ぎであろうか。また、陳旅「至正元年大都郷試策題」は「京師は天下風俗の枢機なり」の一文より始まり、当時の大都の風紀が乱れているため、これを漢代の長安のような都にするためにはどのようにすればよいのか、という問題となっている。つまり、こうした問題は甚だ抽象的な内容を含みはするものの、そこに当該時期の大都にまつわるコンテンポラリーな社会問題が出題傾向に反映されていると思われる[15]。

それでは、その大都郷試はいったいどこで行われたのであろうか。大都出身で泰定元年（一三二四）の進士、宋褧（一二九四～一三四六）の『燕石集』巻九「嘲敬徳口号」と題する詩歌の自註には、「南城、大都毎歳郷試の所」と明記してある。また宋褧の兄で、至治元年（一三二一）に進士となった宋本（一二八一～一三三四）も、「南城校文聯句」（『元詩選』二集所引『至治集』）の序において、当該の詩文を馬祖常や謝端とともに、泰定三年（一三二七）に「大都郷試貢院にて作」ったと書き記している。二つの事例を合わせて考えれば、南城に郷試を実施するための貢院が設置されていたということになるのであろう。

各地の郷試を経た受験者は次の会試受験のために全国各地から大都に集まった。大都に集う郷貢進士の様子を伝える史料が、程端礼『畏齋集』巻三「江浙進士郷会小録序」である。

至正十一年の春、天下の郷貢進士が京師に集まり、礼部会試を受験した。時に、江浙行省出身で試験に参加する人間は四十三人おり、以前に郷試に合格している者は二人、国子監出身者は六人いた。すでに及第して江浙出身で、官僚身分のもの、たまたま当時大都にいたもの、皆連れ添って金銭を持参して、宴会の準備をして、西門内の咸宜坊の栄春堂に集まり、宴会を設けて彼らの労をねぎらった。科挙によって国家が賢人を得ることを喜び、郡県からの士が多いのを楽しみ、敦く契りを交わした。この文章で明らかにしておく[16]。

「江浙進士郷会小録序」というタイトルより諒解されるように、江浙行省での郷試に合格した会試受験者が、至正十一年（一三五一）に大都に向かい、そこで同郷の官僚やちょうど大都に滞在していた人々によって遠路をねぎらわれ、あわせて試験に向けて激励されている様子が伝わる[17]。この年の郷試に合格したものが四十三人、前回の郷試に合格しながら会試に参加しなかったものが二人、国子監出身者が六人いたという。

さらにこの史料からは「咸宜里の栄春堂」という場所が確認できる。咸宜里は、『析津志輯佚』に「咸宜坊」として記される坊で、場所は宮城の西側にあった。このように受験生が集まる様子は、後述するように、受験生の多くが麗正門の南に宿を決めていたなどといった事実からも窺い知ることができる。三年に一度の会試直前の大都は、受験生のみならず、それを歓迎する人々も巻き込んで賑やかな情景が繰り広げられたのであろう。二月の会試から御試を経て合格者に対する一連の行事が終わる四月まで、その熱気は大都を覆い尽くしたのである。

（2）会試

次の段階である会試について検討しよう。会試の試験内容について基本史料となるものは、『元史』選挙志の史料であるが、貢院で実際に試験が行われた時の運用状況については、『新刊類編歴挙三場文選』（静嘉堂文庫蔵本を参照。以下『三場文選』と略記）[18]の巻首に載せられている「聖朝科挙進士程式」が詳しい[19]。『三場文選』は元代の科挙受験参考書であり、当時の受験生に広く読まれたといわれている。そこに掲載されているいくつかの文章は『大元聖朝国朝典章』『通制條格』『事林広記』『元代婚姻貢挙考』にも掲載されていて、重複する箇所も多い。しかしながら、もっとも詳細なのは、『三場文選』に収録されているものであるため、ここでは、それを中心に据え、他の史料によって補足を加えつつ検証していくこととする。


会試　試院は翰林院東の至公堂で行い席を設け舎を分けた。

正月十五日、中書礼部で印巻をする。巻の表面に印を押す。

正月二十八日、中書礼部で合格者の名前を榜に掲げる。

二月初一日の早朝、挙人は翰林院に入って、身体検査を受け終わったものから、班ごとに堂下に立って、それぞれが二度拝礼を行う。知貢挙が答拝を行い、試官以下もそれぞれ答拝を行う。拝礼が終わったならば、問題を受領して、それぞれが座席につく。午後になって順次受巻所に書き上げた答案を提出して外に出る。

二月初三日の早朝、翰林院に入り、十人ごとに一班となって、堂下で拝礼をし、問題を受領し、席に就き、書き上げたら提出することは二月一日と同じである。

二月初五日、翰林院に入り、班ごとに揖して、問題を受領して、席について答案を書いて提出することは二月三日と同じである[20]。


まず、この史料から、試験が翰林院東に置かれた至公堂と称される空間で執り行われたことが分かる。ここでは、この試験会場について検討を加えよう。

科挙が復活された時期、すなわち皇慶年間の翰林国史院の正確な場所は、実は不明である。大都城の城内では中央官庁がしばしば移転を繰り返し、中でも中書省・御史台・翰林国史院の三者の官庁の移動については、すでに第三章で触れた。至順年間には、翰林国史院は大都中心部に位置していた。元統元年から十一回の科挙については、大都中心部において執行されたのである。

「至公堂」は明・清代の科挙に際し、中央と各省の貢院に設けられた空間として知られているが、これは元代になって初めて設けられた[21]。元代の「至公堂」については、宋褧『燕石集』巻八「得周子善書問京師事及賤迹以絶句十首奉答」の自注にも、「至公堂は会試の所。四方の進士の南宮に来試せし者、率ね皆麗正門外に僦居す」とある。「至公堂は会試の所」であり、各地から大都で試験を受けるために集まった郷貢進士は、大都城正南の門である麗正門前に宿泊を決めたという。さらに「至公堂」については、試験の開始に際して知貢挙以下の官が集まる場所であり、受験生はその前に十人が一グループとなって整列した（『元史』巻八一、選挙志一）。大都城の中では、明清の北京城に存在した貢院に該当するものが確認できないため、至公堂がその役割を果たしたとみなせる。

こうした制度面からだけではなく、実際に試験を運用する側の視点による史料も紹介しておこう。至正十一年会試の考試官であった、周伯琦『近光集』巻三「紀事二首　并序」が、以下のように伝える。

至正十一年、二月一日、天下の貢士及び国子生が京師で会試を受験したが、計三百七十三人であった。中書省が詔を奉じて文章を校正して、合格者百人を取り、御試の進士にあてた。二日前に、院を立ち入り禁止とした。三回の試験が行われ、試験ごとに一日を空けて、十二日に合格者の名前を貼りだした榜を掲げる[22]。

至正十一年の会試参加者は三百七十三人で合格者は百人、二月十二日に会試合格者の名前が掲示され、次の御試へ進むことができたという。二月一日に会試が実施されていることから、規定に沿って実施されていることが分かる。

次の段階の御試では順位を決めるだけで黜落は行われないため、これ以降は合格者のみ体験できる行事が大都城内において展開されていく。

（3）御試

二月上旬の会試から時を経ずして行われる御試の進行についても、先掲の『三場文選』巻首「聖朝科挙進士程式」御試をまず掲げておく。

御試　三月初一日、中書省の礼部で印巻を行う。巻子の背面には印を押す。三月七日の早朝、試に入り、拝礼して策題を受領してそれぞれが座席について、晩になってから答案の書かれた巻子を提出して退出する。三月十一日、それぞれ国子監で襴帽を関す。三月十三日、宮闕に出かけて、唱名儀礼に参加する[23]。

この史料と併せて、御試の状況を詳細に伝える『元史』巻八一、選挙志の史料を以下に掲げよう。

三月初四日、中書省が上奏して受け取った詔に以下のようにあった。「(三月)初七日に挙人を幹林国史院で御試に臨ませて、監試官を定めて諸執事を委ねさせよ」と。初五日、各官（翰林国史）院に入る。初六日、策問を選定して、最終的に陛下がどの問題を選択するのか待つ。初七日、執事の者が宮城に向かって机を至公堂の前に設置し、策題を机の上に置く。挙人が院に入って、身体検査を受け終わったならば、蒙古人で一グループとなり、整列して、礼生が引率して至公堂の前にやってきて、宮城を望んで二度拝礼をして、策題を与えられる。さらに二度拝礼して、それぞれが次に就く。色目人で一グループとなり、漢人・南人でそれぞれ一グループとなることは、前の儀式と同様である。進士一人ごとに、蒙古宿衛士一人を遣わして監視させる。昼には、膳を与える。進士は巻子を提出して、それが終われば、退出する。監試官は読巻官とともに、答案を読んでその順位を決め、三甲に分けて上奏する。二榜を作って、敕黄紙を使用して名前を書いて、宮城前の紅門の左右に掲げる[24]。

この二つの史料から確認できることを以下に挙げていく。

御試は前述の翰林国史院で実施された。三月一日に問題が準備され、五日に試験官の入場、六日に問題を皇帝に提出してチェックを受ける。七日に試験が実施され、進士一人ごとに蒙古宿衛士によって監視されながら、答案を作成する。この際に机を宮城に向かって置く。昼食をとり、答案を提出してから試験場を退場する。そののち採点が行われ、十三日に「唱名」すなわち名前の呼び上げが行われる。この行事については後に触れよう。

合格者は、右榜（蒙古・色目）と左榜（漢人・南人）に分けられ、黄色の紙に名前が記されて、「内前の紅門の左右」にそれぞれ掲げられた。大都宮城の門には「紅門」がいくつか存在する[25]。例えば皇城正北の門は厚載紅門と呼ばれた。従ってこの「内前」とは「大内前」のことであろうから、つまりは崇天門に合格者名が掲げられたのである。

三　大都における合格儀礼

合格者発表の後の状況については、先掲の『元史』巻八一、選挙志の続きの部分を引用すれば以下の通りである。

合格発表の一日前に、進士に対して告諭し、翌日に宮城の前に来させる。所司は香案を準備し、侍儀舎人が名前を読み上げ、謝恩、放榜する。適当な日を選んで恩栄宴を翰林国史院で行い、押宴するに中書省の官、あらゆる試験に関与した官もともに宴会に参加する。預宴官及び進士はみな簪華して着席する。適当な日を選んで殿庭に詣って、謝恩の表を奉る。翌日、中書省に向かう。さらに適当な日を選んで、進士は先聖廟に向かって釈菜の礼を行い、状元が祝文を書き、進士の名前を国子監の石に刻む[26]。

さらに、行事の詳細な日程については、『三場文選』巻首「聖朝科挙進士程式」「進士受恩例」にあるので、それも合わせて以下に引用する。

四月十七日、恩栄宴を賜う、押宴・預宴官及び進士各のおの簪花す。
四月二十七日、中書省勅牒を祗受す。
四月二十九日、各のおの公服を具し、殿庭に詣りて謝恩す。
　三十日、便服もて、都堂に詣りて参謝す。
五月初二日、先聖廟に謁し、舎菜の礼を行う[27]。

まずは、こうした行事の順序を確認しておく。前掲の規定とも合わせて考えれば、

①三月十三日：唱名
②四月十七日：恩栄宴
③四月二十九日：上謝恩表
④四月三十日：中書省参謝
⑤五月二日：謁先聖廟、刻石題名

となる。これが実際にはどのように運用されたかについて、一例として現在も北京市の孔子廟前に立石されている「至正十一年進士題名記」を見てみよう[28]。

三月十二日、崇天門唱名、放榜。
四月十七日、授官、賜袍笏。
二十七日、宣■■一具、集賢修撰・承務郎篤列図等上表謝恩。
翌日、〔参見〕宰執于中書省。遂賜恩栄宴于翰林国史院、押宴官中書左丞〔韓〕元善。
■■（翌日?）、詣国子監、釈菜于先聖先師、題名国子監。

ここでは、①三月十二日、③四月二十七日、②・④四月二十八日、⑤四月二十九日（?）という順番であった。またのちに掲げる宋褧「登第詩五首」（『燕石集』巻六）によると、泰定元年（一三二四）は、①三月十三日、②四月二十六日、③五月二十一日であったとする。若干の異同も存在するが、ほぼ規定に沿って行われていたことが窺える。さらに、『元史』本紀には殿試実施の日が繋年されている。それを確認すれば、すべて三月七日に行われていることに気がつく。

史料に戻ろう。まず最初の行事が「崇天門唱名」「謝恩」「放榜」である。泰定四年（一三二七）の進士である薩都剌にも、「丁卯及第謝恩崇天門」（『雁門集』巻二）と題する詩がある。崇天門は、『析津志輯佚』「城池街市」（二頁）に、

崇天門　南に向かって進めば周橋に出る。櫺星門の三門の外三道に分かれ、真ん中は千歩廊街である。麗正門を出て、門は三つある。正中は車駕が郊壇に行幸するときのみ開かれる。西の一門は、開かれない。ただ東の一門だけが、車馬の往来のために開かれる[29]。

とあるように、宮城の正南の門である。崇天門前の空間は、大都の中で王権を実感させる場所であった。その空間で科挙に関連する一連の行事の中で最大のクライマックスともいえる、合格者の発表が行われたのである。

唱名の行事については、『羅氏雪堂蔵書遺珍』（全国図書館文献縮微複製中心、二〇〇一年）の第七冊「清・文廷式輯　経世大典輯本　二巻　清抄本」に収められた『経世大典』の佚文からその詳細な状況を知ることができる。この「経世大典輯本」全体の内容紹介や流転の経緯については別稿で扱っているので[30]、そちらを参照されたい。ここでは、そこに引かれている合格者儀礼に関する史料である、「進士及第唱名儀」「進士後恩儀」を検討していく。

「進士及第唱名儀」は長文であるため、原文は本章の末尾に［付録］として掲げる。それにもとづき行事の経過を簡潔にまとめれば以下のようになる。

①前日（?）の準備
②夜明けとともに会場設営
③整列・配置
④「有制」の声で開始
⑤礼
⑥聖旨の読み上げ
⑦礼
⑧合格者の名前の読み上げ

⑨読み上げ順に整列
⑩礼
⑪退場

唱名儀礼は承奉班都知の「有制」の掛け声で開始される。参加者の拝礼ののち、再び承奉班都知による、「欽奉聖旨『策試舉人、第一甲賜進士及第、第二甲賜進士出身、第三甲賜同進士出身』」という宣言によって名前の読み上げが開始されていく。モンゴル・色目人は西側に、漢人・南人は東側に、順位が降るにつれて外側に向かうように並ぶ。モンゴル・色目人の名前は「第〇名□□」と正しく読み上げるのに対して、漢人・南人については、「第〇名姓□□」と姓だけを読み上げた。モンゴル・色目人と漢人・南人とで区別が存在していた点は興味深い。その後、拝礼を繰り返し、退場する。

ついで彼らは翰林国史院において催された恩栄宴に参加する。その場には中央官庁の役人や、試験に携わった官員も参加した。そして日を改めて公服を着用し皇帝のもとに向かい、宮城の正殿である大明殿の前に整列して皇帝に対し「謝恩の表」を奉じた。翌日は便服を着用して今度は中書省に向かい、官僚に対して謝意を表する。

次の「謝恩」と考えられる行事が、やはり「経世大典輯本」に残される「進士後恩儀」である。原文は同じく本章末に掲げた。儀式の次第は以下のようにまとめられる。まず、当日に会場設営がなされる。櫺星門の外に進士が整列し、崇天門前まで行進する。モンゴル・色目人の進士は右榜とされ、漢人・南人の進士は左榜とされたことに対応し、モンゴル・色目人は西に、漢人・南人は東に並び、それぞれの状元が表を奉じる。拝礼がなされた後に退場する。前引の『元史』選挙志の史料では、「択日恭詣殿廷、上謝恩表」としか表されていないが、「進士及第唱名儀」「進士後恩儀」からは、こうした儀礼の詳細な様子を窺い知ることができよう。最後の行事として、孔子廟に拝謁し、国子監で合格者の名前を石に刻むわけであるが、孔子廟と国子監も仁宗の治世下までに完成している点は留意しておく。

孔子廟に関連して、高麗出身で至正十四年（一三四八）の進士である李穡（一三二八～一三九六）『牧隠藁』巻二四に、孔子廟に参詣した進士たちの興味深いエピソードが残されている[31]。

新たに及第した進士は、学官に感謝を述べに向かう。孔子廟に拝謁して礼が終わったならば先を争って門から出る。状元で昇殿して上香する者がいたならば、皆走って外に出る。遅れて外に出た者は、官が栄達せずに、さらに早死するといわれているからである。癸巳科においては、私が状元であった。諸公と議して以下のように言った。「我らは読書に励み、行動も礼にかなっている。聖人英霊は頭上に在るようなものであり、どうして礼でない行いをすることなどあるだろうか」と。皆「そうだ。言うとおりだ」と言った。ここで殿庭に入りて一双拝をして、（さらに状元である）私が上殿して一双拝をしてし、配位して礼が終われば、ゆっくりと殿庭におりた。東西に向かって礼を行った者がみなやってきて、ここでまた一双拝を行った。礼が終わったならば退出し、前の人の足跡を踏むように粛々と外に出た。門を出てから馬に乗り、ゆっくりと演福寺に向かい、年齢順に着席して拝礼を行った。これ以降、進士に及第して文廟に謁する人間は、必ずこのことを援用した[32]。

進士は孔子廟に拝礼したのち、先を争うように、孔子廟の中から外に出る。なぜなら、これに遅れをとったものは出世が遅れるか、早世してしまうという伝説が存在したためという。

一方で受験生からすれば、たいへんな苦労を重ねて合格したわけであるから、大都における一連の行事に対する感慨はひとしおであったに違いない。これまでもたびたび登場した宋犖がその感慨を詩に残している。以下は宋犖『燕石集』巻六「登第詩五首」のタイトルと、そこに付された自註である。

「崇天門唱名」

「恩栄宴　四月二十六日」

「同年会　四月二十九日　海岓之万春園」

「賜章服　自是年始。幞頭・袍帯・靴・銀・木簡皆具。簡上仍刻御賜字、金填之。五月一日皆除書同授。」

「上表謝恩　五月二十一日、時駕已北幸。」

崇天門唱名については、この詩の本文に三月十三日と明記されているから、前述した規程通りに一連の行事が進行したことが理解される。その上でここでは、公的な規程には存在しない合格者だけの行事が記されていることに注目したい。四月二十九日に行われた「同年会」である。

同年会の場所を宋犖は「海岓の万春園」と自ら注記する。「海岓」とあれば、大都において豊富な水を湛えた積水潭が即座に想起される。実際、時代を下った清の康熙十五年（一六七六）の進士である納蘭性徳（一六五四〜一六八五）がこの史料を踏まえてか、『渌水亭雑識』巻一に、「元時の海子岸万春園有り。進士登第恩栄宴の後、同年を此に会せしむ。……今在る所を失ふ」と記している[33]。正確な場所は不明とみなすほかないものの、同期生の集まりが存在した事実を指摘できるであろう。

彼らののちの交流についても、やはり宋犖『燕石集』巻一二「同年小集詩序」がある。

天暦三年二月八日、同年諸生の座主である蔡公を崇基〔真〕万寿宮の寓所に訪ねた。そこを退出して、前太常博士で藝林使の王守誠の秋水軒に集まった。坐席は年齢順で、酒肴は簡素なものであったが、談論風発、詩文を作った[34]。

合格から六年を経た天暦三年（一三三〇）に同年の進士が集まった。世祖至元年間に蓬莱坊に建設された崇真万寿宮へ向かい、そののちやはり同年生で状元の王守誠のもとで小宴が催された。年齢順に従って着席し、賦や詩を作ったという。その詩を集めたのが、この「同年小集」であった。席次を決めるにあたっては、成績順でなく年齢序列に従っているが、これは他の時代とも共通する同年生の間で維持された秩序である。同年生の絆を高めるための最初の行事がこの「同年会」であり、彼らは同期としての共時性を終生保持し続けたのであった[35]。

五月一日には、この泰定元年より始まった「賜章服」が行われた。前掲した「至正十一年進士題名記」にも記載があるため、後代にも引き継がれていったことが窺える。

そして五月二十一日、「上表謝恩」を行い皇帝に対しての謝意を表した。ところが、その時に皇帝はすでに大都に不在であったという。『元史』本紀によれば、定例となっている季節移動――終章で触れる両都巡幸――のため、泰定帝は四月八日に大都を出発して上都へ向かっている。つまり、皇帝不在の大都の宮殿において「上表謝恩」を行ったことになる。皇帝と対面することにより、その皇帝の下で官僚としての第一歩を踏み出す決意を新たにしたはずの進士にとって、皇帝と進士とが直接顔を合わせない場合すら存在したという事実は、元代における科挙の政治的な重要性を考える上では、極めて示唆的なものといえる。皇帝のこうした態度に少なくない違和感を覚えたからこそ、宋褧はことさらに「五月二十一日、時に駕已に北幸せり」と注記したのであろう。

この点に関連して、元代における科挙制の意義についても最後に一言しておきたい。すでに指摘されているように、宋代科挙制度において合格儀礼は一部を除いて合格者と皇帝の間で取り結ばれた[36]。つまり、科挙合格者は皇帝と直接向き合うことで、自らの雇主であり、最高権力者としての皇帝を体験的に感得していたわけである。しかしながら、元代の科挙儀礼においては皇帝との面会の機会が宋代よりも少なかった可能性が高い。なぜなら、科挙の実施回数が少なかったという単純な理由に加えて、皇帝は毎年三月から四月の間に北の上都に向かい、大都を不在にすることが多かったためである。皇帝に直接採用された官僚が、皇帝との個人的なつながりを手にし、官僚世界の階梯を昇っていくという宋代以来の科挙システムの理想は、ここでいったん形骸化したのである。ただし、こうした状況をもって、元代の科挙制が意味を持たなかったとは言い切れまい。むしろ、他に複数の出仕経路があるにも拘わらず、科挙制が変わらず採用され続けたという事実から、伝統中国社会における科挙制度の持つ強靱性が改めて示されたことにこそ、逆説的な意味で、科挙の元代における意義が見出されるのである。

おわりに——科挙制度よりみた大都の開発——

本章は大都における科挙にまつわる一連の行事を明らかにしたものに過ぎず、その作業自体はとりたてて強調されるほどのものとはいえない。ただここから得られることを二点指摘して結びに代えたい。

まず、本章で明らかにした科挙の儀礼そのものが、宋代のものよりも明代のものに近いということである。明の隆慶二年（一五六八）の進士である于慎行（一五四五〜一六〇八）は、『穀山筆麈』巻八「選挙」において官吏登用法についてまとめている。そのなかで元代については、元の時、科挙の法は仁宗になって制定された。李孟の請に従ったのである。その制度は三年に一科を開き、八月に郡県郷試を行い、翌年二月に京師で会試を行い、合格者は御試を受けた。及第・出身を与えるのには差があって、いまの制度の始まりである[37]。

と述べる。すなわち、明の科挙制が、元制を踏襲していると指摘している。そこに巷間指摘される不平等性などの実態や、理念に関わる差異がたとえ横たわっていたとしても、明代進士の意識下に定着するほど、元代の科挙制度が明代に大きく影響を及ぼしたことを物語っている。

さらにこれは、郷試・会試・殿試という制度面における継続性という表層的な点に止まらず、北京を国都に選んだこともその理由の一つに数えられるのではなかろうか。科挙に際して北京の都市空間をどのように利用するかといった点において、端的に言ってしまえば、「どこを」通って「どこに」向かうかというルートの選定一つとっても、範とすべきは唐の長安や北宋の開封では決してなく、元の大都の運用方法であったに違いない。

同様に、日程面についても考えてみたい。南宋の科挙合格者の集会については山口智哉がまとめている[38]。それによると、紹興十八年（一一四八）は、四月十七日「唱名」、二十九日「謝闕」、宝祐四年（一二五六）は、五月二十四日「唱名」、六月七日「謝闕」、咸淳七年（一二七一）は五月二十一日「唱名」、六月五日「朝謝」が行われている。これに対して明代の「登科録」をひもとくと[39]、「唱名」と同じ「伝臚」が三月三日前後か十七・十八日前後に行われ、「謝闕」と同じ「上表謝恩」はその三日後に行われた[40]。元代においては南宋よりも早い時期、明代とほぼ同時期に行われていることに気がつく。これは季節や気候に左右されると考えられる行事の月日の設定についても、北京という土地を選択したことにより、必然的に明朝が元朝のそれを意識したと考えられよう。「北京における科挙」という視点から考察した際、都市空間の利用と実施日の設定という二点からみても、明・清の科挙制度は元の影響下から免れられなかったのである。

最後に述べておきたいことが、実はこうした科挙の運営状況を明らかにすることによって得られる、元代中期の大都の姿である。前章でも触れたように、東嶽廟は元代の中期に完成する。すなわち、武宗・仁宗・英宗時代に至っても大都の開発は続き、新たな商業空間の出現さえも窺えるのである。

大都城は金の中都の東北に建設されたという性格上、大都城南部の整備から始まったと考えられる。事実、世祖の至元年間、官庁街は皇城を中心とする南側と北側の空間に展開した。一方で、本章で確認した科挙行事の実施された場所――国子監・先聖廟・翰林院・同年会の行われた万春園――を大都の地図上に落としていけば（【図9】参照）、皇城北側の東西線上に展開していることが分かる。こうした空間がそれまでどのように利用されてきたのかについては、現在のところ筆者にも成案はないものの、とくに重要な建築物が建設されていたとは考えにくい。孔子廟や国子監が、世祖年間に建設の計画がなされていたにも拘らず、実際は成宗・武宗期に完成し、さらには、至順年間に翰林国史院が宮城北側に移転したように、科挙に関連する行事の場所は大都の中央部で展開する。つまり大都は南から北に向かって開発されていき、元代中期に至ると、今度は宮城の北側から東西方向に向かって、大都中央部の開発が進められていくことになるのである。

元代の科挙が仁宗期という、元代も後半期に開始された事実を踏まえると、進士の見聞した大都は、元代中期から後期にかけての大都の姿であり、初期の姿から変容した部分もあるという事実を認識しえた。今後はこうした元代中後期の大都の実像をより明らかにし、大都がどのようにして次の明代北京へと展開していくかについて検討しなければならない。

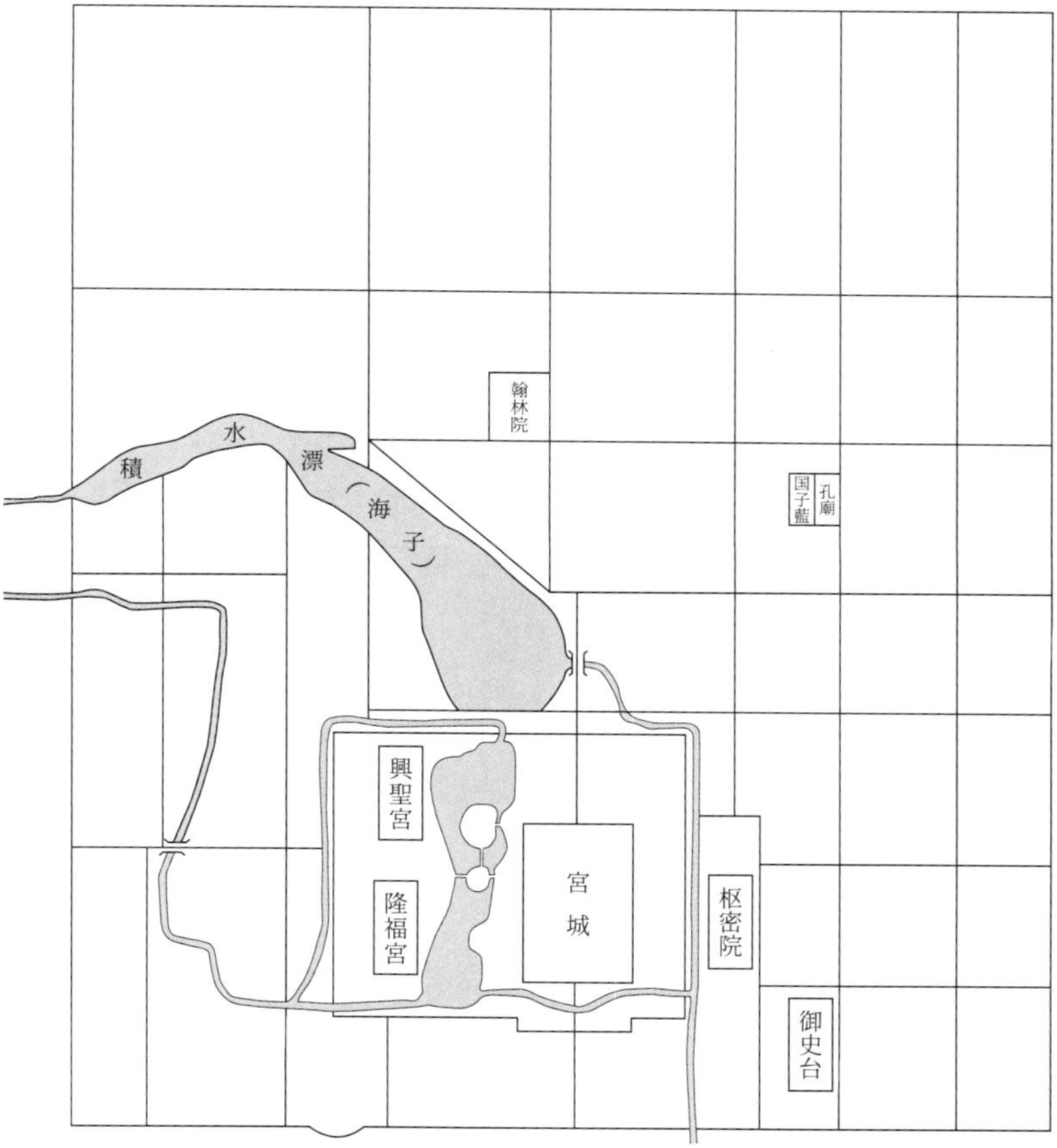

図９　大都城略図

〔付録〕41

「進士及第唱名儀」

前期■〔一〕、執事者、承奉班都知具朝服、司香舍人二員、傳唱三員第三員兼通贊、引贊二員。

至期大昕、侍儀官設牓案・香卓・褥位于闕前、宣詔榻于其西。布進士席位于南、三行北向、又布舉人席位稍南、重行北向。有司借國子監生員唐帽白襴衫、令舉人服之。引贊引舉人、至席位。讀卷官〔二〕・知貢舉等、入禀榜畢。舍人二人引中書禮椽、奉二榜、讀卷官・知貢舉以下奉隨、出自崇天門、置于案。傳唱立于左西向、讀卷官・知貢舉以下立于右東向。

承奉班都知曰「有制」。通贊贊曰「鞠躬」。曰「拜」。曰〔三〕「興」。曰「拜」。曰「興」。曰「平身」。承奉班都知升榻宣曰「欽奉聖旨『策試舉人、第一甲賜進士及第、第二甲賜進士出身、第三甲賜同進士出身』」。通贊贊曰「鞠躬」。曰「拜」。曰「興」。曰「拜」。曰「興」。曰「平立」。

舍人宣唱、賜進士三甲名氏。唱曰「蒙古色目人第一甲第一名某傳至第三。舍人唱曰「蒙古色目人第一甲第一名某出班〔四〕前立。」」。又唱曰「漢人南人第一甲第一名姓某傳唱如前。」」。又唱曰「蒙古色目人第二甲傳唱如前。曰某第二甲次名以下、止唱名曰而已。唱出班前立如前、餘皆倣此也。」」。曰「蒙古色目人第三甲某」。曰「漢人南人第二甲姓某」。曰「漢人南人第三甲姓某」。並以次承傳、蒙古色目人立于右、漢人南人立于〔五〕左。以中爲上。通贊曰「班首稍前跪」。曰「進士皆跪〔六〕」。曰「上香」。曰「上香」。曰「三上香」。曰「興」。曰「復禮」。曰「拜」。曰「興」。曰「拜」。曰「興」。曰「平身〔七〕」。■■■■■■■■■■

分班、左司郎中導二榜出、至櫺〔八〕星門外、進士分行、由左右〔九〕門以出。大興府尹備儀衛、送二榜首、還取〔十〕■■二黄榜于櫺星門之左右三日至順元年唱名興聖門外。

〔一〕原文「卮」に作る。〔二〕原文「官」字無。〔三〕原文「日日」に作る。〔四〕原文「班」字無。〔五〕原文「于」字無。〔六〕原文空格。「跪」字補。〔七〕原文「平」字以下、十文字空格。〔八〕原文「極」に作る。〔九〕原文「左門」に作る。「進士後恩儀」は「左右門」に作る。〔十〕原文「取」字以下、二文字空格。

「進士後恩儀〔一〕」

是日、侍〔二〕儀司設表案・香案・褥位于闕前。進士〔三〕■■■敘班櫺星門外、引贊舍人分引、至闕前。蒙古状元即第一甲偕蒙古進士、班于右。漢人状元偕漢人・南人進士、班于左。二状元各奉表、稍前、置于案、復位。引贊報班齊。宣贊〔四〕唱曰「拜」。通贊贊〔五〕曰「鞠躬」。曰「拜」。曰「興」。曰「拜」。曰「興」。曰「平身」。曰「班首稍前跪」。曰「跪」。曰「衆官皆跪」。司香贊〔六〕曰「搢笏」。通贊贊〔七〕曰「上香」。曰「上香」。曰「三上香」。曰「出笏」。曰「龍拜」。曰「興」。曰「平身」。曰「復位〔八〕」。曰「鞠躬」。曰「拜」。曰「興」。曰「拜」。曰「興」。曰「平身」。曰「搢笏」。曰「鞠躬」。曰「三舞蹈」。曰「跪左膝、三叩頭」。曰「山呼」。曰「山呼」。曰「再山呼」。曰「出笏」。曰「就拜」。曰「興」。曰「拜」。曰「興」。曰「拜」。曰「興」。曰「平立」。引贊分引進士、由左右門以出。以上大典巻一萬四千一百二十七。

〔一〕原文「思議」に作る。〔二〕原文「傳」に作る。〔三〕原文「士」字以下三文字空格。〔四〕原文「贊」字無。〔五〕原文「通」字以下二文字空格。〔六〕原文「香」字以下一文字空格。〔七〕原文「通」字以下二文字空格。〔八〕原文「住」に作る。

註

1　拙稿「近年の元代科挙研究について」(『集刊東洋学』九六、二〇〇六年)、及びこれを増補・改訂した同「近年元代科挙研究――以日本的研究介紹做為中心」(『科挙学論叢』二〇一〇―二)を参照。ただし、この整理を公表したのちも研究は大いに進展しており、元代科挙に関する研究動向は改めてまとめ直す必要がある。最新の成果として、『中国科挙制度通史(遼金元巻)』(上海古籍出版社、二〇一五年)がある。

2　劉海峰の唱える「科挙学」については、「科挙学芻議」(初出一九九二年、のち『科挙制与「科挙学」』貴州教育出版社、二〇〇四年所収)を参照。その全体像は『科挙学導論』(華中師範大学出版社、二〇〇五年)に詳しい。特に二六頁に附載されている図は、「科挙学」が包括する対象の大きさを示唆している。

3　妹尾達彦「唐代の科挙制度と長安の合格儀礼」(唐代史研究会〔編〕『律令制――中国朝鮮の法と国家』汲古書院、一九八六年)を参照。

4　新宮学「永楽十三年乙未科について――行在北京で最初に行われた会試と殿試」(初出二〇〇三年、のち『北京遷都の研究』「第三章　北京遷都」汲古書院、二〇〇四年所収)を参照。

5　荒木敏一「北宋時代に於ける科挙の瓊林宴(1)(2)――唐代の曲江宴と比較して」(『京都教育大学紀要(A)人文・社会』四五、一九七四年、同誌四七、一九七五年)、山口智哉「宋代《同年小録》考――《書かれたもの》による共同意識の形成」(『中国――社会と文化』一七、二〇〇二年)を参照。

6　鶴成久章「明代の『登科録』について」(『福岡教育大学紀要』五四―一、二〇〇五年)を参照。

7　陳高華が執筆を担当している、『中国考試通史(二)』(首都師範大学出版社、二〇〇四年)三八八〜三九〇頁を参照。

8　本章における元代科挙の理解については、安部健夫「元代知識人と科挙」(初出一九五九年、のち『元代史の研究』創文社、一九七二年所収)、宮崎市定「元朝治下の蒙古的官職をめぐる蒙漢関係――科挙復興の意義の再検討」(初出一九七二年、のち『宮崎市定全集(一一)宋元』岩波書店、一九九二年所収)、姚大力「元代科挙制度的行廃及其社会背景」(初出一九八六年、のち『蒙元制度与政治文化』北京大学出版社、二〇一一年所収)、前註『中国考試通史(二)』等を参照。

9　元代における郷試の運用状況については、李治安「元代郷試与地域文化」（初出二〇〇一年、のち『元代政治制度研究』人民出版社、二〇〇三年所収）、呉志堅「元代的郷試――以有司為中心」（『元史及民族与辺疆研究集刊』二二、二〇一〇年）がある。

10　『礼部韻略』については、櫻井智美「『礼部韻略』与元代科挙」（『元史論叢』九、二〇〇四年）を参照。

11　桂栖鵬「元代殿試有無黜落問題再探」（『中国史研究』二〇〇一―三）を参照。

12　ただし、次の会試に進み得る三百人全体でみると、江浙が四十三人、江西が三十一人、湖広が二十八人であって、大都の三十五人に匹敵する。

13　『大元聖政国朝典章』巻三一、礼部四、儒学「科挙程試條目」に「一、別路附籍蒙古・色目・漢人、大都・上都有恒産住経年深者、従両都官司依上例推挙就試、其余去処、冒貫者治罪。」とある。

14　その一覧については、本書第四章を参照。

15　宮紀子「『対策』の対策――科挙と出版」（初出二〇〇三年、のち『モンゴル時代の出版文化』名古屋大学出版会、二〇〇六年所収）では、『三場文選』に収録された「時務策」に、元代後半期を覆った天災への対応策を見出す。

16　至正十一年春、天下郷貢進士雲会於京師、群試於礼部。於時、江浙行省与計偕者四十有三人、前挙二人、由冑監者六人。既試、江浙之仕於朝及客於京師者、相率持金銭、具牢醴、張国西門内咸宜里之栄春堂、以燕労之。喜国家之得賢、楽郡県之多士、敦契好、昭斯文也。

17　ただし、この一文には問題がある。なぜなら墓誌銘によれば、程端礼は至正五年に死去しているため、「十一年」の記述というのは不可解だからである。『畏齋集』は『永楽大典』より抄出したものであるため、そこで誤写が生じた可能性もある。

18　『新刊類編歴挙三場文選』については、陳高華「両種『三場文選』中所見元代科挙人物名録――兼説銭大昕『元進士考』」（初出二〇〇一年、のち『陳高華文集』上海辞書出版社、二〇〇五年所収）、森田憲司「元朝の科挙資料について――銭大昕の編著を中心に」（初出二〇〇一年、のち『元代知識人と地域社会』汲古書院、二〇〇四年所収）、前掲註（15）宮紀子「『対策』の対策」が詳しい。また書誌学的情報については、黄仁生『日本現蔵稀見元明文集考証与提要』（岳麓書社、二〇〇四年）四九～六〇頁を参照。

19　「聖朝科挙進士程式」を最初に詳細に紹介したのが、陳高華「元朝科挙詔令文書考」（初出二〇〇二年、のち『元朝史事新証』蘭州大学出版社、二〇一〇年所収）であり、本稿の引用もそれにもとづく。ただし、筆者による静嘉堂文庫での調査の成果に依拠して文字を改めた箇所がある。

20　会試　試院于翰林院東至公堂設席分舎。正月十五日、於中書礼部印巻　巻面用印鈐縫。正月二十八日、中書礼部榜示。二月初一日黎明、挙人入院、捜検懐挟訖、班立堂下、各再拝。知貢挙官答跪、試官以下各答拝。畢、受題、各就本席。午後相次于受巻所投巻而出。二月初三日早、入院、毎十人一班、揖于堂下、受題、就席、投如初一日。二月初五日、入院、班揖、受題、就席投巻如初三日。

21　「至公」は、科挙制度の理念を象徴する言葉であり、唐代から使用されていた。この点については、前掲註（2）劉海峰『科挙学導論』「第十三章　科挙法規論　科場論」がまとめている。

22　至正十一年、歳辛卯、二月一日、天下貢士及国子生会試京師、凡三百七十三人。中書承詔校文、取合格者百人、充廷対進士。先二日、鎖院。凡三試、毎試間一日、十有二日掲榜。

23　御試　三月初一日、於中書礼部印巻。巻背用印鈐縫。三月初七日黎明、入試、拝受策題、各就席、至晩、進巻而出。三月十一日、各於国子監関襴帽。三月十三日、赴闕、聴候唱名。

24　三月初四日、中書省奏准、「以初七日御試挙人於幹林国史院、定委監試官及諸執事。」初五日、各官入院。初六日、譔策問進呈、俟上采取。初七日、執事者望闕設案於堂前、置策題於上。挙人入院、捜検訖、蒙古人作一甲、序立、礼生導引至於堂前、望闕両拝、賜策題、又両拝、各就次。色目人作一甲、漢人・南人作一甲、如前儀。毎進士一人、差蒙古宿衛士一人監視。日午、賜膳。進士納巻、畢、出院。監試官同読巻官、以所対策第其高下、分為三甲進奏。作二榜、用敕黄紙書、掲于内前紅門之左右。

25　『南村輟耕録』巻二「宮闕制度」には、「凡諸宮門、金鋪朱戸丹楹、藻絵彤壁、瑠璃瓦飾簷脊」とある。

26　前一日、礼部告諭中選進士、以次日詣闕前。所司具香案、侍儀舎人唱名、謝恩、放榜。択日賜恩栄宴于翰林国史院、押宴以中書省官、凡預試官並預宴。預宴官及進士並簪華至所居。択日恭詣殿廷、上謝恩表。次日、詣中書省参見。又択日、諸進士詣先聖廟行舎菜礼、第一人具祝文行事、刻石題名於国子監。

27　四月十七日、賜恩栄宴、押宴・預宴官及進士各簪花。四月二十七日、中書省祗受勅牒。四月二十九日、各具公服、詣殿庭謝恩。三十日、便服、詣都堂参謝。五月初二日、謁先聖廟、行舎菜礼。

28　文字の校勘は蕭啓慶『元代進士輯考』（中央研究院歴史語言研究所、二〇一二年）一〇六頁を参照した。〔　〕は蕭啓慶著書で補われている文字、■は不鮮明な文字を示す。なお附言すれば、本碑が元代のものではなく、清代康熙年間に刻石されたものであることについては、邢鵬「北京国子監元代進士題名刻石調査研究——元至正十一年進士題名記刻石考弁」（『中国歴史文物』二〇〇七—五）が考証している。

29　崇天門　正南出周橋。檽星三門外分三道、中千歩廊街。出麗正門、門有三。正中惟車駕行幸郊壇則開。西一門、亦不開。止東一門、以通車馬往来。

30　拙稿「内藤湖南によるモンゴル時代に関する史料の蒐集」（『中国——社会と文化』二五、二〇一〇年）、同「『羅氏雪堂蔵書遺珍』所収「経世大典輯本」について」（『集刊東洋学』一〇三、二〇一〇年）を参照。

31　高麗出身の進士である李穡（至正十四年進士）の事績については、陳高華「『稼亭集』『牧隠稿』与元史研究」（初出二〇〇六年、のち『元朝史事新証』蘭州大学出版社、二〇一〇年所収）が詳しい。

32　新及第進士、参謝学官。謁文廟礼畢争出門。至有状元方入殿上香、諸人皆走出。後出者、宦不達、且早死故也。癸巳科、僕忝状頭、与諸公議曰「吾輩読書、行已自有礼。聖人英霊如在頭上、敢蹈非礼乎。」諸君皆曰「然。惟命是聴。」於是入殿庭一双拝、僕上殿一双拝、配位礼皆畢、徐下庭。東西行礼者皆至、於是又一双拝。礼畢退、足跡相継不敢妄動一歩、出門上馬、徐駆至演福寺、序歯成礼。自是進士及第至謁文廟、必援癸巳年事。

33　『日下旧聞考』巻五四、城市（内城北城）按語には、「〔臣等謹按〕萬春園久廃、以其地考之、当近火神廟後亭云。」とある。現在の万寧橋（后門橋）の北側には火神廟の跡が残されている。

34　天暦三年二月八日、同年諸生謁座主蔡公于崇基〔真〕万寿宮寓所。既退、小集前太常博士藝林使王守誠之秋水軒。坐席尚歯、西穀簡潔、談詠孔治、探策・賦詩。

35　こうした科挙に合格した所謂「同年生」間の相互交流については、前掲註（5）山口智哉「宋代《同年小録》考」が彼らの「意識」まで考察した興味深い論考を発表している。また、同年生の交流の産物として記される同年歯録の性格やそれによって明らかにされる事象については、大野晃嗣が多角的に研究を進めている。ここでは、「明代の同年歯録が語る進士とその子孫——『嘉靖丙辰同年世講録』を中心に」（『集刊東洋学』九八、二〇〇七年）を挙げておく。

36　平田茂樹『科挙と官僚制』（山川出版社、一九九七年）を参照。

37　元時、科挙之法至仁宗始定。従李孟請也。其制三歳一開科、以八月郡県郷試、明年二月会試京師、中者策之於庭、賜及第・出身有差、即今制所由始也。

38　前掲註（5）山口智哉「宋代《同年小録》考」を参照。

39　明代の登科録については、『明代登科録彙編』（台湾学生書局、一九六九年）、及び『天一閣蔵明代科挙録選刊・登科録』（寧波出版社、二〇〇六年）を参照。

40　明代の科挙合格行事については、陳長文「明代殿試日期的変更及其原因——兼談放榜及相関恩栄活動日期」（『明代科挙文献研究』山東大学出版社、二〇〇八年）がまとめている。

41　以下、前掲註（30）で紹介している「経世大典輯本」から「進士及等第唱名儀」「進士後恩儀」の本文を掲げた。ただし、妙本という性格上、本文にはおびただしい誤字・脱字が存在するため、意を以て改めた箇所がある。

終章

一　本書の要約

以下、まず本書の内容をまとめる。

序章「大都研究の現状と課題」では、現時点までの大都研究の動向をまとめ、それらに内在する問題点を指摘し、併せてこれからの研究方向を模索した。これまでの大都研究では、都城のプランを追求するもの、乃至は建物の配置を復元するといった、いわばレイアウトの研究といえるものが主であった。しかし、これを立証する際に扱われる史料はほぼ元代中期から末期に関わるもので、これらの史料では点は追えても線は追求できない。従ってこれからの研究では、史料の編纂された年代を考慮して、動態的視点に立った研究が重要であることを強調した。

第一章「大都南城について」では、元朝期には旧城＝南城とよばれた、大都城西南に位置した金の中都の役割について明らかにした。これまでの研究で「大都」といえば、新たに建設された大都城にばかり注目が集まっていた。そして金の中都についてはモンゴル・金の戦争によって破壊されたと考えられ、元朝治下における南城はほぼ等閑視されてきたといってよい。しかしながら、南城は元末まで破壊されることはなかった。工芸職人の移住、官署の存在、「侵街」現象発生といった事実から、それが確認される。至元二十二年

（一二八五）、財産制限付きの移住規定が公布されるに及んで、住民の住み分けが行われ、南城には一般民衆が多数居住する一方、大都城には官僚層が居住することになる。このような住み分けが行われた結果、それまで統一して「大都」と呼称されていたものが、大都城と南城の二つに区別されていく。但し、区別がなされたからといって、二つの空間の完全なる分断がなされたわけではなかった。南城には大都城に居住する住民の別荘が置かれたこと、婦女子たちの行楽の場であったことや、官僚が休暇を利用して名刹を探訪したこと等々を確認することができ、二つの都城の間での交流は活発に行われていたことが明らかになった。そして結論として、大都については、南城も含めた「広義の大都」として検討すべき必要性を説いた。また、「金の中都」から「元の大都」への変遷を考察する中で、南城を置くことによって、元朝がモンゴル的要素だけではなく、遼・金王朝流れをも汲んでいることの再確認にも繫がるという見通しを述べた。

第二章「大都における宮殿の建設」では、大都城の基幹部分ともいえる、宮城建設の過程について考察を加えた。考察方法としては、これまで利用されてきた『元史』をはじめとする文献史料に記載される年月に注意を払い、その建設状況について動態的に追いかけることを心がけた。工事はまず大都城全体をめぐる城壁の工事から開始された。ただし、すでに世祖クビライは瓊華島の周囲に居住地を定めていたから、この皇城を囲む城壁も同時に建設されはじめていたのであろう。この皇城城壁は、『元典章』等の記述から判断して、遅くとも至元八年までには完成していたことが明らかとなった。次いで、所謂『燕行録』の一冊である、李承休『動安居士文集』巻四「賓王録」に記される「長朝殿」の落成式の模様から、長朝殿を大明殿とみなして、その完成時期について考察を加えた。その結果、工事の開始からほぼ七年間の歳月を経てようやく大明殿が完成したことを明らかにした。

第三章「大都における中央官庁の建設」では、大都城における中書省（尚書省）・枢密院・御史台の移転について検討を加えた。中書省が至元四年に建設されたのを皮切りに、御史台や枢密院も順次大都城に建設されていく様子を明らかにし、従来通説とされてきた至元二十年の「官署の移転規定」とみなされてきたものの妥当性に疑義を呈した。大都城における官庁街は中書省の置かれた鳳池坊と、尚書省が置かれた宮城南側の二箇所に収斂されていく。官庁街が分散していたことと、官署がしきりに移動していたことは特徴の一つといえるであろう。

第四章「大都形成過程における至元二十年九月令の意義」はこれまでの先行研究が官庁の移転規定と見なしていた『元史』巻一二、至元二十年九月丙寅の條の「舊城の市肆・局院・税務を徙して皆大都に入らしめ、税を減じて四十分の一を徴す」という一文に再検討を加えたものである。本條の「市肆・局院・税務」について確認すると、それぞれ商店街・官営工場・商税の徴税機関を指すことが明らかとなり、これら施設の移転を企図したに過ぎないことを解明した。これを『元史』巻九四、食貨志一、商税の「是年、始めて上都税課六十分して一を取るを定め、舊城市肆・院・務遷りて都城に入る者、四十分して一を取る」という記事と対応させて検討し、本条文が通常三〇分の一徴収されていた商税率を大都に来る商人については四〇分の一に減率したものであり、主として江南からの商人に対する優遇措置であったことを明らかにした。そして商人に対する保護政策の具体的事例、及びこれまで注目されることの少なかった、通州・大都間を結ぶ壩河と呼ばれた漕運河の存在を紹介した。そして、本条文は江南から大都への客商による物流の構築を目指す施策の一環であったことを明らかにした。

第五章「大都留守段貞の活動」では、大都を造営した人物の再検討を行った。まず、これまでの研究で、大都建設者と見なされていた人物の再検討を行った。その結果これまで列挙されてきた人物が、劉秉忠と趙秉温を代表とする理念的な平面プランの製作者、土木作業員を調達する張柔などの武官、建築物の装飾工事に従事した楊瓊等の工芸職人、塑像の制作にあたった工芸家アニガ、運河のプランナーであり、なおかつ授時暦を製作した学者である郭守敬等々とそれぞれにつき役割分担がなされていたことを明らかにした。次いでこれまでの研究であまり省みられることのなかった、段貞という人物に注目した。これまで段貞が注目されなかった理由は、かれには「那海・那懐（noqai）」という別名があり、表記が一定しなかったためである。そこで、段貞についての史料を精査した上で、かれの働きを確認していった。段貞が建設にあたった建物として、寺観・城隍廟を始めとする国家祭祀の施設、天文暦数を管理する太史院、通恵河と呼ばれた大運河や倉庫等々の建設に従事したことを明らかにした。

第六章「大都留守司について」では、前章の成果を踏まえた上で、設立にあたっては段貞も深く関与した、大都留守司について考察を行った。まず、留守の名称そのものは唐代から存在したものの、その中身は元代独自のものであったこと、特に構成人数の多さについて確認した。次いで大都留守司の設立過程について検討を加えた。その結果、大都留守司は至元十九年に発生したアフマド（阿合馬）暗殺事件を契機として、国都の治安維持機関に宮城の建設を司る部局が付属することで設立された点を明らかにした。実際の職掌については、これまでの王朝に設置されていた留守とは全く異なり、宮城や行宮の警備、及びモンゴル人皇族のための物資の調達、建築、日用品の製造を行う等、いわばモンゴル人皇族、とりわけ皇帝のための家政機関であったことを明らかにした。最後に、大都留守司の長官である、大都留守に任官した人間について、検討を行った。その結果、大都留守に就任する者の多くは、ケシク出身者や功臣の子孫であったことから、皇帝からの信頼を得た者であったことが明らかになった。本章では、大都留守司が家政機関であったことと、その長には皇帝の信頼すべき人間が当てられたことから、大都城が皇帝にとっての私有財産的性格を持つものであったという、仮説を立てた。なお結論において、元朝における官庁の形成過程についても、一言を加えた。つまり、ケシクを中心とする皇帝からの信頼を得た人間に仕事を任せ、かれらの率いる集団がそのまま官庁に移行する。そこに漸次多種多様な職務が付託されていき、さらに実態とは懸け離れた伝統中国的官名が冠せられる。その結果こそ、『元史』百官志の中で、あたかも整然と説明されているかのように映る官庁なのではなかろうか、という見通しを述べた。

第七章「大都における宗教施設の建設」では、大都城に建設された仏寺・道観の建設年代と建設場所の検討を通じて、大都城の開発の方向について検討した。その前提として、南城も含めた大都にはどれほどの数の寺観が存在したのかについて精査し、そのうえで寺観建設の背景について検討を加えた。さらに寺観の果たした信仰対象以外の役割として、大聖寿万安寺における儀礼のリハーサル、南城の天慶寺における絵画展覧会、そして廟会とよばれた市場空間について紹介した。最後に寺観の建設年代と設置場所の検討から、大都城の寺観は南城に近い西南部に集中し、時期が下ると徐々に中央部まで展開するが、それが中心よりも北側で建設されることはなかったと結論づけた。

第八章「科挙からみた大都」では、制度史的分析に偏ることのない「広義の科挙研究」を意識し、科挙に関わる行事が大都のどの地点で行われたのかについて論じた。具体的には、第一段階である郷試の試験会場、第二段階である会試の試験会場と全国から集まった受験生がどこに滞在したのか、最終段階である殿試の試験会場とその後の一連の合格者に対する行事が行われた場所の検討を行った。そうした場所の検討を経て、科挙が行われた元代中期に至ると、大都の中央部を利用するようになったことを明らかにした。つまり、大都城は宮城の置かれた南側から開発が始まり、それが北に向かって開発が進展し、元代中期になると大都城の中央部にまで開発が及んだことを明らかにした。

二　大都城の都市プランと大都城建設の理由

本書ではこれまでひとしなみに取り扱われてきた史料を、時系列に沿って、動態的に検討を加えることで、大都の建設から形成への過程の一端を明らかにすることができた。就中、これまでの研究がほぼ捨象してきた南城に注目することで、南城が大都にとって重要な都市であることを強調した。例えば、秘書監がいつまでも移転することなく、南城に留め置かれていた事実一つを取り上げても、元朝政府は、南城も大都の一部であったと認識していたと考えられる。このように、大都城と南城とは截然と分けられる性質のものではなく、一つの「大都」として成立していたのであるから、今後、大都研究にあたっては南城の存在も念頭におく必要があろう。

さらに、第三章・第四章で検討したように、南城から大都城への官庁の移転はスムーズに行われたのではなく、特に必要とされるものを選別して行われたことが明らかになった。また第四章で考察を加えたように、住民のための市場や、モンゴル人王侯のための官営工場についても、計画的に移転が進められたのではなく、必要に迫られたから移転させたのである。市場の場所についても、当初は南城の近くである西南部に集中していたが、江南からの税糧輸送ルートが確立し、大量の物資が宮城北側の積水潭に集結し始めると、宮城北側の斜街周辺が商業空間として発展を遂げていった。このような状況から推察すると、大都城の形成が整然とした計画の元で着々と進行していったとは必ずしも言い難い。南城の存在と官署移転における非計画性は、詰まるところ、大都城を純然たる計画都市とみなしえないことを物語っている。であるならば、序章で触れた大都が計画都市とみなされる論拠ともいえる、大都城の都市計画についても改めて考察する必要があろう。

序章で紹介したように、大都の都市プランが一体何にもとづくのかという問題はしばしば論点となってきた。とくに『周礼』考工記、匠人営国の條との適否を軸として議論されてきたが、本研究の検討を通じて考えられることは、再三述べているように、西南に南城を抱えることによって生じる大都城の計画性の稀薄さである。

率直に言って筆者は、『周礼』プランが大都の平面プランにどれほどの拘束力を持っていたかについては疑問視している[1]。史料的根拠があるわけではないが、大都を『周礼』プランに基づいて設計したと明記する史料が存在しない以上は、逆に大都城を『周礼』プランにもとづかない都市とみなす考え方もまた許容されるのでは無かろうか[2]。斯波義信は以下のように述べる。

フビライの大都のそれ（漢族文化への懐古…筆者注）は粗放なもので、テントもあったのだから、元のときから尚古プランが兆していたというのは、思いすごしだろう[3]。

そして、『周礼』考工記の現出は、明清の北京でなされたという。このような意見に耳を傾けた時、大都城に影響を及ぼしたとされる『周礼』プランを絶対視する立場から暫く距離をおいて考えてみる必要があるのではなかろうか。プランに注目することよりも、まず先に検討されるべきは、新都が何故必要とされたのか、すなわち新都建設の理由である。

この理由に関しては主に二つの方向からの説明がなされてきた。まず、中都はモンゴル軍によって破壊されたため、移転を余儀なくされたという。これに対しては、第一章で確認したように、中都城が完全な破壊を被ったわけではなかったことから、理由として積極的に支持するには、いささかためらわれる。さらに中国で有力な説として云われているものが、水系の問題である。すなわち、中都の井戸水は飲用に堪えられる水質ではなく、水量も不足しており、巨大都市の用水をまかなうには不可能であったというのである[4]。これに対しても、もし中都の水系が問題とされるのであるならば、遼朝・金朝が中都を都としていたことへの説明がつかない。中都が金の国都として、百年以上も維持されていた以上、その見方も当たらないのではなかろうか。如上のことからすると、大都建設の理由としては何か別のものが想定できよう。

筆者は、世祖の即位にまつわる不分明さ（アリク・ブケと大カーンの位を争ったこと）を払拭し、己れの権勢や富力を誇示するためであった、という杉山正明の説がやはり一定の説得力を持っていると考える。即位時の状況はさておき、やはり「自らの権威誇示」という洋の東西を問わず権力者が当然抱くべき宿願が、巨大帝都建設の原動力となったと考えるのは最も自然なことではなかろうか。ただそれに加えて、単純にして実質的な理由も挙げておきたい。

まずは史料の提示から行う。『経世大典』の序文である、『国朝文類』巻四二「経世大典序録、工典総序、城郭」を以下に引用する。

国家建元の初め、占卜の結果により都城を金代の中都に定めた。当時は中原を経営していたが、まだ城郭を建てている暇はなく、その後に人口が増大していき、（そのため）狭くなって人々を収容することができなくなった。そこで旧城の東北に新城を経営してここを都と定めた[5]。

すなわち中都の人口増加により、新たに都を建設せざるをえなくなったというのである。

そもそも居住していた金代からの住民に加えて、新住民であるモンゴル人や、西方のウイグル人やペルシア人、また次代の支配者たる世祖のもとに馳せ参じてくる各地の漢人などが中都に大量流入することによって、急激な人口増加が生じることは容易に想定できよう。結論として、クビライが己れの権威を誇示するためと、新住民の大量移住による人口増加という実質的な理由とが合致したために、新たに大都城が建設されるようになった。

第七章で述べたように、明代に入り北京は大改造を遂げる。大都が南北に長い長方形であり、そのうえ北半分にまで開発の手が及ばなかったために、明初には大都城の北側約三分の一が切り捨てられ、ほぼ正方形となった。そして永楽年間に城壁を南に一キロ拡張することで、ほぼ正方形でかつ宮城が中心に据えられた、まさに『周礼』プランに則った国都がこの時に形成されたのである。

『周礼』プランの地上への現出は、明朝によって初めてなされたのであって、元朝の大都でなされたわけではないと筆者は考える。ではもう一度レイアウトの問題——皇城が南偏している理由——に立ち返ってみれば、どのようになるのか。結論だけ述べてしまえば、瓊華島宮殿を囲むことがまず最初にあって、そのの〔ママ〕ち外城壁を建設していった結果、南城の城壁の存在によってあのような形にならざるをえなかったのではなかろうか[6]。

このような大都の姿は、羽田正が指摘する、同じモンゴル人によって立てられた王朝である、サファーヴィー朝の国都であるイスファハーンと通底するものがある。以下に羽田の文章を引用しておく[7]。

イスファハーンでは、遊牧民的な心性を持った君主とその宮廷のイニシアティブによって都市のプランの大枠が定められたと考えられ、そこに全体として何らかのコスモロジーの存在を見出すことはできない。世界観、宇宙観を反映した王都作りは行われず、より現実的な町の建設がなされたのである。同じ「都」とはいえ、「都城」の思想が確立しそれに基づいた都市計画が構想、指向された中国とは、大きな相違がある（傍点は引用者）。

ここでいう中国の都市とは長安を想定していると考えられるが、中国の都城がこうした「何らかのコスモロジー」によって支配されてるとみなされていることに注意したい。大都城においては漢民族にとって重要な太廟や郊壇の建設、また官庁街や商業空間までも形成されたのであるから、完全なる類似を見出すことは不可能であるが、根底で通ずるものがあるとはいえよう。だがしかし、直面する現実に応じて建設されたのも事実である。大都新建の理由についても、住民が増加し、収容しきれなくなったから建都したのであるし、そのレイアウトも南城の城壁の存在によって自然とあの形に導かれていったと考えられる。

三　大都の歴史的性格

次に大都の歴史的性格についても一言しておきたい。第六章で、大都がモンゴル人皇帝にとっての「私有財産」的側面を有することを指摘した。実際モンゴル人が大都をさほど重要視していなかったことは、元末の以下の事実からも想起される。『元史』巻一八八、劉哈剌不花伝は、緊迫する元朝宮廷の状況を次のように伝える。

（至正）十七年、山東の毛貴が軍隊を率いて、河間から直沽に走り、漷州に侵入して、棗林に至った。

柳林を攻略して、畿甸に迫ってきた。枢密副使の達国珍は戦死し、京師の人々は怖れおののいた。宮廷にいる臣下たちのうち、ある者は皇帝は北に向かって逃げるように勧め、ある者は京兆府に遷都するように勧め、議論は百出した。ただ左丞相の太平だけがそうした論に与することがなかった。当時哈剌不花は同知枢密院事で、詔を奉じて兵を率いて毛貴の軍隊と戦い、かれらと柳林で戦って勝利した。毛貴軍は壊滅して退却し、濟南に逃げ、大都は無事であった[8]。

至正十七年（一三五七）六月、開封を占拠した紅巾軍の劉福通は元朝に対する北伐を決意した。軍隊は三方向に展開する。すなわち、山西から上都に向かう軍勢、陝西に向かう軍勢、そしてこの毛貴の率いる軍隊は山東から大都へ向かったのであった[9]。大都の南郊にあった柳林も陥落し、大都に軍勢が迫った時、朝廷ではその対応を巡って議論が百出する。大都を放棄して上都に逃げるべきと主張する者、陝西の京兆府への遷都を提言する者まであったが、最終的には、当時の同知樞密院事であった哈剌不花が敵軍を撃退するのである。

さて、この史料に出てくる太平に注目したい。彼は代々上都留守を勤めてきた賀氏の人であり、祖父は賀仁傑、父は賀勝である。漢民族ではあるものの、特に父祖の功績が取り上げられ、モンゴル名が与えられている[10]。つまりは、他の人間が大都の放棄を考えている中で、一人漢民族の太平のみが大都の死守を述べたのである。ここから、少なくとも彼以外の人間にとっては、大都が守らねばならない空間ではなかったことを示唆している。すなわち、元朝にとって大都が重視されるものではなかったことを窺わせ、そこに国都の陥落と王朝の滅亡とを同義にみなす漢民族との認識の齟齬をも看取することもできよう。

以上述べてきたような、大都の非計画性を強調し、大都の持つ意義をこれまでより相対化する筆者の一連の作業は、これまでの研究に対して、一定の修正を加えるものであろう。さらに、この議論を敷衍していけば、計画性を重視し、国都の重みを考えるとイメージされる漢民族に対して、無計画性や都市を重視しないモンゴル民族の指向によってのみ大都が建設されたと映るかも知れない。しかしながら大都を、ひいては元朝を一方的な見方だけから考察することについては懐疑的である。

例えば、志茂碩敏はフレグウルスの「首都」タブリーズについて、以下のように説明する。すなわち、定住民によって記された漢文史料に「宮殿（サライ）」とあっても首都にそびえる建造物を思い浮かべてはならず、その実体は移動式の簡易テントであり、「首都」も官衙が林立する場所ではない。タブリーズとはイル・カンとその一門や閣僚がしかるべき季節にテントを張ることができるタブリーズ郊外の広大な草原であったとする[11]。しかしながらこれとは対照的に大都では、確実に官衙が設置されていた。確かに初期の頃は「林立」するということはなかったかもしれないが、時間が経過するにしたがって増加していったことは第三章で明らかにした。大都がモンゴル的要素のみによって作られたとは必ずしも言えまい。

嘗て広く論じられた所謂「征服王朝論」は、詰まるところ、モンゴル民族と漢民族との相克関係を問題としてきた[12]。この説を提唱したヴィットフォーゲルは、文化変容の度合いに応じて、遊牧民族を文化抵抗型（遼・元）、文化屈服型（金）、中間型（元）の三種に分け、漢民族社会に侵入した異民族王朝は漢民族社会に文化吸収されるといった、従前の一面的な理解に批判を加えた。しかしその後、この言葉が一人歩きしたきらいがあることは否めまい。「征服」という言葉から受けるイメージによって、これまでの「征服王朝」論は支配・被支配の関係の強弱を論じてきたといえる。一方で近年は、一面的な「征服王朝」論に対しての批判的な見解が目立ち、漢族世界を相対化し、海と陸とを結ぶモンゴル時代の優位性を論じる杉山正明の説は広く受け入れられつつある[13]。しかしながら、杉山の一連の著書からは、中央ユーラシアを中心とした社会が、各地で新たな世界を構築したということになり、そこに新たな摩擦による対立関係が発生してしまう印象を受けてしまう。そこにはむしろ、二元的な対立関係を乗り越えた見方が求められているような気がしてならない。

元代史研究者である植松正は、単純な対立関係といったどちらか一方に偏った図式を乗り越え、重層的な関係や交渉を問題とすることで、当該社会の実相を浮かび上がらせるべきであるとする[14]。筆者もこの立場を支持したい。一つ一つの事実を丹念に積み重ねながら、どちらか片方を絶対視する見方を乗り越えていく必要があろう。

こうした視点に立った時、本研究で扱った大都はかかる見解を検証する「場」になり得るに違いない。序章で紹介した福田美穂論文で特筆すべき点は、大都の皇城を内包する空間は漢民族の伝統的な都市形態によりつつも、皇城内部に存在したモンゴル的要素と見えるものを抽出した点にある[15]。つまり、大都はモンゴル的か漢民族的かという二者択一ではなく、モンゴル民族と漢民族との融合した、いわばハイブリッドな世界が投影されていた空間といえるのではなかろうか。そしてまたこうした状況は、大都建設に止まらず、元朝の制度における様々な面で垣間見ることができる。一方的な支配といった一面的な見方に止まらない、自らの習慣を保持しつつ漢文化に適応する柔軟性こそが、モンゴル人による漢地統治の際に必要とされたものと考えるのである。

一例を提示しよう。元朝政府は冬の都である大都に対し、夏の都として上都を造営し、皇帝は季節に応じてその間を移動した。草原に置かれた上都は季節移動を維持するための都市であった。つまり、大都と上都との関係は、モンゴル人が生活習慣を保持しつつも、漢地で支配の基盤を置くために必要にして不可欠なものであったのである。そこには一方的な支配関係、モンゴル民族の優越性だけでは説明しきれぬ、一程度の妥協・配慮をすることで、統治を可能にさせたモンゴル人の柔軟性が見出される。

さらに付言すれば、夏の都上都に対する意識も時代が下るにつれて、徐々に変化していく。上都への巡幸は次第に形式化し、最終的には至正十八年（一三五八）十二月に關先生等によって上都を破壊されるや、巡幸制度自体も停止してしまう。当初、順帝は上都再建の意志を持っていたようではあるが、陳祖仁の反対にあい、早々にあきらめている[16]。もはや元末になると、本来は慣習の一部であったはずの季節移動をすることさえ必要なくなったわけである。つまり、同じ意識が王朝滅亡まで存続するのではなく、時代が下るにつれて徐々に意識が変化していくという見方も、漢地に入った遊牧民を研究する上では、見落とせまい。この際に有効な視点こそ本書で意識してきた動態的視点である。

このような動態的な視点が有効性を発揮する例を最後に挙げて本書の結びとしたい。すなわち、皇帝は大都に入城したのか、否かという問題である。

四　皇帝は大都に入城したのか？＝皇帝はどこにいたのか？

杉山正明は随所で、大都にカーンが立ち入ることはなかったとし、それがすでに通説として広まっている感さえある。皇帝が大都に入城したのか、という問いかけは、すなわち、皇帝はどこにいたのか、という問題である。全面的に論じることは今後の課題としたいが、この点についても動態的視点の有効性を意識しつつ、要点だけを述べて本書の結びに代えたい。

両都巡幸は、『元史』本紀によれば、二月末から三月の中頃（現在の暦では三月の終わりから四月のはじめ）には大都を出発し、八月から九月（同じく九月から十月）の間には再び大都に戻ってきた。葉子奇の『草木志』巻三下「雑制篇」には、「元世祖大興府を定めて大都と為し、開平府もて上都と為す。毎年四月、池北草青くなれば、則ち駕上都に幸し以て暑を避け、其の宗戚に頒賜し、馬も亦た水草に就く。八月草将に枯れんとせば、則ち駕大都に回す」とあり、また孔斎の『至正直記』巻一「上都避暑」には、「国朝毎歳四月、駕上都に幸し暑を避け、故事と為し、重九に至りて大都に還る」とある。二つの史料からも明らかなように、巡幸は四月に出発し九月には大都に戻ってくると記される。四月に出発したのは「暑を避く」ためであり、八月に帰還するのは馬の食糧を充分に供給できなくなってしまうためであったという。すなわち巡幸の理由には体質的な問題とともに、牧草地を求めて夏営地と冬営地間を移動するという遊牧民特有の行動パターンも加わっていた。

この巡幸期間——つまり大都不在期間——を具体的に調べることが可能である。『元史』本紀には皇帝が大都を出発した日と上都での滞在を経て大都に帰着した日が記されているため、出発の翌日から帰着の前日までが大都不在期間ということになる。すでに出発日と帰着日については、陳高華・史衛民『元上都』「元上都大事年表」[17]、及び葉新民『元上都研究』「元朝皇帝巡幸上都日期表」でまとめられている[18]。ただ、両者ともに若干の誤りも存在するので注意が必要である。往還の日にちが判明するのは、世祖が二十四回、成宗が十二回、武宗が三回、仁宗が八回、英宗が二回、泰定帝が四回、文宗が二回になる。最後の順帝については いささかの操作を行った。つまり、順帝の二十五回の巡幸のうち、十二回は日付が記されているが、残りの十三回については、四月に出発して八月に戻ってきたということのみ記されている。したがって、きわめて恣意的な操作とは理解しながらも、順帝の日にちが不明なものについては、四月十五日に出発し、八月十五日に戻ってきたということにした。以上の結果「大都不在期間の最大の日数」「最小の日数」「その平均日数」をそれぞれ掲げると以下の通りになる。ただし、明宗・文宗・寧宗の三人はいずれも在位期間が短かったため除外した。

世祖（一二六〇～一二九四）……………二五三日　一四八日　一九二日
成宗（一二九四～一三〇七）……………二二八日　一七〇日　二〇二日
武宗（一三〇七～一三一一）……………一七六日　一七九日　一七七日
仁宗（一三一一～一三二〇）……………一六一日　九三日　一二二日
英宗（一三二〇～一三二三）……………一八五日　一七二日　一七八日
泰定帝（一三二三～一三二八）………一九九日　一二三日　一七〇日
順帝（一三三三～一三六七）……………一七〇日　七九日　一三八日

ここからさらに、七人の皇帝の平均をとると約一六八日であった。それぞれにつき在位期間の多少や、とくに順帝の数値の誤差を考慮したとしても、おおよその指標として利用することはできるであろう。

　この結果からうかがえるのは、仁宗（一二二日）と順帝（一三八日）の巡幸期間の短さである。この二人は帝位に就く前、政治的な理由によって中国国内や高麗などの非遊牧地域に長く留めおかれた。そして両者ともに後生の評価として漢文化に一定の理解があるといわれ、例えばこの二人の治世下で科挙が行なわれた、というのはその傍証である。それゆえ他の皇帝ほど上都に行くことに執着せず、巡幸期間が短くなったと考えることができる。そこには勢力基盤がモンゴルにあったか、中華世界に置かれていたかという問題もあったかと思うが、より決定的なものは風土の違いであったのではなかろうか。幼少期に中国で生活を送った二人にとって「人面皆裂凍す」(葉子奇『草木子』)とまで表現される上都の環境は苛酷なものに映ったと思われる。そのため、上都に滞在する期間を短縮したのであろう。この一点をもって、仁宗や順帝が大都城内に入っていたと言い切ることはできないが、少なくとも、南に多く滞在する皇帝と、北に多く滞在する皇帝が存在したという事実は確認しておく。

この事実を踏まえて、さらに皇帝の居所について考えてみたい。元代の史料を扱った経験があれば理解されるように、当該時代の史料のいくつかでは、皇帝の居場所を示す証拠を見いだすことが可能である。

当然、まずは『元史』本紀を挙げねばなるまい。ついで、現在注目を集めている元代の命令文がある[19]。これは典籍に残されたものと、命令文そのものが石に刻まれた形で残されたものの、二つに分けることができる。典籍に残されたものとしては、『元典章』『秘書監志』『廟学典礼』といった編纂史料はもとより、『永楽大典』に引用された形で残された『経世大典』の逸文も史料となり得る[20]。命令文の二つ目として、碑石に残されたものがある[21]。特に皇帝の命令である聖旨にはほぼ決まった書式があり、祖生利・舩田善之が整理している[22]。それに拠れば、「聖旨を記した時と場所」が記される。まさに皇帝が現にいた場所である。加えて、元人の文集に収められている文章も挙げられる。こうしたものには、「墓誌銘」「題記」はもちろん、詩文の序文にも皇帝の居場所、皇帝と出会った日付が残される場合がある。無意識に書き留められた日付や場所ではあるが、皇帝の動向を追跡する上で重要な材料となりうる。

最後に、福田美穂の「元大都の皇城に見る『モンゴル』的要素の発現」に附載されている「大都皇城での皇帝の活動場所」も参考にした[23]。表題の通り、大都の皇城において皇帝がどこにいたかを示すものである。

皇帝の居場所を追跡する趣旨に沿うため、本表も利用した。

以上の材料を集成して表にしたのが、巻末に付した「附表　元代皇帝の居所」である[24]。日付は煩瑣を避けるため旧暦のままにしてある。

この「表」の多角的な分析は今後の課題とせざるをえないが、ここでは、大都における皇帝の居場所の問題にしぼって考えてみたい。

大都や上都の宮殿について、正殿（大明殿）とは別に、皇帝ごとにある特定の宮殿が利用される傾向が窺える。たとえば、世祖にとっての紫檀殿、仁宗にとっての嘉禧殿、文宗にとっての奎章閣、順帝にとっての慈仁殿や明仁殿などが目立つ。つまり、それぞれの皇帝ごとに、いわばお気に入りともいえる宮殿が存在していたわけである。特定の宮殿で政務も含めた日常生活を行うことが、皇帝にとって常態化していたと解される。皇帝が様々な宮殿を利用していたということは、少なくとも常に大都城外にいたわけではなく、入城することもあったといえよう。

このように、当初の意図とその後の現実とでは差異が生じていくこともあり、一つの事象が元朝を通じて変化なく継続していたということは、疑わしい。むしろ時間の経過とともに少なくない変化の発生を想定することこそより自然な解釈ではなかろうか。

繰り返しになるが、大都は遊牧民と漢民族とが共存する「場」として設定することができる。そこでは、お互いがしたたかに利用し合い、そしてまたせめぎ合う、バランスの上に置かれた社会が成立していた。この「場」を軸にして、その前後の時代の唐の幽州[25]、遼金の燕京＝中都、明清の北京との比較といったことを切り口に、それぞれの王朝支配の特質を探ることも可能になろう。また、現今の北京のベースになった空間として大都を考察することは、現代的視点からの研究としても有効な視点を与えてくれるに違いない[26]。こうした観点からも、大都研究は今後も重要視しなければならないものと考えている。

言うまでもなく残された課題は数多い。何よりも元代中期までの検討しかできず、その後の明清の北京城とどう結びつくのかについて、明確な像を提示しえなかった。本書で検討をした大都の「形成」を踏まえて、次は大都の「発展」「展開」の研究に軸足をずらしていきたい。

註

1 この点につき、伊原弘『中国開封の生活と歳時――描かれた宋代の都市生活』（山川出版社、一九九一年）八～一三頁は『周礼』プランが広く中国都市の平面プランにどれほどの影響力を与えたかについては懐疑的であるとする。

2 こうした『周礼』プランの否定は、村田治郎や山根徳太郎の考えと通ずるものである。村田・山根の各論については、序章を参照。

3 斯波義信『中国都市史』（東京大学出版会、二〇〇二年）七四頁を参照。

4 水系を問題にする研究は過去にもあったが、論拠となる陸文圭『牆東類稿』巻一二「広東道宣慰使都元帥墓誌銘」は、陳高華・史衛民『元代大都上都研究』三一頁（訳書：五六頁）によって初めて提示された。

5 国家建元之初、卜宅于燕因金故都。時方経営中原、未暇建城郭、厥後人物繁夥、隘不足以容。廼経営旧城東北而定鼎焉。

6 こうした見方は、すでに松田孝一が提示している。松田孝一「書評　杉山正明著『モンゴル帝国と大元ウルス』」（『東洋史研究』六三―四、二〇〇五年）一五一頁を参照。

7 羽田正「イラン・イスラーム世界の都城――イスファハーンの場合」（板垣雄三・後藤明（編）『イスラームの都市性』日本学術振興会、一九九四年）を参照。また、同「都市の壁――前近代ユーラシアの王都の都市プランと象徴性」（東京大学東洋文化研究所〔編〕『アジア学の将来像』東京大学出版会、二〇〇三年）も参照。

8　（至正）十七年、山東毛貴率其賊衆、由河間趨直沽、遂犯漷州、至棗林。已而略柳林、逼畿甸。枢密副使達国珍戦死、京師人心大駭。在廷之臣、或勧乗輿北巡以避之、或勧遷都関陝、衆議紛然。独左丞相太平執不可。哈剌不花時為同知枢密院事、奉詔以兵拒之、与之戦于柳林、大捷。貴悉潰退、走拠濟南、京師遂安。

9　『元史』巻四五、至正十七年六月の條。

10　『元史』巻一四〇、太平伝。

11　志茂碩敏「モンゴルとペルシア語史書——遊牧国家史研究の再検討」（『岩波講座　世界歴史（一一）中央ユーラシアの統合』岩波書店、一九九七年所収）二五三～四頁を参照。

12　いわゆる「征服王朝」論については様々な書物を列挙しなければなるまいが、ここでは田村実造「中国征服王朝について——総括にかえて」（『中国征服王朝の研究（中）』東洋史研究会、一九七一年所収）、萩原淳平「遼・金・元」（『アジア歴史研究入門（一）中国Ⅰ』同朋舎出版、一九八三年）を挙げるに止める。なお、魏晋南北朝時代におけるヴィットフォーゲルの「征服王朝論」をめぐる議論については、妹尾達彦「都市の生活と文化」（『魏晋南北朝隋唐時代史の基本問題』汲古書院、一九九七年）で紹介されている。

13　かかる杉山正明の主張は年来様々な場で発せられているが、ここではさしあたり、中央ユーラシアを中心に据えた通史である、杉山正明『遊牧民から見た世界史——民族も国境もこえて』（日本経済新聞社、一九九七年、のち追記を加えて『遊牧民から見た世界史　増補版』日経ビジネス人文庫、二〇一一年として復刊）、及び同「中央ユーラシアの歴史構図——世界史をつないだもの」（前掲註（11）『岩波講座　世界歴史（一一）中央ユーラシアの統合』所収）を参照。

14　植松正『元代江南政治社会史研究』（汲古書院、一九九七年）の「序論」を参照。

15　福田美穂「元大都の皇城に見る『モンゴル』的要素の発現」（『仏教藝術』二七二、二〇〇四年）を参照。

16　『元史』巻一八六、陳祖仁伝。

17　陳高華・史衛民『元代大都上都研究』を参照。

18　葉新民『元上都研究』（内蒙古大学出版社、一九九八年）を参照。

19　こうした命令文の冒頭部分に注目し、ケシクの輪番制度について考察した業績として、すでに箭内亙、片山共夫、蕭啓慶の諸研究があるが、近年になって二つの注目すべき論考が提出された。李治安「元代『常朝』与御前奏聞考弁」（初出二〇〇二年、のち『元代政治制度研究』人民出版社、二〇〇三年所収）は、元朝の上奏形式と政策決定の過程について考察したものである。但し、上奏の空間については、地名を紹介するに止まる。洪金富「元朝怯薛輪値史料攷釈」（『中央研究院歴史語言研究所集刊』七四―二、二〇〇三年）は、現在参照することのできる上奏文の冒頭部分に関連する史料を、若干の洩れはあるものの、ほぼ完全に集成した。また、宮紀子「モンゴルが遺した『翻訳』言語――旧本『老乞大』の発見によせて（上）」（初出二〇〇三年、のち『モンゴル時代の出版文化』名古屋大学出版会、二〇〇六年所収）の注（3）でもこうした史料の集成を企図していることを述べている。

20 こうした公文書を内容によって分類・編集・集成したものを、舩田善之は「公文書集成史料」と称することを提唱している。舩田善之「モンゴル帝国（大元）史研究における漢語文書史料について」（『歴史と地理』六四九、二〇一一年）を参照。なお、こうした史料群については、植松正「『元典章』文書の構成からみたその成立事情」（『中国史学』二一、二〇一一年）も参照。

21 杉山正明「モンゴル命令文研究導論」（初出一九九〇年、のち改題して『モンゴル帝国と大元ウルス』京都大学学術出版会、二〇〇四年所収）を参照。

22 祖生利・舩田善之「元代白話碑文的体例初探」（『中国史研究』二〇〇六―三）を参照。

23 前掲註（15）福田美穂「元大都の皇城に見る『モンゴル』的要素の発現」の付表「大都皇城での皇帝の活動場所」を参照。

24 表の典拠は以下の通り。「祖先利（数字）」は、祖生利『元代白話碑文研究』（中国社会科学院研究生博士学位論文、二〇〇〇年）、「松川 2007（数字）」は、松川節「13～14世紀モンゴル文碑刻リスト（増補版）」（『13、14世紀東アジア諸言語史料の総合的研究――元朝史料学の構築のために』科学研究費補助金研究成果報告書、二〇〇七年）、「舩田 2007」は、舩田善之「蒙文直訳体の展開――「霊巌寺聖旨碑」の事例研究」（『内陸アジア史研究』二二、二〇〇七年）、「中村 2005」は、中村淳「元代チベット命令文の総合的研究にむけて」（『駒沢大学文学部研究紀要』六三、二〇〇五年）をそれぞれ示す。なお、表中の「青山」は、党宝海の考証によれば、北京市の北海にある瓊華島を示すという。党宝海「青山与元大都」（『中国史研究』二〇一一―四）を参照。また、表中の『龍虎台志』については、宮紀子「『龍虎山志』からみたモンゴル命令文の世界――正一教教団研究序説」（『東洋史研究』六三―二、二〇〇四年）を参照。

25 例えば、森部豊「唐代河北地域におけるソグド系住民――開元寺三門楼石柱題名及び房山石経題記を中心に」（初出二〇〇二年、のち『ソグド人の東方活動と東ユーラシア世界の歴史的展開』関西大学東西学術研究所、二〇一〇年所収）は、ソグド姓全てがソグド人を指すわけではないと断りながらも、唐代において幽州地域にソグド姓が相当数いたことを述べる。幽州に集まった彼らのその後の動向は興味深い。

26　妹尾達彦「北京の小さな橋——街角のグローバル・ヒストリー」（関根康正〔編〕『ストリートの人類学（下）』国立民族学博物館調査報告八一、二〇〇九年）は北京積水潭の銀錠橋を起点にして北京の歴史を経て世界史までを描こうとする壮大な試みである。他にも社会学的な視点から現在の北京を検討したものも多い。

附表「元代皇帝の居処」

皇帝	年号	西暦	月	日	場　所	出　典
世祖	中統1	1260	3	1	車駕至開平	『元史』巻4
	中統1	1260	6	14	開平府	祖生利（27）
	中統1	1260	12	2	帝至自和林、駐蹕燕京近郊	『元史』巻4
	中統2	1261	2	14	車駕幸開平	『元史』巻4
	中統2	1261	6	1	開平府	松川2007〔7〕/祖生利（29）
	中統2	1261	6	28	開平府	『元代白話碑集録』附4
	中統4	1263	2	13	車駕幸開平	『元史』巻5
	中統4	1263	8	25	車駕至自上都	『元史』巻5
	至元1	1264	2	28	車駕幸上都	『元史』巻5
	至元1	1264	9	10	車駕至自上都	『元史』巻5
	至元1	1264	10	18	王辞於万寿山	『高麗史』巻26
	至元2	1265	2	17	車駕幸上都	『元史』巻6
	至元2	1265	8	23	車駕至自上都	『元史』巻6
	至元3	1266	2	19	車駕幸上都	『元史』巻6
	至元3	1266	9	29	車駕至自上都	『元史』巻6
	至元4	1267	2	29	車駕幸上都	『元史』巻6
	至元4	1267	8	27	必赤里	舩田2007
	至元4	1267	9	29	車駕至自上都	『元史』巻6
	至元5	1268	1	25	青山児（コケ＝アグラ）	松川2007〔8〕/祖生利（31）
	至元5	1268	9	17	車駕至自上都	『元史』巻6
	至元6	1269	9	28	車駕至自上都	『元史』巻6
	至元7	1270	3	15	車駕幸上都	『元史』巻7
	至元7	1270	10	22	車駕至自上都	『元史』巻7
	至元8	1271	2	26	青山子	『廟学典礼』巻1
	至元8	1271	3		駕幸万寿山	『牆東類稿』巻12「広東道宣慰使都元帥墓誌銘」
	至元8	1271	3	21	車駕幸上都	『元史』巻7
	至元8	1271	8	21	車駕至自上都	『元史』巻7
	至元9	1272	2	19	車駕幸上都	『元史』巻7
	至元9	1272	8	20	車駕至自上都	『元史』巻7
	至元9	1272	9		帝御万寿山	『中庵先生劉文簡公文集』巻4「贈太師順徳忠献王碑」
	至元10	1273	3	13	帝御広寒殿	『元史』巻8
	至元10	1273	3	20	車駕幸上都	『元史』巻8
	至元10	1273	9	18	万寿山下浴堂	『秘書監志』巻1職制　位序
	至元10	1273	9	27	車駕至自上都	『元史』巻8
	至元10	1273	10	7	皇城西殿	『秘書監志』巻2禄秩
	至元11	1274	1	1	帝始御正殿（大明殿）	『元史』巻8
	至元11	1274	2	25	車駕幸上都	『元史』巻8
	至元11	1274	9	20	車駕至自上都	『元史』巻8
	至元11	1274	10		猟三不喇帰	『中庵先生劉文簡公文集』巻4「贈太師順徳忠献王碑」
	至元12	1275	1	2	帝御香殿	『元史』巻164楊恭懿伝
	至元12	1275	1	11	皇城内暖殿裏	『秘書監志』巻3廨宇
	至元12	1275	2	29	車駕幸上都	『元史』巻8
	至元12	1275	8	23	車駕至自上都	『元史』巻8
	至元12	1275	9	29	皇城内暖殿裏	『秘書監志』巻5秘書庫

	至元12	1275	11	9	内裏暖殿	『秘書監志』巻3雑録
	至元13	1276	2	25	車駕幸上都	『元史』巻9
	至元13	1276	5	1	御大安閣(南宋の皇族と謁見)	『元史』巻127伯顔伝
	至元13	1276	6	9	内殿主廊有時分奏	『秘書監志』巻5秘書庫
	至元13	1276	8	18	車駕至自上都	『元史』巻9
	至元13	1276	9	30	入見於大明殿	『元史』巻128阿朮伝
	至元14	1277	1	12	内裏斡魯朶有時分	『秘書監志』巻6秘書庫
	至元14	1277	1	22	内裏斡魯朶有時分	『秘書監志』巻6秘書庫
	至元14	1277	2	15	車駕幸上都	『元史』巻9(翌年まで大都に帰っていない?)
	至元14	1277	2	17	大都	祖生利(37)/1289の可能性も
	至元14	1277	7		朝於上都	『元史』巻129百家奴伝
	至元14	1277	11		駐蹕察納児	『危太樸文続集』巻2「耶律公神道碑」
	至元15	1278	10	10	車駕至自上都	『元史』巻10
	至元15	1278	11	9	召見香殿	『程雪楼集』附録、危素「程公神道碑」
	至元16	1279	1	11	内裏西暖殿裏有時分	『元典章』巻29 礼部 追収牌面
	至元16	1279	1	19	王侍宴長朝殿	『高麗史』巻29
	至元16	1279	2	15	徳仁府	『龍虎山志』「掌判准道教」
	至元16	1279	2	27	車駕幸上都	『元史』巻10
	至元16	1279	8	2	車駕至自上都	『元史』巻10
	至元16	1279	10	11	帝御香閣	『元史』巻10
	至元17	1280	1	25	畋近郊	『元史』巻11
	至元17	1280	2	25	大都	祖生利(41)
	至元17	1280	3	3	車駕幸上都	『元史』巻11
	至元17	1280	8	26	王謁帝。帝在闍干那兀。	『高麗史』巻29
	至元17	1280	9	13	車駕至自上都	『元史』巻11
	至元17	1280	11	5	大都	松川2007〔11〕/祖生利(42)
	至元18	1281	1	10	畋于近郊	『元史』巻11
	至元18	1281	1	19	幸漷州	『元史』巻11
	至元18	1281	2	5	幸柳林	『元史』巻11
	至元18	1281	3	1	車駕還宮	『元史』巻11
	至元18	1281	3	11	車駕幸上都	『元史』巻11
	至元18	1281	閏8	14	車駕至自上都	『元史』巻11
	至元18	1281	9	1	畋近郊	『元史』巻11
	至元19	1282	1	15	畋近郊	『元史』巻12
	至元19	1282	2	1	幸柳林	『元史』巻12
	至元19	1282	2	18	車駕還宮	『元史』巻12
	至元19	1282	2	24	車駕幸上都	『元史』巻12
	至元19	1282	8	25	駐龍虎台	『元史』巻12
	至元19	1282	8	28	車駕至自上都	『元史』巻12
	至元19	1282	8	29	御正殿、受皇太子・諸王・百官朝賀	『元史』巻12
	至元20	1283	1	27	畋于近郊	『元史』巻12
	至元20	1283	3	12	車駕幸上都	『元史』巻12
	至元20	1283	6	7	上都寝殿裏有時分	『秘書監志』巻2禄秩
	至元20	1283	10	12	車駕由古北口路(=東路)至大都	『元史』巻12
	至元21	1284	1	6	帝御大明殿	『元史』巻13
	至元21	1284	1	25	太子香殿裏有時分	『元典章』巻8　吏部 選格

	至元21	1284	3	17	車駕幸上都	『元史』巻13
	至元21	1284	8	25	車駕至自上都	『元史』巻13
	至元22	1285	1	9	御香閣	『元史』巻205盧世栄伝
	至元22	1285	2	2	蹕柳林	『元史』巻13
	至元22	1285	2	25	車駕幸上都	『元史』巻13
	至元22	1285	3	3	時世祖行幸上京	『元史』巻182張起巖伝
	至元22	1285	3	25	大口北虎皮察只児	『南台備要』行台移江州
	至元22	1285	6	29	上都万安閣	『大元官制雑記』
	至元22	1285	8	16	車駕至自上都	『元史』巻13
	至元22	1285	10	21	香殿前面（殿？）	『元典章』巻5　台綱 内台
	至元23	1286	1	30	畋于近郊	『元史』巻14
	至元23	1286	2	11	徳仁府斡魯朶裏有時分	『秘書監志』巻4纂修
	至元23	1286	2	21	徳仁府北裏鄂諾勒・察克台什里	『廟学典礼』巻2江南学田与種養
	至元23	1286	3	10	車駕幸上都	『元史』巻14
	至元23	1286	10	6	車駕至自上都	『元史』巻14
	至元24	1287	1	11	御正殿、受諸王・百官朝賀	『元史』巻14
	至元24	1287	2	4	畋于近郊	『元史』巻14
	至元24	1287	2	15	柳林裏阿勒担察察爾内	『廟学典礼』巻2左丞葉李奏立太学…
	至元24	1287	閏2	10	柳林飛放処	『廟学典礼』巻2学官職俸
	至元24	1287	閏2	29	車駕幸上都	『元史』巻14
	至元24	1287	3	25	幸涼涇	『元史』巻14
	至元24	1287	4	18	斡魯朶裏火児赤房子裏	『元典章』巻28 礼部 迎送 経過使臣休接
	至元24	1287	5	13	帝自将征乃顔、発上都	『元史』巻14
	至元24	1287	7	16	合剌合	『元典章』巻30 礼部 祭祀 人病祷祭不禁
	至元24	1287	8	7	車駕還上都	『元史』巻14
	至元24	1287	11	8	香殿裏有時分	『秘書監志』巻7司天監
	至元25	1288	2	2	白寺裏北裏阿答必察迭児裏	『元典章』巻5 監察合行事件
	至元25	1288	3	6	車駕幸上都	『元史』巻15
	至元25	1288	3	23	駐野狐嶺	『元史』巻15
	至元25	1288	7	15	駐蹕許泥百牙之地	『元史』巻15
	至元25	1288	8	28	次孛羅海脳児	『元史』巻15
	至元25	1288	9	1	駐野狐嶺	『元史』巻15
	至元25	1288	9	10	車駕至自上都	『元史』巻15
	至元26	1289	1	25	大都	松川2007〔14〕
	至元26	1289	2	17	幸上都	『元史』巻15
	至元26	1289	6	3	上都	松川2007〔15〕
	至元26	1289	6	29	上都	『龍虎山志』「総摂道教」
	至元26	1289	7		世祖巡幸北辺	『元史』巻128　土土哈伝
	至元26	1289	閏10	2	車駕還大都	『元史』巻15
	至元27	1290	4	1	大駕幸上都	『元史』巻16
	至元28	1291	2	15	大駕幸上都、是日次大口	『元史』巻16
	至元28	1291	7	23	銀保齊巴勒噶遜内裏	『廟学典礼』巻3儒学提挙俸給
	至元28	1291	12	11	紫檀殿西南上有時分	『元典章』巻6 照刷 行省令史稽遅監察就断
	至元29	1292	1	7	紫檀殿	『永楽大典』巻19423站赤
	至元29	1292	2	4	畋于近郊	『元史』巻17
	至元29	1292	3	18	車駕幸上都	『元史』巻17

	至元29	1292	3	21	答蘭不剌裏四角殿	『永楽大典』巻19423站赤
	至元29	1292	閏6	20	失剌斡魯朶	『永楽大典』巻19423站赤
	至元29	1292	8	16	車駕至自上都	『元史』巻17
	至元29	1292	8	19	世子謁帝于紫檀殿	『高麗史』巻30
	至元29	1292	9		帝御紫檀殿	『高麗史』巻30
	至元29	1292	10		帝召王入寝殿	『高麗史』巻30
	至元30	1293	1	9	紫檀殿裏有時分	『廟学典礼』巻4三教約会
	至元30	1293	2	4	柳林行宮	『秋澗先生大全文集』巻21「朝謁柳林行宮二詩並序」
	至元30	1293	2	20	車駕幸上都	『元史』巻17
	至元30	1293	3	5	朶羅歓火失温	『元典章』巻36 兵部 鋪馬 罰人員休与鋪馬
	至元30	1293	7	4	上都	祖先利（51）
	至元30	1293	9	1	大駕至自上都	『元史』巻17
	至元31	1294	1	22	帝崩於紫檀殿	『元史』巻17
成宗	至元31	1294	4	2	帝至上都	『元史』巻18
	至元31	1294	6	12	上都	松川2007〔18〕
	至元31	1294	7	8	上都	『龍虎山志』「中命総摂道教」
	至元31	1294	9	5	駐三部落	『元史』巻18
	至元31	1294	10	2	車駕還大都	『元史』巻18
	至元31	1294	11	1	帝朝皇太后于隆福宮	『元史』巻18
	元貞1	1295	1	27	大都	祖生利（52）
	元貞1	1295	2	22	車駕幸上都	『元史』巻18
	元貞1	1295	9	3	帝至自上都	『元史』巻18
	元貞2	1296	2	15	戯出禿打	祖生利（53）
	元貞2	1296	3	8	車駕幸上都	『元史』巻19
	元貞2	1296	3	16	次大口	『元史』巻19
	元貞2	1296	4	22	上都	『龍虎山志』「加同知集賢院道教事」
	元貞2	1296	9	5	駐安同泊	『元史』巻19
	元貞2	1296	10	17	車駕至自上都	『元史』巻19
	元貞2	1296	11	7	大都	祖生利（54）
	元貞2	1296	11	19	侍宴于長朝殿	『高麗史』巻31
	元貞2	1296	11	24	王与公主侍宴于長朝殿	『高麗史』巻31
	元貞2	1296	11	25	同上	『高麗史』巻31
	元貞2	1296	12	5	王与世子侍宴于長朝殿	『高麗史』巻31
	元貞2	1296	12	11	同上	『高麗史』巻31
	大徳1	1297	1	2	王与公主世子侍宴万寿山広寒殿	『高麗史』巻31
	大徳1	1297	1	3	王与公主侍宴于隆福宮	『高麗史』巻31
	大徳1	1297	3	11	畋柳林	『元史』巻19
	大徳1	1297	3	14	車駕幸上都	『元史』巻19
	大徳1	1297	9	22	車駕還大都	『元史』巻19
	大徳2	1298	2	12	畋于漷州	『元史』巻19
	大徳2	1298	2	27	大都	祖生利（55）
	大徳2	1298	2	28	車駕幸上都	『元史』巻19
	大徳2	1298	3	3	七十箇井児(Dalan bulaq)	松川2007〔20〕/祖生利（57）
	大徳2	1298	9	5	阻嬀（阻車・嬀頭）	『元史』巻19（9月に上都にいたことが確認）
	大徳2	1298	9	12	車駕還大都	『元史』巻19

附表「元代皇帝の居処」

	大徳3	1299	2	1	車駕幸柳林	『元史』巻20
	大徳3	1299	2	28	車駕幸上都	『元史』巻20
	大徳3	1299	9	5	駐古柵	『元史』巻20
	大徳3	1299	9	21	車駕還大都	『元史』巻20
	大徳4	1300	2	29	車駕幸上都	『元史』巻20
	大徳4	1300	7	21	上都	祖生利（58）
	大徳4	1300	閏8	28	車駕還大都	『元史』巻20
	大徳5	1301	2	27	車駕幸上都	『元史』巻20（この年三不剌之地へ）
	大徳5	1301	10	17	車駕還大都	『元史』巻20
	大徳6	1302	4	24	車駕幸上都	『元史』巻20（この年二月は病気）
	大徳6	1302	8	24	上都	祖生利（62）
	大徳6	1302	10	16	車駕還大都	『元史』巻20
	大徳7	1303	3	26	車駕幸上都	『元史』巻21
	大徳7	1303	3	30	玉徳殿内有時分	『秘書監志』巻4
	大徳7	1303	9	4	車駕還大都	『元史』巻21
	大徳8	1304	2	24	車駕幸上都	『元史』巻21
	大徳8	1304	6	5	上都	祖生利（63）
	大徳8	1304	9	4	車駕還大都	『元史』巻21
	大徳9	1305	1		上召其使至玉徳殿庭	『安南史略』13
	大徳9	1305	3	1	車駕幸上都	『元史』巻21
	大徳9	1305	8	2	水晶殿	『元典章』巻58 工部 禁織仏像段子
	大徳9	1305	9	5	駐蹕寿寧宮	『元史』巻21
	大徳9	1305	9	17	車駕至自上都	『元史』巻21
	大徳10	1306	2	28	車駕幸上都	『元史』巻21
	大徳10	1306	7	21	把不匣納有時分	『山右石刻叢編』巻30「霍嶽廟聖旨碑」
	大徳10	1306	11	2	車駕還大都	『元史』巻21
	大徳11	1307	1	8	崩御玉徳殿	『元史』巻21
武宗	大徳11	1307	9	3	車駕至自上都	『元史』巻22
	大徳11	1307	11	18	帝御大明殿、受諸王·百官朝賀	『元史』巻22
	至大1	1308	2	1	隆福宮花園山子西荷葉殿	『池北偶談』巻15「記観宋茘裳画」
	至大1	1308	2	12	柳林裏奏	『秘書監志』巻1職制 兼領
	至大1	1308	2		至京、入見嘉禧殿	『滋渓文稿』巻8「蕭貞敏公墓誌銘」
	至大1	1308	3	19	車駕幸上都	『元史』巻22
	至大1	1308	4	24	至懐来	『清河集』巻2「太師淇陽忠武王碑」
	至大1	1308	7	24	至懐来	『龍虎山志』「加上卿」
	至大1	1308	8	8	胡廬禿	『龍虎山志』「総摂道教」
	至大1	1308	9	20	車駕至自上都	『元史』巻22
	至大2	1309	3	6	大都	祖生利（68）
	至大2	1309	3	7	車駕幸上都	『元史』巻23
	至大2	1309	7	29	南坡	『牧庵集』巻17「賀公神道碑」
	至大2	1309	9	5	龍虎台	祖生利（71）/ 松川2007〔24〕
	至大2	1309	9	7	車駕至大都	『元史』巻23
	至大2	1309	11	5	宸慶殿西耳房内有時分	『秘書監志』巻5秘書庫
	至大2	1309	12	28	玉徳殿西耳房内有時分	『秘書監志』巻2禄秩
	至大3	1310	1		入覲于玉徳殿	『元史』175李孟伝

	至大3	1310	3	14	車駕幸上都	『元史』巻23
	至大3	1310	8	20	獮于昂兀脳児之地	『元史』巻23
	至大3	1310	9	12	車駕至大都	『元史』巻23
	至大3	1310	10	5	帝率皇太子・諸王・群臣朝興聖宮	『元史』巻23
	至大3	1310	12	21	柳林	『龍虎山志』「加特進」
	至大4	1311	1	8	崩御玉徳殿	『元史』巻23
仁宗	至大4	1311	2	5	隆福宮西棕毛殿東耳房内有時分	『秘書監志』巻5秘書庫
	至大4	1311	2	16	■■柱廊内有時分	『秘書監志』巻1職制 設官
	至大4	1311	3	18	即位於大明殿	『元史』巻24
	至大4	1311	4		帝宴于大明殿	『元史』巻119
	至大4	1311	5	12	吾殿西壁火児赤房子裏有時分	『秘書監志』巻3 廨宇
	至大4	1311	閏7	3	上都	祖生利（72）
	至大4	1311	閏7	5	上都	祖生利（73）
	皇慶1	1312	2	28	大都	祖生利（74）/松川2007〔25〕
	皇慶1	1312	3	13	大都	祖生利（76）/松川2007〔26〕
	皇慶1	1312	4	8	車駕幸上都	『元史』巻24
	皇慶1	1312	8	17	車駕至自上都	『元史』巻24
	皇慶1	1312	11	12	大都	祖生利（77）
	皇慶1	1312	11	17	嘉禧殿内有時分	『秘書監志』巻2 禄秩
	皇慶2	1313	4	16	車駕幸上都	『元史』巻24
	皇慶2	1313	7	7	上都	祖生利（78）/松川2007〔27〕
	皇慶2	1313	7	21	大安閣香殿	『元典章』巻59 工部 橋道 道傍等処栽樹
	皇慶2	1313	8	10	車駕至自上都	『元史』巻24
	皇慶2	1313	8	11	大都	『龍虎山志』「庇衛道教」「給印掌教」
	延祐1	1314	3	24	車駕幸上都	『元史』巻25
	延祐1	1314	3	28	御嘉禧殿	『閑居叢稿』巻16「東海神廟碑」
	延祐1	1314	閏3	30	上御嘉禧殿	『雪楼集』巻6「武都智敏王述徳之碑」
	延祐1	1314	4	15	大都	祖生利（79）/松川2007〔28〕
	延祐1	1314	7	4	香殿裏有時分	『秘書監志』巻1職制 位序
	延祐1	1314	7	28	察罕倉（チャガーン＝ツァン）	祖生利（80/81/82）/松川2007〔29/30/31〕
	延祐1	1314	8		駐蹕龍虎台、公卿百官奉迎	『雪楼集』巻8「太原宋氏先徳之碑」
	延祐1	1314	8	7	車駕至大都	『元史』巻25
	延祐1	1314	12	21	嘉禧殿内	『元典章』巻49 刑部 諸盗 処断盗賊断例
	延祐1	1314	12	25	光天殿両壁棕毛主廊内有時分	『秘書監志』巻5秘書庫
	延祐2	1315	1	20	上御嘉禧殿	『雪楼集』巻6「靳同知墓碑」
	延祐2	1315	4	23	嘉禧殿内有時分	『秘書監志』巻5秘書庫
	延祐2	1315	4	28	嘉禧殿内有時分	『元典章』巻32 礼部 陰陽学 試陰陽人
	延祐2	1315	4	28	車駕幸上都	『元史』巻25
	延祐2	1315	8	13	車駕至自上都	『元史』巻25
	延祐2	1315	9	14	嘉禧殿内有時分	『元典章』巻15 礼部 牌面
	延祐2	1315	11		皇帝御嘉禧殿	『永嘉県志』巻31劉賽「永嘉陳氏世徳碑」
	延祐2	1315	11	25	大都	祖生利（87）
	延祐3	1316	3	21	嘉禧殿内有時分	『秘書監志』巻6秘書庫
	延祐3	1316	3	21	車駕幸上都	『元史』巻25
	延祐3	1316	4	23	大都	祖生利（88）

	延祐3	1316	8	9	車駕至自上都	『元史』巻25
	延祐3	1316	9	7	嘉禧殿内有時分	『秘書監志』巻3雑録
	延祐4	1317	3	21	嘉禧殿内有時分	『秘書監志』巻6秘書庫
	延祐4	1317	3	25	車駕幸上都	『元史』巻26
	延祐4	1317	8	3	車駕至自上都	『元史』巻26
	延祐4	1317	9	7	嘉禧殿内有時分	『秘書監志』巻3雑録
	延祐4	1317	10	12	嘉禧殿内有時分	『元典章』巻53 刑部 問事 僧俗相事
	延祐5	1318	2	3	嘉禧殿内有時分	『雪楼集』9「貞文先生掲君之碑」
	延祐5	1318	2	7	大都	祖生利（89）
	延祐5	1318	4	23	大都	祖生利（91）/松川2007〔32〕
	延祐5	1318	4	26	大都	祖生利（92）
	延祐5	1318	4	27	上御嘉禧殿	『松雪齋外集』「農桑図」
	延祐5	1318	4	28	車駕幸上都	『元史』巻26
	延祐5	1318	7	30	車駕至自上都	『元史』巻26
	延祐5	1318	10	11	文明殿	『元典章』巻8 礼部 牌面
	延祐6	1319	1	23	帝御嘉禧殿	『元史』巻26
	延祐6	1319	3	6	上嘉禧殿之後閣	『山右石刻叢編』巻37「嚢懋忽神公神道碑」
	延祐6	1319	4	15	車駕幸上都	『元史』巻26
	延祐6	1319	5	2	鹿頂殿	『元典章』巻57 刑部 禁聚衆賽社集場
	延祐6	1319	8	18	車駕至自上都	『元史』巻26
	延祐6	1319	9	1	文徳殿後鹿頂殿内有時分	『秘書監志』巻5秘書庫
	延祐6	1319	10	15	文徳殿後鹿頂殿内有時分	『永楽大典』巻2610　南台備要
	延祐7	1320	1	3	帝御大明殿、受諸王・百官朝賀	『元史』巻26
	延祐7	1320	1	21	帝崩于光天宮	『元史』巻26
英宗	延祐7	1320	3	11	即位于大明殿	『元史』巻27
	延祐7	1320	4	19	車駕幸上都	『元史』巻27
	延祐7	1320	4	21	馬家翁納鉢	『元典章』巻24 戸部 科添二分税料
	延祐7	1320	8	2	将校猟于散不剌、詔免漢官扈従	『柳待制文集』巻5
	延祐7	1320	8	12	帝幸涼亭	『元史』巻27
	延祐7	1320	10	13	車駕至自上都	『元史』巻27
	延祐7	1320	10	20	幸大護国仁王寺	『元史』巻27
	延祐7	1320	11	6	御大明殿受朝賀	『元史』巻27
	延祐7	1320	11	13	幸隆福宮	『元史』巻27
	延祐7	1320	11	27	嘉禧殿裏有時分	『秘書監志』巻2禄秩
	延祐7	1320	12	12	御大明殿受朝賀	『元史』巻27
	至治1	1321	3	4	御大明殿受緬国使者朝賀	『元史』巻27
	至治1	1321	3	8	車駕幸上都	『元史』巻27
	至治1	1321	6	23	睿思閣後鹿頂殿内有時分	『秘書監志』巻5秘書庫
	至治1	1321	8	21	駐興和	『元史』巻27
	至治1	1321	9	8	駐蹕昴兀嶺	『元史』巻27
	至治1	1321	9	27	車駕還大都	『元史』巻27
	至治1	1321	10	15	大都	祖生利（93）
	至治1	1321	11	6	幸大護国仁王寺	『元史』巻27
	至治1	1321	11	9	御大明殿	『元史』巻27
	至治1	1321	12	15	車駕幸西僧灌頂寺	『元史』巻27

	至治2	1322	2	16	大蒐於柳林	『存復齋集』巻3「雪猟賦并序」
	至治2	1322	2	23	上御椶殿	『大元通制』序
	至治2	1322	3	30	幸柳林	『元史』巻28
	至治2	1322	4	1	車駕幸上都	『元史』巻28
	至治2	1322	5	17	幸五台山	『元史』巻28
	至治2	1322	6	1	至五台山	『元史』巻28
	至治2	1322	7	23	次応州	『元史』巻28
	至治2	1322	7	26	次渾源州	『元史』巻28
	至治2	1322	8		朝見大明殿	『清容居士集』巻26「楊公神道碑」
	至治2	1322	8	9	次奉聖州	『元史』巻28
	至治2	1322	9	17	幸寿安山	『元史』巻28
	至治3	1323	2	11	畋于柳林	『元史』巻28
	至治3	1323	3	1	車駕幸上都	『元史』巻28
	至治3	1323	8	4	上都から南坡→暗殺	『元史』巻28
泰定帝	至治3	1323	11	1	車駕次于中都	『元史』巻29
	至治3	1323	11	8	次于阻嬀	『元史』巻29
	至治3	1323	11	13	車駕至大都	『元史』巻29
	至治3	1323	11	19	御大明殿、受諸王・百官朝賀	『元史』巻29
	泰定1	1324	3	20	御大明殿	『元史』巻29
	泰定1	1324	4	9	車駕幸上都	『元史』巻29
	泰定1	1324	8	24	車駕至大都	『元史』巻29
	泰定1	1324	10	23	大都	祖生利（95）
	泰定2	1325	3	15	車駕幸上都	『元史』巻29
	泰定2	1325	9	6	車駕至大都	『元史』巻29
	泰定2	1325	11	15	御興聖宮	『至正集』巻1「慶雲賦」
	泰定2	1325	12	23	興聖宮東鹿頂楼子上有時分	『秘書監志』巻5 秘書庫
	泰定3	1326	2	29	車駕幸上都	『元史』巻30
	泰定3	1326	3	15	大都	祖生利（96）
	泰定3	1326	7	2	車駕発上都	『元史』巻30
	泰定3	1326	7	12	幸大乾元寺	『元史』巻30
	泰定3	1326	8	30	次中都、畋于汪火察禿	『元史』巻30
	泰定3	1326	9	19	車駕至大都	『元史』巻30
	泰定4	1327	3	23	車駕幸上都	『元史』巻30
	泰定4	1327	閏9	4	車駕至大都	『元史』巻30
	致和1	1328	3	16	帝御興聖宮	『元史』巻30
	致和1	1328	3	23	大都	松川2007〔29〕
	致和1	1328	3	25	車駕幸上都	『元史』巻30
	致和1	1328	7	10	崩御（上都で）	『元史』巻30
文宗	致和1	1328	9	13	帝即位於大明殿	『元史』巻32（以下「天暦の内乱」により混乱）
	致和1	1328	9		入見内殿	『道園類稿』巻36「大崇禧寺碑」
	天暦1	1328	10	8	燕鉄木児入朝、賜宴興聖殿	『元史』巻32
	天暦1	1328	10	22	帝御興聖殿	『元史』巻32
	天暦1	1328	10	23	興聖殿御宴	『元詩記事』巻17
	天暦1	1328	11	14	御史台臣入見内殿	『道園学古録』巻22「御史台記」

	天暦1	1328	11	19	御大明殿、受諸王・文武百官朝賀	『元史』巻32
	天暦2	1329	2	4	帝御大明殿	『元史』巻33
	天暦2	1329	3	21	興聖後殿穿廊裏有時分	『秘書監志』巻6秘書庫
	天暦2	1329	3	25	奎章閣	『道園類稿』巻22「飛龍亭記応制」
	天暦2	1329	4	22	上御奎章閣閲図書	『石渠宝笈』巻13「跋曹娥碑真蹟」
	天暦2	1329	5		皇帝坐奎章閣	『金華黄先生文集』巻22「恭跋命哈剌抜児充捧案官御筆」
	天暦2	1329	5	19	幸大聖寿万安寺	『元史』巻33
	天暦2	1329	5	21	帝発京師	『元史』巻33
	天暦2	1329	5	22	次于大口	『元史』巻33
	天暦2	1329	5	24	次幸水園	『元史』巻33
	天暦2	1329	6	24	次于上都之六十里	『元史』巻33
	天暦2	1329	7	2	次于上都之三十里	『元史』巻33
	天暦2	1329	8	1	王忽察都	『元史』巻33（明宗と会見）
	天暦2	1329	8	8	次孛羅察罕	『元史』巻33
	天暦2	1329	8	9	帝至上都	『元史』巻33
	天暦2	1329	8	15	即帝位於上都	『元史』巻33
	天暦2	1329	8	25	車駕発上都	『元史』巻33
	天暦2	1329	9	13	大駕至大都	『元史』巻33
	天暦2	1329	9	19	帝御大明殿、受諸王・百官朝賀	『元史』巻33
	至順1	1330	5	8	帝御大明殿	『元史』巻34
	至順1	1330	5	18	車駕発大都、次大口	『元史』巻34
	至順1	1330	5	19	次龍虎台	『元史』巻34
	至順1	1330	6	6	大駕至上都	『元史』巻34
	至順1	1330	7	13	上都	祖生利（97）
	至順1	1330	閏7	18	車駕発上都	『元史』巻34
	至順1	1330	8	11	大駕至京師	『元史』巻34
	至順1	1330	9	9	上御奎章閣	『道園類稿』巻36「太平興国禅寺碑」
	至順1	1330	10	13	出次郊宮、翌日南郊	『元史』巻34
	至順1	1330	10	14	親祀南郊、前日大駕次郊所	『道園類稿』巻15「郊祀慶成頌」
	至順2	1331	1	1	朝大明殿	『曇芳和尚五会録』欧陽玄「大龍翔集慶寺長老忠公塔銘」
	至順2	1331	5	22	大駕幸上都	『元史』巻35
	至順2	1331	5	24	紅橋	『元史』巻35
	至順2	1331	7	20	上在上都清暑於洪禧殿之便坐	『道園学古録』巻48「仏国普安大禅師塔銘」
	至順2	1331	8	8	大駕南還大都	『元史』巻35
	至順2	1331	9	18	幸大承天護聖寺	『元史』巻35
	至順2	1331	10	11	幸大承天護聖寺	『元史』巻35
	至順3	1332	5	10	幸大承天護聖寺	『元史』巻36
	至順3	1332	5	22	大駕発上都	『元史』巻36
	至順3	1332	7	24	上都洪禧殿之西亭	『道園類稿』巻40「賀忠愍公神道碑」
寧宗	至順3	1332	10	4	帝即位於大明殿	『元史』巻37
	至順3	1332	11	13	帝御大明殿受朝賀	『元史』巻37
順帝	元統1	1333	6	8	帝即位于上都	『元史』巻38
	元統1	1333	7	24	皇帝在上都、御大洪禧殿	『燕石集』巻13「平江天妃廟題名記」
	元統2	1334	1	10	上御明仁殿	『元史』巻38

	元統2	1334	1	26	延春閣後咸寧殿裏有時分	『元代白話碑集録』附7
	元統2	1334	3	29	大都	祖生利（100）
	元統2	1334	7	8	大安閣	『元史』巻38
	元統2	1334	7	21	幸楠木亭	『元史』巻38
	元統2	1334	9	6	車駕還自上都	『元史』巻38
	至元1	1335	5		駕幸上京、百司分司從行、8月南還	『滋渓文稿』巻2「翰林分院題名記」
	至元1	1335	7	14	上都	祖生利（101）/松川2007〔36〕
	至元1	1335	7	18	上都／洪禧殿後、鹿頂殿裏有時分	『元代白話碑集録』附8／『南台備要』広海分司出還日期
	至元1	1335	8	27	忽■禿因納堡	祖生利（103）
	至元1	1335	9	1	車駕駐扼胡嶺	『元史』巻38
	至元1	1335	9		是月車駕還上都	『元史』巻38
	至元1	1335	12	10	大都	祖生利（104）
	至元2	1336	3	10	上御厚裁門	『圭齋集』巻9「張公先世碑」
	至元2	1336	4	12	延春閣後穿廊裏有時分	『永楽大典』巻2610　憲台通記
	至元2	1336	4	22	車駕時巡上都	『元史』巻39
	至元2	1336	7	12	上都	祖生利（105）/松川2007〔37〕
	至元2	1336	7	27	御洪禧殿	『至正集』巻44「上都孔子廟碑」
	至元2	1336	9	26	車駕還自上都	『元史』巻39
	至元3	1337	1	17	幸猟于柳林、凡三十五日	『元史』巻39
	至元3	1337	3	20	大都	祖生利（106）
	至元3	1337	4	9	車駕時巡上都	『元史』巻39
	至元3	1337	7	5	車駕出猟	『元史』巻39
	至元3	1337	7	8	車駕幸失剌斡耳朶	『元史』巻39
	至元3	1337	7	9	車駕幸龍岡、洒馬乳以祭	『元史』巻39
	至元3	1337	7	14	車駕幸乾元寺	『元史』巻39
	至元3	1337	8		車駕還自上都	『元史』巻39
	至元3	1337	12	26	大都	祖生利（107）
	至元4	1338	2	5	猟於柳林	『元史』巻39
	至元4	1338	4	14	車駕時巡上都	『元史』巻39
	至元4	1338	4	28	薄暮至八里塘	『元史』巻39
	至元4	1338	8		車駕還自上都	『元史』巻39
	至元5	1339	1		皇帝田于柳林	『民国続修曲阜県志』巻8梁宜「御賜尚・釈奠記」
	至元5	1339	1	17	御棕毛殿	『満州金石志』巻4李齊「御香碑」
	至元5	1339	4	25	天子乗輿至上都	『燕石集』巻13「翰林国史分院題名記」
	至元5	1339	8	1	車駕至自上都	『元史』巻40
	至元5	1339	11	17	御明仁殿	『燕石集』巻13「司農司題名記」
	至元6	1340	1	20	玉徳殿西耳房裏有時分	『永楽大典』巻2610　南台備要
	至元6	1340	2	25	奉帝御玉徳殿	『元史』巻138脱脱伝
	至元6	1339	5	24	車駕時巡上都	『元史』巻40
	至元6	1339	8		車駕至自上都	『元史』巻40
	至元6	1339	9	7	三疙疸納鉢裏有時分	『永楽大典』巻2609　憲台通紀続集
	至正1	1341	1	7	興聖殿東鹿頂裏有時分	『永楽大典』巻2610　南台備要
	至正1	1341	4	14	幸大承天護聖寺	『元史』巻40
	至正1	1341	4		車駕至自上都	『元史』巻40
	至正1	1341	4	24	大口納鉢斡脱裏有時分	『秘書監志』巻3食本
	至正1	1341	6	28	大都	祖生利（110）

	至正1	1341	8		車駕至自上都	『元史』巻40
	至正1	1341	9		皇帝御東宣文閣	『危太樸文集』巻7「君臣政要序」
	至正1	1341	9	8	賜文臣燕於拱辰堂	『元史』巻40
	至正1	1341	9	22	明仁殿後宣文閣裏有時分	『秘書監志』巻5秘書庫
	至正1	1341	9	28	許有壬進講明仁殿,帝悦,賜酒宣文閣	『元史』巻40
	至正2	1342	2	8	延春閣後宣文閣裏有時分	『析津志輯佚』属県　宛平県　古蹟
	至正2	1342	3	14	上御咸寧殿	『南村輟耕録』巻3「正統弁」
	至正2	1342	4		車駕時巡上都	『元史』巻40
	至正2	1342	7	18	上在灤京、上御慈仁殿	『呉礼部集』巻11「天馬賛」
	至正2	1342	9	14	車駕至自上都	『元史』巻40
	至正3	1343	3	14	咸寧殿裏有時分	『遼史』附録「修三史詔」
	至正3	1343	3	28	咸寧殿裏有時分	『遼史』附録「修三史詔」
	至正3	1343	4	2	大都	祖生利（111）
	至正3	1343	4	3	大都	松川2007〔41〕
	至正3	1343	4	8	上御明仁殿	『金華黄先生文集』巻29「弘文裕徳崇仁真人薛公碑」
	至正3	1343	4		車駕時巡上都	『元史』巻41
	至正3	1343	8		車駕還自上都	『元史』巻41
	至正3	1343	10	6	南郊	『元史』巻41
	至正4	1344	4		是月時巡上都	『元史』巻41
	至正4	1344	8		是月車駕還自上都	『元史』巻41
	至正4	1344	8	30	興聖殿東鹿頂殿裏有時分	『永楽大典』巻2609　憲台通記続集
	至正5	1345	3	1	大都	『元代白話碑集録』88
	至正5	1345	4		是月時巡上都	『元史』巻41
	至正5	1345	4	13	沙嶺納鉢斡脱裏有時分	『金史』公文
	至正5	1345	6	18	御慈仁殿	『燕石集』巻12「送墨工魏元徳序」
	至正5	1345	8		是月車駕還自上都	『元史』巻41
	至正5	1345	10		帝御東宣文閣	『元史』巻139阿魯図伝
	至正5	1345	10	2	明仁殿裏有時分	『永楽大典』巻2609　憲台通記続集
	至正6	1346	4	19	車駕時巡上都	『元史』巻41
	至正6	1346	8		是月車駕還自上都	『元史』巻41
	至正6	1346	11	7	上御明仁殿	『至正集』巻46「勅賜興元閣碑」
	至正7	1347	1	14	上御明仁殿	『咸豊済寧直隷州志』巻9「移済寧路治記」
	至正7	1347	4	19	時巡上京	『黄文献集』巻10下「掲公神道碑」
	至正7	1347	6		至上京、･･･召見慈仁殿	『危太樸文続集』巻2「黄公神道碑」
	至正7	1347	7		御慈仁殿	『黄文献集』巻10下「掲公神道碑」
	至正7	1347	8	3	御慈仁殿	『至正集』巻46「渤海郡公呉公神道碑」
	至正7	1347	8	8	御慈仁殿	『至正集』巻47「釈源宗主洪公碑銘」
	至正7	1347	9	9	車駕還自上都	『元史』巻41
	至正7	1347	10	2	御明仁殿	『黄文献集』巻10上「亦輦真公神道碑」
	至正7	1347	11	12	南至皇帝燕延春閣	『至正集』巻46「勅賜重修陝西諸道行御史台碑」
	至正8	1348	1	5	御興聖宮便殿	『黄文献集』巻10上「文忠神道碑」
	至正8	1348	3	19	御明仁殿	『金華黄先生文集』巻41「普慧大禅師北渓延公塔銘」
	至正8	1348	3	30	御興聖殿	『師山先生文集』巻6「皇元至正観励賢能之碑」
	至正8	1348	4	9	幸国子監	『元史』巻41
	至正8	1348	4		是月時巡上都	『元史』巻41
	至正8	1348	8		是月車駕還自上都	『元史』巻41

	至正8	1348	11	12	皇帝御明仁殿	『黄文献集』巻7下「冀寧文忠王祠堂記」
	至正9	1349	4	20	講明仁殿	『黄文献集』巻10下「鄧公神道碑」
	至正9	1349	4		是月時巡上都	『元史』巻42
	至正9	1349	6	3	入見于慈仁殿	『金華黄先生文集』巻39「呉母趙氏墓誌銘」
	至正9	1349	6	28	失剌斡耳朶	『王文忠公集』巻3「上京大宴詩序」
	至正9	1349	8		是月車駕還自上都	『元史』巻42
	至正10	1350	1	1	御大明殿	『嘉靖真定府志』巻18「代祀恒嶽記」
	至正10	1350	4	9	御興聖殿東便殿	『黄文献集』巻10上「董公神道碑」
	至正10	1350	4	19	上于興聖殿東便殿	『金華黄先生文集』巻25「凱烈公神道碑」
	至正10	1350	4		天子坐興聖殿東便殿	『金華黄先生文集』巻28「脱脱公先塋碑」
	至正10	1350	4		是月時巡上都	『元史』巻42
	至正10	1350	8	20	車駕還自上都	『元史』巻42
	至正10	1350	11	22	延春閣後寝殿裏有時分	『永楽大典』巻2610　南台備要
	至正10	1350	12	20	興聖殿東鹿頂裏有時分	『永楽大典』巻2610　南台備要
	至正11	1351	1	1	御大明殿	『光緒広州府志』巻10「頒降御香題名」
	至正11	1351	1	11	光天殿後寝殿裏有時分	『永楽大典』巻2611　南台備要
	至正11	1351	2	28	大都	祖生利（112）/ 松川2007〔46〕
	至正11	1351	4		是月時巡上都	『元史』巻42
	至正11	1351	8		是月車駕還自上都	『元史』巻42
	至正12	1352	1	29	嘉禧殿裏有時分	『永楽大典』巻2609　憲台通紀続集
	至正12	1352	2	9	嘉禧殿裏有時分	『永楽大典』巻2611　南台備要
	至正12	1352	3	22	嘉禧殿裏有時分	『永楽大典』巻2611　南台備要
	至正12	1352	3	24	興聖殿東鹿頂裏有時分	『永楽大典』巻2611　南台備要
	至正12	1352	閏3	16	明仁殿裏有時分	『永楽大典』巻2611　南台備要
	至正12	1352	閏3	25	嘉禧殿裏有時分	『永楽大典』巻2611　南台備要
	至正12	1352	4	26	発大都	『扈従集』前序
	至正12	1352	4	30	皂角納鉢馬上来時分	『永楽大典』巻2611　南台備要
	至正12	1352	5	19	着上都	『扈従集』前序
	至正12	1352	7	22	発上都	『扈従集』前序
	至正12	1352	8	13	着大都	『扈従集』前序
	至正12	1352	11	5	興聖殿東鹿頂裏有時分	『永楽大典』巻2611　南台備要
	至正13	1353	閏3	25	嘉禧殿裏有時分	『永楽大典』巻2611　南台備要
	至正13	1353	4		是月時巡上都	『元史』巻43
	至正13	1353	5		幸上都	『続呉郡志』巻上「供祀記」
	至正13	1353	7	12	御水晶殿	『続呉郡志』巻上「供祀記」
	至正13	1353	8		是月車駕還自上都	『元史』巻43
	至正14	1354	4		是月時巡上都	『元史』巻43
	至正14	1354	7	14	上都	祖生利（113）
	至正14	1354	8		是月車駕還自上都	『元史』巻43
	至正15	1355	1	15	大都	中村2005
	至正15	1355	3	16	大都	祖生利（114）
	至正15	1355	4		是月時巡上都	『元史』巻44
	至正15	1355	8		是月車駕還自上都	『元史』巻44
	至正16	1356	4		是月時巡上都	『元史』巻44
	至正16	1356	8		是月車駕還自上都	『元史』巻44
	至正16	1356	12	16	帝賜労内殿	『元史』巻142答失八都魯伝

附表「元代皇帝の居処」

	至正17	1357	3	1	大都	祖生利（115）
	至正17	1357	4		是月時巡上都	『元史』巻45
	至正17	1357	8		是月車駕還自上都	『元史』巻45
	至正18	1358	4		是月時巡上都	『元史』巻45（12月に上都が陥落）
	至正20	1360	5	19	皇上御延春閣	『析津志輯佚』大都東西館馬歩站
	至正20	1360	7	15	明仁殿裏有時分	『析津志輯佚』大都東西館馬歩站
	至正23	1363	7	22	大都	祖生利（116）
	至正23	1363	10	16	明仁殿裏有時分	祖生利（117）
	至正24	1364	4	17	覲帝于延春閣	『元史』巻46
	至正26	1366	2	17	宣文閣裏有時分	祖生利（118）
	至正28	1368	7	28	帝御清寧殿	『元史』巻47

参考文献一覧

以下に本書において引用した参考文献を列記する。日本語については著者名の五十音順、中国語についてはピンイン順、最後に英語論文を掲げた。

日本語

青山公亮『元朝尚書省考』(明治大学文学部研究報告、一九五一年)

安部健夫「元代知識人と科挙」(『史林』四二―六、一九五九年)

――『元代史の研究』(創文社、一九七二年)

荒木敏一「北宋時代に於ける科挙の瓊林宴(1)(2)――唐代の曲江宴と比較して」(『京都教育大学紀要(A)人文・社会』四五、一九七四年、四七、一九七五年)

新宮学「明代の首都北京の都市人口について」(『山形大学史学論集』一一、一九九一年)

――「一六年の準備をへて刊行された十巻本北京通史」(『東方』一八六、一九九六年)

――「通州・北京間の物流と在地社会――嘉靖年間の通恵河改修問題をてがかりに」(山本英史〔編〕『伝統中国の地域像』慶應義塾大学出版会、二〇〇〇年)

――「明初の燕王府をめぐる諸問題」(『東洋史研究』六〇―一、二〇〇一年)

――「明末清初期の諸史料にみえる燕王府=西苑所在説の再検討――明初の燕王府をめぐる諸問題補論」(『山形大学歴史・地理・人

類学論集』三、二〇〇二年）
――「永楽十三年乙未科について――行在北京で最初に行われた会試と殿試」（『明代史研究会創立三十五年記念論文集』汲古書院、二〇〇三年）
――『北京遷都の研究――近世中国の首都移転』（汲古書院、二〇〇四年）
――「近世中国における首都北京の成立」（『シリーズ都市・建築・歴史（五）近世都市の成立』東京大学出版会、二〇〇五年）
――「近世中国における皇城の成立」（王維坤・宇野隆夫〔編〕『古代東アジア交流の総合的研究』国際日本文化研究センター、二〇〇八年）
――「明代中都皇城考」（『集刊東洋学』一〇〇、二〇〇八年）
――『明清都市商業史の研究』（汲古書院、二〇一七年）
飯山知保「金元代華北社会研究の現状と展望」（『史滴』二三、二〇〇一年）
――『金元時代の華北社会と科挙制度――もう一つの「士人層」』（早稲田大学出版部、二〇一一年）
井黒忍「區田法実施に見る金・モンゴル時代農業政策の一断面」（『東洋史研究』六七―四、二〇〇九年）
――『分水と支配――金・モンゴル時代華北の水利と農業』（早稲田大学出版部、二〇一三年）
石田幹之助「元代の工芸家ネパールの王族　阿尼哥の伝に就いて」（『蒙古学報』二、一九四一年）
――『東亜文化史叢考』（東洋文庫、一九七三年）
石濱裕美子『チベット仏教世界の歴史的研究』（東方書店、二〇〇一年）
――「パクパの著作に見るフビライ政権最初期の燕京地区の状況について」（『史滴』二四、二〇〇二年）
井戸一公「元代侍衛親軍の諸衛について」（『九州大学東洋史論集』一二、一九八四年）
伊原弘『中国開封の生活と歳時――描かれた宋代の都市生活』（山川出版社、一九九一年）
入谷義高・梅原郁〔訳注〕『東京夢華録――宋代の都市と生活』（平凡社東洋文庫、一九九六年）
植松正「元代江南の豪民朱清・張瑄について――その誅殺と財産官没をめぐって」（『東洋史研究』二七―三、一九六八年）
――「元初の法制に関する一考察――とくに金制との関連について」（『東洋史研究』四〇―一、一九八一年）
――「元代江南の地方官任用について」（『法制史研究』三八、一九八九年）

――『元代江南政治社会史研究』（汲古書院、一九九七年）
――「元初における海事問題と海運体制」（京都女子大学東洋史研究室〔編〕『東アジア海洋域圏の史的研究』京都女子大学東洋史研究室、二〇〇三年）
――「『元典章』文書の構成からみたその成立事情」（『中国史学』二一、二〇一一年）
宇野伸浩・村岡倫・松田孝一「元朝後期カラコルム城市ハーンカー建設記念ペルシア語碑文の研究」（『内陸アジア言語の研究』一四、一九九九年）
梅原郁〔編〕『訳注　中国近世刑法志（下）』（創文社、二〇〇三年）
榎森進「北東アジアから見たアイヌ」（菊池勇夫〔編〕『日本の時代史（一九）蝦夷島と北方世界』吉川弘文館、二〇〇三年）
王軍〔著〕多田麻美〔訳〕『北京再造――古都の命運と建築家梁思成』（集広社、二〇〇八年）
大島立子「元朝世祖朝の尚書省」（『愛知大学文学部論叢』九〇、一九八九年）
大野晃嗣「明代の同年歯録が語る進士とその子孫――『嘉靖丙辰同年世講録』を中心に」（『集刊東洋学』九八、二〇〇七年）
大葉昇一「モンゴル帝国＝元朝の稱海屯田について」（『史観』一〇六、一九八二年）
――「クイ（骨嵬、蝦夷）・ギレミ（吉里迷）の抗争とオホーツク文化の終焉――元朝の樺太出兵と水達達経営に関わって」（『学苑』七〇一、一九九八年）
大藪正哉「元の大禧宗禋院について」（『社会文化史学』七、一九七一年）
――『元代の法制と宗教』秀英出版社、一九八三年）
岡本敬司「元代の交通事故」（『山崎先生退官記念　東洋史学論集』大安、一九六七年）
愛宕松男「元朝の対漢人政策」（『東亜研究所報』二三、一九四三年）
――「マルコポーロ旅行記地名考訂（Ⅲ）――腹里の三地 Ydihu,Cachar Modun,Singiu Matu」（『集刊東洋学』一四、一九六五年）
――「元の大都」（『歴史教育』一四―一二、一九六六年）
――「元の中国社会と漢民族社会」（『岩波講座　世界歴史（九）』岩波書店、一九七〇年）
――・寺田隆信『中国の歴史（六）元・明』（講談社、一九七四年）
――「チャハル草原瞥見記」（『松田寿男著作集（一）月報』六興出版、一九八六年）

――『愛宕松男東洋史学論集（四）元朝史』（三一書房、一九八八年）
――『愛宕松男東洋史学論集（五）東西交渉史』（三一書房、一九八九年）
――『モンゴルと大明帝国』（講談社学術文庫、一九九八年）
乙坂智子「元大都の游皇城――『与民同楽』の都市祭典」（今谷明〔編〕『王権と都市』思文閣出版社、二〇〇八年）
――「聖世呈祥の証言――元大都仏教祭典と称賀漢詩文」（『史境』五六、二〇〇八年）
――『迎仏鳳儀の歌――元の中国支配とチベット仏教』（白帝社、二〇一七年）
片山共夫「怯薛と元朝官僚制」（『史学雑誌』八九―一二、一九八〇年）
――「元朝怯薛出身者の家柄について」（『九州大学東洋史論集』八、一九八〇年）
――「アーマッドの暗殺事件をめぐって――元朝フビライ期の政治史」（『九州大学東洋史論集』一一、一九八三年）
――「元朝の玉典赤・八剌哈赤について」（『モンゴル研究』一八、一九八八年）
木田知生「宋代の都市研究をめぐる諸問題――国都開封を中心として」（『東洋史研究』三七―二、一九七八年）
久保田和男「北宋徽宗時代と首都開封」（『東洋史研究』六三―四、二〇〇五年）
――『北宋開封の研究』（汲古書院、二〇〇七年）
小林高四郎『元朝秘史の研究』（日本学術振興会、一九五四年）
駒井和愛「元の上都並びに大都の平面について」（『東亜論叢』三、一九四〇年）
――『中国都城・渤海研究』雄山閣出版、一九七七年）
櫻井智美「アフマッド暗殺事件と司徒府の成立」（『中国――社会と文化』一五、二〇〇〇年）
――「元代カルルクの任官と科挙――慶元路を中心に」（『明大アジア史論集』一三、二〇〇九年）
斯波義信『宋代商業史研究』（風間書房、一九八九年）
志茂碩敏「モンゴルとペルシア語史書――遊牧国家史研究の再検討」（『岩波講座　世界歴史（一一）中央ユーラシアの統合』岩波書店、一九九七年）
徐蘇斌「東洋建築史学の成立に見るアカデミーとナショナリズム――関野貞と中国建築史研究」（『日本研究　国際日本文化研究センター紀要』二六、二〇〇二年）

白石典之『モンゴル帝国史の考古学的研究』（同成社、二〇〇二年）
陣内秀信・朱自瑄・高村雅彦〔編〕『北京――都市空間を読む』（鹿島出版会、一九九八年）
杉山正明「クビライと大都――モンゴル型『首都圏』と世界帝都」（梅原郁〔編〕『中国近世の都市と文化』京都大学人文科学研究所、一九八四年）
――「モンゴル命令文研究導論」（『内陸アジア言語の研究』五、一九九〇年）
――『クビライの挑戦――モンゴル海上帝国への道』（朝日選書、一九九五年）
――『モンゴル帝国の興亡（上）（下）』（講談社現代新書、一九九六年）
――『遊牧民から見た世界史――民族も国境もこえて』（日本経済新聞社、一九九七年）
――「中央ユーラシアの歴史構図――世界史をつないだもの」（『岩波講座　世界歴史（一一）中央ユーラシアの統合』岩波書店、一九九七年）
――『モンゴル帝国と大元ウルス』（京都大学学術出版会、二〇〇四年）
――『クビライの挑戦――モンゴルによる世界史の大転回』（講談社学術文庫、二〇一〇年）
――『遊牧民から見た世界史 増補版』（日経ビジネス人文庫、二〇一一年）
妹尾達彦「唐代の科挙制度と長安の合格儀礼」（唐代史研究会〔編〕『律令制――中国朝鮮の法と国家』汲古書院、一九八六年）
――「唐代長安の盛り場（中）」（『史流』三〇、一九八九年）
――「都市の生活と文化」（『魏晋南北朝隋唐時代史の基本問題』汲古書院、一九九七年）
――「環境の歴史学」（『アジア遊学』二〇、二〇〇〇年）
――「中国の都城とアジア世界」（『シリーズ都市・建築・歴史（一）記念的建造物の成立』東京大学出版会、二〇〇六年）
――「北京の小さな橋――街角のグローバル・ヒストリー」（関根康正〔編〕『ストリートの人類学（下）』国立民族学博物館調査報告八一、二〇〇九年）
――「東アジア比較都城史研究の現在――都城の時代の誕生」（『中国――社会と文化』二六、二〇一一年）
相田洋「鬼市と夜市――沈黙交易に関する中国史料」（『福岡教育大学紀要』三七―二、一九八八年）
――「棄市考――祝祭としての処刑」（『福岡教育大学紀要』四四―二、一九九五年）

――『異人と市――境界の中国古代史』（研文出版、一九九七年）
高田英樹〔訳〕『世界の記「東方見聞録」対校訳』（名古屋大学出版会、二〇一三年）
高橋文治〔編〕『烏台筆補の研究』（汲古書院、二〇〇七年）
田坂興道「漠北時代に於ける回紇の諸城郭に就いて」（『蒙古学報』二、一九四四年）
――『中国における回教の伝来とその弘通』（東洋文庫、一九六四年）
田中謙二『田中謙二著作集（二）』（汲古書院、二〇〇〇年）
谷口綾「元代の三皇廟について」（『龍谷大学大学院文学研究科紀要』二九、二〇〇七年）
田村実造「北京の国都的性格――歴史上よりみたる」（『史林』二八―三、一九四三年）
――『中国征服王朝の研究（中）』東洋史研究会、一九七一年）
陳高華〔著〕・佐竹靖彦〔訳〕『元の大都――マルコポーロ時代の北京』（中公新書、一九八四年）
竺沙雅章「喫菜事魔について」（青山博士古稀記念刊行会〔編〕『青山博士古稀記念　宋代史論叢』同刊行会、一九七四年）
――『中国仏教社会史研究』（同朋舎、一九八二年）
――「元代華北の華厳宗――行育とその後継者たち」（『南都仏教』七四・七五合併号、一九九七年）
――「燕京・大都の華厳宗――宝集寺と崇国寺の僧たち」（『大谷大学史学論究』六、二〇〇〇年）
――『宋元仏教文化史研究』（汲古書院、二〇〇〇年）
鶴成久章「明代の『登科録』について」（『福岡教育大学紀要』五四―一、二〇〇五年）
東亜考古学会『上都――蒙古ドロンノールに於ける元代都址の調査』（東亜考古学会、一九四一年）
徳永洋介「元代税務官制考――ある贈収賄事件をてがかりとして」（『史泉』六八、一九八八年）
長瀬守「元朝における郭守敬の水利事業」（『中国水利史研究』一、一九六五年）
――『宋元水利史研究』（国書刊行会、一九八三年）
中村和之「一三～一六世紀の環日本海世界とアイヌ」（大隅和雄・村井章介〔編〕『中世後期における東アジアの国際関係』山川出版社、一九九七年）
中村健太郎「ウイグル文「成宗テムル即位記念仏典」出版の歴史的背景」（『内陸アジア言語の研究』二一、二〇〇六年）

中村淳「元代法旨に見える歴代帝師の居所──大都の花園大寺と大護国仁王寺」(『待兼山論叢(史学)』二七、一九九三年)
──「元代大都の勅建寺院をめぐって」(『東洋史研究』五八─一、一九九九年)
──「元代チベット命令文の総合的研究にむけて」(『駒沢大学文学部研究紀要』六三、二〇〇五年)
──「元代大都勅建寺院の寺産──大護国仁王寺を中心として」(『駒沢大学文学部研究紀要』七一、二〇一三年)
中村喬『中国歳時史の研究』(朋友書店、一九九三年)
──『宋代の料理と食品』(中国芸文研究会、二〇〇〇年)
那波利貞「支那首都計画史上より考察したる唐の長安城」(『桑原博士還暦記念東洋史論叢』弘文堂、一九三〇年)
丹羽友三郎「元代の倉制に関する一考察」(『名古屋商科大学論集』八、一九六四年)
野口周一「元代世祖・成宗期の王号授与について」(野口鐵郎〔編〕『中国史における乱の構図』雄山閣出版、一九八六年)
野口善敬「元代文宗期における仏教興隆」(『香椎潟』四九、二〇〇三年)
──『元代禅宗史研究』(禅文化研究所、二〇〇五年)
萩原淳平「遼・金・元」(『アジア歴史研究入門(一)中国I』同朋舎出版、一九八三年)
羽田正「一六七六年のイスファハーン──都市景観復元の試み」(『東洋文化研究所紀要』一一八、一九九二年)
──「イラン・イスラーム世界の都城──イスファハーンの場合」(板垣雄三・後藤明〔編〕『イスラームの都市性』日本学術振興会、一九九四年)
──「都市の壁──前近代ユーラシアの王都の都市プランと象徴性」(東京大学東洋文化研究所〔編〕『アジア学の将来像』東京大学出版会、二〇〇三年)
原山煌「モンゴル遊牧民世界に於けるイヌ観念について──『元朝秘史』の事例を中心に」(畑中幸子・原山煌〔編〕『東北アジアの歴史と社会』名古屋大学出版会、一九九一年)
平田茂樹『科挙と官僚制』(山川出版社、一九九七年)
福田美穂「元大都の皇城に見る『モンゴル』的要素の発現」(『仏教藝術』二七二、二〇〇四年)
──「元朝の皇室が造営した寺院──チベット系要素と中国系要素の融合」(『種智院大学研究紀要』九、二〇〇八年)
藤島建樹「元朝治下における漢人一族の歩み──藁城董氏の場合」(『大谷学報』六六─三、一九八六年)

藤田弘夫『都市と権力――飢餓と飽食の歴史社会学』（創文社、一九九一年）
藤田元春「都城考」（『尺度綜考』刀江書院、一九二九年）
船田善之「元朝治下の色目人について」（『史学雑誌』一〇八―九、一九九九年）
――「元代史料としての旧本『老乞大』――鈔と物価の記載を中心として」（『東洋学報』八三―一、二〇〇一年）
――「蒙文直訳体の展開――『霊巌寺聖旨碑』の事例研究」（『内陸アジア史研究』二二、二〇〇七年）
――「石刻史料が拓くモンゴル帝国史研究――華北地域を中心として」（吉田順一〈監修〉・早稲田大学モンゴル研究所〈編〉『モンゴル史研究――現状と展望』明石書店、二〇一一年）
――「モンゴル帝国（大元）史研究における漢語文書史料について」（『歴史と地理』六四九、二〇一一年）
布野修司『大元都市――中国都城の理念と空間構造』（京都大学学術出版会、二〇一五年）
包慕萍「十三世紀中国大陸における都城構造の転換――カラコルムから元の大都へ」（国立歴史民俗博物館・玉井哲雄〈編〉『アジアからみる日本都市史』山川出版社、二〇一三年）
星斌夫「元代海運運営の実態」（『歴史の研究』七、一九五九年）
――「蒙古占領下の華北における税糧輸送について」（『集刊東洋学』三、一九六〇）
前田直典「元代に於ける鈔の発行制度とその流通状態」（『北亜細亜学報』三、一九四四年）
――『元朝史の研究』（東京大学出版会、一九七三年）
牧野修二「チンギス汗の金国侵攻（その4）」（『愛媛大学法文学部論集（文学科編）』二三、一九九〇年）
――『藤野彪・牧野修二　元朝史論集』（汲古書院、二〇一二年）
町田吉隆「磚瓦焼成燃料に関する一考察――元代大都の「甕城」をめぐって」（『立命館東洋史学』二五、二〇〇二年）
松川節「13～14世紀モンゴル文碑刻リスト（増補版）」（『13、14世紀東アジア諸言語史料の総合的研究――元朝史料学の構築のために』科学研究費補助金研究成果報告書、二〇〇七年）
松田孝一「中国交通史――元時代の交通と南北物流」（同〈編〉『東アジア経済史の諸問題』阿吽社、二〇〇一年）
――「モンゴル帝国における工匠の確保と管理の諸相」（同代表『碑刻等史料の総合的分析によるモンゴル帝国・元朝の政治・経済システムの基礎的研究』平成一二・一三年度科学研究費補助金報告書、二〇〇二年）

――「書評　杉山正明著『モンゴル帝国と大元ウルス』」(『東洋史研究』六三―四、二〇〇五年)
松本隆晴「明代中都建設始末」(『東方学』六七、一九八四年)
――『明代北辺防衛体制の研究』(汲古書院、二〇〇一年)
マルコ・ポーロ・愛宕松男〔訳注〕『東方見聞録(一)』(平凡社東洋文庫、一九七〇年)
道上峰史「元朝翰林国史院考」(明代史研究会〔編〕『明代史研究会創立三十五年記念論集』汲古書院、二〇〇三年)
宮澤知之『宋代中国の国家と経済――財政・市場・貨幣』(創文社、一九九八年)
宮紀子「『対策』の対策――科挙と出版」(木田昭義〔編〕『古典学の現在』V、二〇〇三年)
――「モンゴルが遺した『翻訳』言語――旧本『老乞大』の発見によせて(上)」(『内陸アジア言語の研究』一八、二〇〇三年)
――「『龍虎山志』からみたモンゴル命令文の世界――正一教教団研究序説」(『東洋史研究』六三―二、二〇〇四年)
――『モンゴル時代の出版文化』(名古屋大学出版会、二〇〇六年)
――「ブラルグチ再考」(『東方学報』八六、二〇一一年)
宮崎市定「宋元時代の法制と裁判機構――元典章成立の時代的・社会的背景」(『東方学報(京都)』二四、一九五四年)
――「宋代における石炭と鉄」(『東方学』一三、一九五七年)
――「元朝治下の蒙古的官職をめぐる蒙漢関係――科挙復興の意義の再検討」(『東洋史研究』二三―四、一九七二年)
――「宋代における殺人祭鬼の習俗について」(『中国学志』七、一九七三年)
――『宮崎市定全集(九)五代宋初』(岩波書店、一九九二年)
――『宮崎市定全集(一〇)宋』(岩波書店、一九九二年)
――『宮崎市定全集(一一)宋元』(岩波書店、一九九二年)
村井章介・須田牧子〔編〕『笑雲入明記――日本僧の見た明代中国』(平凡社東洋文庫、二〇一〇年)
村岡倫「モンゴル西部におけるチンギス・カンの軍事拠点――二〇〇一年チンカイ屯田調査報告をかねて」(『龍谷史壇』一一九・一二〇、二〇〇三年)
――「モンゴル高原から中央アジアへの道――一三世紀のチンカイ城を通るルートをめぐって」(菊池俊彦〔編〕『北東アジアの歴史と文化』北海道大学出版会、二〇一〇年)

村田治郎「元・大都における平面図形の問題」(『満洲学報』三、一九三四年、のち増補して『建築学会論文集』九、一九三八年)
――(編)『居庸関』(京都大学工学部、一九六八年)
――『建築学大系(四―II) 東洋建築史』(彰国社、一九七二年)
――『中国の帝都』(綜藝社、一九八一年)
森田憲司「元朝の科挙資料について――銭大昕の編著を中心に」(『東方学報』七三、二〇〇一年)
――『元代知識人と地域社会』(汲古書院、二〇〇四年)
森平雅彦「『賓王録』にみる至元十年の遣元高麗使」(『東洋史研究』六三―二、二〇〇四年)
――『モンゴル覇権下の高麗――帝国秩序と王国の対応』(名古屋大学出版会、二〇一三年)
森部豊「唐代河北地域におけるソグド系住民――開元寺三門楼石柱題名及び房山石経題記を中心に」(『史境』四五、二〇〇二年)
――『ソグド人の東方活動と東ユーラシア世界の歴史的展開』(関西大学東西学術研究所、二〇一〇年)
森安孝夫・オチル(編)『モンゴル国現存遺蹟・碑文調査研究報告』(中央ユーラシア学研究会、一九九九年)
箭内亙「元朝斡耳朶考」(『東洋学報』一〇―一・二・三、一九二二年)
――『蒙古史研究』(刀江書院、一九三〇年)
矢澤知行「大元ウルスの樞密院所轄屯田」(『愛媛大学教育学部紀要(第II部)人文社会科学』三二―二、二〇〇〇年)
――「元代の水運・海運をめぐる諸論点――河南江北行省との関わりを中心に」(『愛媛大学教育学部紀要(人文・社会科学)』五三―一、二〇〇六年)
山口智哉「宋代《同年小録》考――《書かれたもの》による共同意識の形成」(『中国――社会と文化』一七、二〇〇二年)
山根徳太郎「元『大都』の平面配置」(『人文研究』一―二、一九四九年)
山田慶児「授時暦の道」(みすず書房、一九八〇年)
吉川幸次郎「『元典章』に見えた漢文吏牘の文体」(『東方学報(京都)』二四、一九五四年)
――『吉川幸次郎全集(一五)』(筑摩書房、一九六九年)
渡辺健哉「書評 新宮学著『北京遷都の研究』」(『山形大学歴史・地理・人類学論集』七、二〇〇六年)
――「近年の元代科挙研究について」(『集刊東洋学』九六、二〇〇六年)

――「書評　久保田和男著『宋代開封の研究』」（『史学雑誌』一一七―八、二〇〇八年）
――「内藤湖南によるモンゴル時代に関する史料の蒐集」（『中国―社会と文化』二五、二〇一〇年）
――「『羅氏雪堂蔵書遺珍』所収「経世大典輯本」について」（『集刊東洋学』一〇三、二〇一〇年）
――「金の中都から元の大都へ」（『中国―社会と文化』二七、二〇一二年）

外国語

白寿彝（編）『回族人物志　元代』（寧夏人民出版社、一九八五年）
蔡蕃『北京古運河与城市供水研究』（北京出版社、一九八八年）
陳長文『明代科挙文献研究』（山東大学出版社、二〇〇八年）
陳得芝「元察罕脳児行宮今地考」（『歴史研究』一九八〇―一）
――『蒙元史研究叢稿』（人民出版社、二〇〇五年）
――「読高麗李承休『賓王録』―域外元史史料札記之二」（『中華文史論叢』二〇〇八―二）
――『蒙元史与中華多元文化論集』（上海古籍出版社、二〇一三年）
陳高華『元大都』（北京出版社、一九八二年）
――「元大都史事雑考」（北京市研究会（編）『燕京春秋』北京出版社、一九八二年）
――「従《老乞大》《朴通事》看元大都的社会生活」（『北京史苑』三、一九八五年）
――「元代的哈剌魯人」（『西北民族研究』一九八八―一）
――・史衛民『元上都』（吉林教育出版社、一九八八年）
――「元大都的酒和社会生活探求」（『中央民族学院学報』一九九〇―四）
――『元史研究論稿』（中華書局、一九九一年）
――「元代大都的飲食生活」（『中国史研究』一九九一―四）

――「元大都的皇家佛寺」（『世界宗教研究』一九九二―二）
――・史衛民『中国政治制度通史（八）元代』（人民出版社、一九九六年）
――「両種『三場文選』中所見元代科挙人物名録――兼説銭大昕『元進士考』」（『中国社会科学院歴史研究所学刊』一、二〇〇一年）
――「元朝科挙詔令文書考」（『暨南史学』一、二〇〇二年）
――『陳高華文集』（上海辞書出版社、二〇〇五年）
――「『稼亭集』『牧隠稿』与元史研究」（『蒙元史暨民族史論集』社会科学文献出版社、二〇〇六年）
――『元史研究新論』（中華書局、二〇〇五年）
――「元朝賑恤制度研究」（『中国史研究』二〇〇九―四）
――『元朝史事新証』（蘭州大学出版社、二〇一〇年）
――・史衛民『元代大都上都研究』（中国人民大学出版社、二〇一〇年）
――「再説元大都的皇家仏寺」（『清華元史』三、二〇一五年）
――「元代大都的賑糶和紅貼糧」（『隋唐遼宋金元史論叢』六、二〇一六年）
陳学霖『劉伯温与哪吒城――北京建城的伝説』（東大図書公司、一九九六年）
――「張昱『輦下曲』与元大都史料」（『蒙元的歴史与文化　蒙元史学術研究会論文集』学生書局、二〇〇一年）
陳垣「元西域人華化考」（『国学季刊』一―四、一九二三年、及び『燕京学報』二、一九二七年）
――『勵耘書屋叢刻（上）』（北京師範大学出版社、一九八二年）
陳智超（編）『道家金石略』（文物出版社、一九八八年）
程存潔「唐代東都最高行政長官東都留守的演変」（『魏晋南北朝隋唐史史料』一三、一九九四年）
――『唐代城市史研究初篇』（中華書局、二〇〇二年）
崔勇『中国営造学社研究』（東南大学出版会、二〇〇四年）
党宝海「青山与元大都」（『中国史研究』二〇一一―四）
渡辺健哉「近年元代科挙研究――以日本的研究介紹做為中心」（『科挙学論叢』二〇一〇―二）
方齢奇「『通制條格』釈詞五例」（南京大学元史研究室（編）『内陸亜洲歴史文化研究』南京大学出版社、一九九六年）

――〔校注〕『通制條格　校注』（中華書局、二〇〇一年）

――『元史叢考』（民族出版社、二〇〇四年）

奉寛「燕京故城考」（『燕京学報』五、一九二九年）

傅楽淑『元宮詞百章箋註』（書目文献出版社、一九九五年）

傅熹年「元大都大内宮殿的復元研究」（『考古学報』一九九三―一）

――『傅熹年建築史論文集』（文物出版社、一九九八年）

高栄盛「元代商人研究」（南京大学元史研究室〔編〕『内陸亜洲歴史文化研究』南京大学出版社、一九九六年）

――『元史浅識』（鳳凰出版社、二〇一〇年）

桂栖鵬「元代殿試有無黜落問題再探」（『中国史研究』二〇〇一―三）

郭超『元大都的規画与復原』（中華書局、二〇一六年）

韓儒林『穹廬集』（上海人民出版社、一九八二年）

洪金富「元朝怯薛輪値史料攷釈」（『中央研究院歴史語言研究所集刊』七四―二、二〇〇三年）

侯仁之「北京都市発展過程中的水源問題」（『北京大学学報』一九五五―一）

――「北京旧城平面設計的改造」（『文物』一九七三―五）

――『歴史地理学的理論与実践』（上海人民出版社、一九七九年）

――「北京城――歴史発展之特点及其改造」（『歴史地理』一九八二―二）

――〔主編〕『北京歴史地図集』（北京出版社、一九八八年）

――『候仁之文集』（北京大学出版社、一九九八年）

黄仁生『日本現蔵稀見元明文集考証与提要』（岳麓書社、二〇〇四年）

黄小峰「石橋・木筏与一五世紀的商業空間――『盧溝運筏図』新探」（『中国国家博物館館刊』二〇一一―一）

賈洲傑「元上都調査報告」（『文物』一九七七―五）

姜舜源「故宮断虹橋為元代周橋考――元中軸線新証」（『故宮博物院院刊』一九九〇―四）

――「論北京元明清三朝宮殿的継承与発展」（『故宮博物院院刊』一九九二―三）

姜緯堂「《洪武北平圖経志書》考」（『京華旧事存真』一、一九九二年）
鞠清遠「元代係官匠戸之研究」（『食貨』一―九、一九三五年）
李幹『元代社会経済史稿』（湖北人民出版社、一九八五年）
李景林「元代的工匠」（『元史及北方民族史研究集刊』五、一九八一年）
李路珂他〔編著〕『北京市古建築地図』（清華大学出版社、二〇〇九年）
李燮平・常欣「元明宮城周長比較」（『故宮博物院院刊』二〇〇〇―五）
――『明代北京都城営建叢考』（紫禁城出版社、二〇〇六年）
李治安「元代郷試与地域文化」（北京師範大学古籍所〔編〕『元代文化研究』一、北京師範大学出版社、二〇〇一年）
――「元代『常朝』与御前奏聞考弁」（『歴史研究』二〇〇二―五）
――『元代政治制度研究』（人民出版社、二〇〇三年）
林洙『中国営造学社史略』（百花文藝出版社、二〇〇八年）
劉海峰「科挙学芻議」（『厦門大学学報』一九九二―四）
――『科挙制与「科挙学」』（貴州教育出版社、二〇〇四年）
――『科挙学導論』（華中師範大学出版社、二〇〇五年）
劉暁「元代都城史研究概述――以上都・大都・中都為中心」（中村圭爾・辛徳勇〔編〕『中日古代城市研究』中国社会科学出版社、二〇〇四年）
羅哲文「元代『運筏図』考」（『文物』一九六二―一〇）
――『羅哲文古建築文集』（文物出版社、一九八八年）
默書民「元代大都的糧食来源与消費」（『元史論叢』九、二〇〇四年）
全漢昇「中国廟市之史的考証」（『食貨』一―二、一九三四年）
史衛民「元代侍衛親軍建置沿革考述」（『元史論叢』四、一九九二年）
宿白「居庸関過街塔考稿」（『文物』一九六四―四）
――『蔵伝仏教寺院考古』文物出版社、一九九六年）

王璧文「元大都城坊考」(『中国営造学社彙刊』六—三、一九三六年)
——「元大都寺観廟宇建置沿革表」(『中国営造学社彙刊』六—四、一九三七年)
——(王璞子)「元大都城平面規劃述略」(『故宮博物院院刊』一九六〇—二)
——『梓業集——王璞子建築論文集』(紫禁城出版社、二〇〇七年)
王燦熾『燕都古籍考』(京華出版社、一九九五年)
王崗「元大都宮殿営建及功能略述」(『北京社会科学』二〇一三—三)
王浩「試析忽必烈定都大都之原因」(『内蒙古社会科学』一九九八—四)
王剣英「蕭洵『故宮遺録』考弁」(『北京史研究』一、一九八六年)
——・王紅「論従元大都明北京的演変和発展——兼析有関記載的失実」(『燕京学報(新)』一、一九九五年)
——『明中都研究』(中国青年出版社、二〇〇五年)
王暁欣「元代史料中的大都斉化門及相関問題芻議」(『元史論叢』一二、二〇一〇年)
魏堅『元上都』(中国大百科全書出版社、二〇〇八年)
呉志堅「元代的郷試——以有司為中心」(『元史及民族与辺疆研究集刊』二二、二〇一〇年)
蕭啓慶『元代進士輯考』(中央研究院歴史語言研究所、二〇一二年)
邢鵬「北京国子監元代進士題名刻石調査研究——元至正十一年進士題名記刻石考弁」(『中国歴史文物』二〇〇七—五)
徐苹芳「元大都枢密院址考」(『慶祝蘇秉琦考古五十五年論文集』文物出版社、一九八九年)
——「元大都御史台址考」(中国社会科学院考古研究所〔編〕『中国考古学論叢』科学出版社、一九九三年)
——『中国城史考古学論集』(上海古籍出版社、二〇一五年)
薛磊「元代三皇祭祀考述」(『元史論叢』一三、二〇一〇年)
閻文儒「金中都」(『文物』一九五九—九)
楊寛『中国古代都城制度史研究』(上海古籍出版社、一九九三年)
姚大力「元代科挙制度的行廃及其社会背景」(『元史及北方民族史研究集刊』六、一九八六年)
——『蒙元制度与政治文化』(北京大学出版社、二〇一一年)

葉新民『元上都研究』（内蒙古大学出版社、一九九八年）
櫻井智美「『礼部韻略』与元代科挙」（『元史論叢』九、二〇〇四年）
――「元大都的東岳廟建設与祭祀」（『元史論叢』一三、二〇一〇年）
于傑・于光度『金中都』（北京出版社、一九八九年）
于希賢「『周易』象数与元大都規画布局」（『故宮博物院院刊』一九九九―二）
袁国藩『元太保蔵春散人劉秉忠評実』（台湾商務印書館、一九七四年）
趙正之「元大都平面規劃復元研究」（『科技史文集』一九七九―二）
張帆『元代宰相制度研究』（北京出版社、一九九七年）
鄭紹宗「考古学上所見之元察罕脳児行宮」（『歴史地理』三、一九八二年）
中国科学院考古研究所・北京市文物管理処元大都考古隊「元大都的調査和発掘」（『考古』一九七二―一）
朱啓鈐「元大都宮苑図考」（『中国営造学社彙刊』一―二、一九三〇年）
朱偰『元大都宮殿図考』（商務印書館、一九三六年、のち北京古籍出版社重印、一九九〇年）
――『昔日京華』（百花文苑出版社、二〇〇五年）
祖生利・舩田善之「元代白話碑文的体例初探」（『中国史研究』二〇〇六―三）
――『元代白話碑文研究』（中国社会科学院研究生博士学位論文、二〇〇〇年）
Steinhardt,Nancy Shatzman “The Plan of Khubilai Khan’s Imperial city” Aritbus Asiae 44.2-3（1983）

あとがき

本書は二〇〇五年に東北大学に提出した学位請求論文「元大都形成史の研究」（主査：熊本崇教授、副査：川合安教授・三浦秀一教授・大野晃嗣准教授、新宮学山形大学教授）をもとに、その後に発表した論文を加えたものである。本来であれば、本書はもっと早く公刊されるべきものであった。ここまで遅れに遅れたのはひとえに私の怠惰にほかならない。とくに東北大学出版会の小林直之氏にはひとかたならぬご迷惑をおかけした。まず冒頭で東北大学出版会の関係各位の方々に深くお詫び申し上げたい。

一九九五年三月、山形大学在学中の三年生の春、わたしは初めて北京の土を踏んだ。先輩と同級生の五人で、在外研究のため北京師範大学に滞在中の新宮学先生を訪ねてのことであった。初めての海外旅行だったこともあり、到着日は興奮して眠れず、寝不足のまま翌朝にカーテンを開けたところ、空が黄色に覆われていた。自分が北京に滞在していることを実感せずにはいられなかった。いまから思えば贅沢なことだが、北京市内は新宮先生に案内していただいた。なかでも印象深いのは、鼓楼の南にある万寧橋で立ち止まり、これが元代のものだと教えてもらった時である。新宮先生の説明を聞く我々の横を「北京人」は気にもかけずにスタスタと通り過ぎていく。過去と現在が交差している北京の魅力にとりつかれたのはこの時だったのかもしれない。それから二十年以上が経過した。この間、何度も北京を訪問しているが、鼓楼周辺を歩いていると、その時のことを懐かしく思い出す。

一九九二年に入学した山形大学では、故船越泰次先生と新宮先生、そして東北大学から非常勤講師として来られていた安田二郎先生、また新宮先生が在外研究で不在の際には大稔哲也先生の授業に参加した。北京研究の先達である新宮先生からは一人の研究者としてあるべき誠実な姿勢を学んだ。二〇一四年、新宮先生と二人で北京から元の上都に至る巡幸ルートの踏査を行ったことは、個人的にとても感慨深いものであった。

一九九七年四月に進学した東北大学の大学院では、安田先生と熊本崇先生の授業に参加した。安田先生からは、論文・史料の背景を如何に読むかということを教えていただいた。わたしなりに解釈すれば、論文・史料を当時の社会状況に定位して読み、それを書いた人間の存在をとことんまで考えろ、ということだったと思う。現在、常盤大定に関する研究も進めつつあるが、そこに目を開かせてくれたのは紛れもなく安田先生の影響である。

熊本先生の演習では一貫して『続資治通鑑長編』を読み進めた。字句をなぞっただけの解釈ではなく、一文・一句の背後に広がる世界を提示するように熊本先生は求められた。演習の場では厳格な熊本先生であったが、その後の懇親の席では、その日の演習の反省から、学問論や研究者としての在り方に及ぶまで、ここには書き尽くせないくらい、様々なことを教えていただいた。

二〇〇五年三月に博士課程を終え、その年の八月から東洋史研究室に隣接する中国思想研究室で研究助手として、二〇〇七年四月からの三年間は助教として勤務させていただいた。三浦秀一先生の配慮によるものである。二〇〇六年三月に中嶋隆藏先生が定年を迎えて退職されたため、齋藤智寛先生が着任されるまでの二年間は三浦先生と二人で研究室の運営にあたった。当然、中国思想に関する知識がほとんどないため、大学院生・学部生に的確なアドバイスなど送れるはずもなく、本来であれば伴走者であるべきなのに、三浦先生の足を引っ張るばかりであった。それでも三浦先生からは、私の研究がより広がっていくように多くの機会を与えていただき、自分の関心の赴くまま自由に研究を進めることができた。この期間でとりわけ印象的だったことは、三浦先生が科挙の研究に邁進している姿を間近に見られたことである。その時の成果は、『科挙と性理学——明代思想史新探』（研文出版、二〇一六年）としてまとめられた。学生・院生への指導は勿論、大学の通常業務をこなしつつ、集中して自身の研究に取り組む姿勢から、無言のうちに大学教員の在り方を教えられた。このことはわたしの人生にとって得難い財産になったと思う。

助教の任期が終了しても、川合安先生・大野晃嗣先生、さらには須江隆先生のご配慮により、専門研究員の身分を与えられ、研究室や図書館を自由に利用でき、また、谷口満先生・下倉渉先生・小沼孝博先生のご配慮により、東北学院大学での講義を受け持たせてもらっている。みなさまのご厚意に御礼を申し上げたい。

大変申し訳ないことながら、紙幅の都合により、全員のお名前を挙げることはできないが、これまで出会った先輩・同輩・後輩はもちろん、研究会・学会でお世話になった本当に数多くの方々にも厚く御礼を申しあげたい。それでもなお、妹尾達彦先生と、櫻井智美氏と舩田善之氏のお名前だけを挙げさせていただきたい。

妹尾先生は一九九八年に東北大学に集中講義に来られて以来、折に触れてお世話になっている。なかでも、二〇一一年三月に発生した東日本大震災の直後にいただいたメールは忘れられない。その時のメールには、見舞いの言葉とともに、以前から依頼されていたその年の七月に開催された中国社会文化学会での報告の概要がさりげなく示されていた。まだ呆然として何も手に着かない状態であったが、それを妹尾先生からの奮起を促すメッセージと受け止めた。それがなければ、立ち直るのにしばらく時間がかかっていたであろう。

また、櫻井氏と船田氏とはそれぞれ出身大学や居住地も異なり、留学で時間をともにしたという経験もなく、一緒に国内外の学会や研究会に参加したりする程度ではあるけれども、同じ頃に研究を開始し、そしてなによりも同じ時代を共有しているという感覚をわたしは常に抱いている。お二人と出会い、お二人の書くものに刺激され、ここまでやってくることができたと思う。

こうして改めて振り返ってみると、様々な面で足らざるところの多いわたしが、なんとかここまで研究を続けてくることができたのは、ここには書き尽くせない本当にたくさんの人々との出会いがあったからにほかならない。一つ一つの出会いは偶然であるが、それがわたしに成長をもたらしてくれたという意味で必然的な出会いだったのだろう。そうして得た機縁を大切にしながら、これからも研究を進めていきたい。

巻末の英文要旨は、阿南ヴァージニア史代さんにお願いした。

最後に、わたしの進みたい方向に道を歩むように許してくれている父亮一と、いつも変わらず明るく見守ってくれている母弘子に、わたしにとって最初の単著を捧げることにしたい。

二〇一七年八月　著者

マ行

ヤ行

ラ行

研究者名

タ行

ナ行

ハ行

マ行

ヤ行

索　引

・事項（地名）と人名をとった。
・本論の展開のうえで重要なものに限定した。
・研究者名は本文で言及しているものに限定した。

I reexamined the article of " "Yuan Shi（元史）" (Yuan History) which past research considered as a relocation provision of the government agency. This article meant the relocation of market places, royal workshops, and the commercial tax agency. That is to say, it was revealed that the text was in fact part of a measure aimed at building logistics by visiting merchants from the Jiangnan region (South China).

Chapter 5 " Activities by Duan Zhen（段貞）of Dadu Liu Shou（留守）"

I reviewed the person who built the Dadu Capital City. I focused on Duan Zhen, who has never been fully examined. I explained that Duan Zhen was concerned about public works. He constructed Buddhist and Taoist temples, several shrines, an astronomical observatory, canals, and warehouses.

Chapter 6 " On Dadu Liu Shou Ci（大都留守司）in the Yuan dynasty"

Based on the consideration of the previous chapter, I considered Dadu Liu Shou Ci. First,I researched the process of establishing Dadu Liu Shou Ci. Then, I contemplated the duty of Dadu Liu Shou Ci. That Finally,I considered who had been appointed director of Dadu Liu Shou Ci.

Chapter 7 "A Study on the Construction of Buddhist and Taoist temples in Dadu Capital City"

I examined the age of construction and place of Dadu’s Buddhist and Taoist temples. Furthermore, I revealed the function of Buddhist and Taoist temples. Needless to say, these temples were centers of faith for the people in this area. These temples also functioned as venues for ceremonial rehearsals, painting exhibition halls, and market places. By this examination, I made clear the direction of Dadu Capital City’s development.

Chapter 8 "A Study on Dadu Capital City which from the Viewpoint of the Civil Examinations System"

I examined the sites in Dadu where the events related to civil service examinations and their graduation ceremonies were held. After reviewing the previous chapter and this chapter, the ways in which the central part of Dadu Capital City came to be used by the Middle of the Yuan Dynasty, can be understood.

In the final chapter, I sort out the contents of this book. In the end, I examined the place where Emperor stayed.

Studies on the Formative Process of Yuan Dadu (Capital of the Yuan Dynasty)——Prototype of the Beijing Capital

Kenya Watanabe

Introduction "A Survey of Yuan Dadu Capital City Studies"

First of all, I pointed out the achievements and problems of Yuan Dadu studies. Up to now, a lot of research has been done on the city planning of Dadu and the location of buildings. In future studies, we must pay more attention to the historical materials from different eras. I emphasized the importance of doing research from a dynamic point of view.

Chapter 1, "A Study on the Dadu Nancheng（南城）"

I revealed the function of Jin（金）Dynasty capital city Zhongdu（中都）that was located in the southwest corner of the Dadu Capital, called Nancheng（南城）(Southern City) or just the Jiucheng（旧城）(Old City). In past studies, attention was focused only on the newly built capital city of Daducheng（大都城）. However, the Nancheng was never destroyed until end of the Yuan period. Thus, I clarified the functions of Nancheng during Yuan Dadu times.

Chapter 2 "Construction of the Palace of the Dadu Capital City"

I considered the process of palace construction. Paying attention to the years and months stated in historical materials such as "Yuan Shi"（元史）(Yuan History), the construction situation was clarified. As a result, it was learned that the Daming Hall（大明殿）of the Palace was completed after nearly seven years from the start of its construction.

Chapter 3 "On the Construction of a Central Government Office in Dadu Capital City "

I reviewed the relocation of the Secretariat（中書省）, the Bureau of Military Affairs（枢密院）and the Censorate（御史台）in the Dadu Capital City. The Secretariat was built in the 4th year of Zhi-yuan（至元）. After that, the other government offices were also subsequently built. The government office district of the Dadu City was made in two locations, the Fengchifang（鳳池坊）and the region south of the Palace.

Chapter 4 "The Law in the twentieth year of Zhi-yuan（至元）in the formation process of Yuan Dadu"

＜著者略歴＞

渡辺　健哉（わたなべ・けんや）

1973 年宮城県生まれ。2005 年、東北大学大学院文学研究科博士後期課程修了。博士（文学）。専門は東洋史（主に元代史）。

東北大学大学院文学研究科助教を経て、現在、東北大学大学院文学研究科専門研究員、東北学院大学非常勤講師、東北福祉大学兼任講師、福島大学非常勤講師。

主な論文：「科挙制よりみた元の大都」（『宋代史研究会研究報告第 9 集「宋代中国」の相対化』汲古書院、2009 年）、「元の大都の形成過程」（新宮学〔編〕『近世東アジア比較都城史の諸相』白帝社、2014 年）、「常盤大定の中国調査」（『東洋文化研究』第 18 号、2016 年）ほか。

カバー写真：著者撮影

元大都形成史の研究
首都北京の原型

Studies on the Formative Process of Yuan Dadu
(Capital of the Yuan Dynasty)
——Prototype of the Beijing Capital

2017 年 12 月 17 日　初版第 1 刷発行
2018 年 4 月 10 日　第 2 刷発行

著　者　渡辺 健哉
発行者　久道 茂
発行所　東北大学出版会
〒 980-8577　仙台市青葉区片平 2-1-1
TEL：022-214-2777　FAX：022-214-2778
http//www.tups.jp　E-mail：info@tups.jp
印　刷　社会福祉法人　共生福祉会
萩の郷福祉工場
〒 982-0804　仙台市太白区鈎取御堂平 38
TEL：022-244-0117　FAX：022-244-7104

ISBN978-4-86163-284-6　C3022
定価はカバーに表示してあります。
乱丁、落丁はおとりかえします。